Springer-Lehrbuch

Berthold U. Wigger

Grundzüge
der Finanzwissenschaft

Zweite, verbesserte und erweiterte Auflage

Mit 36 Abbildungen und 16 Tabellen

 Springer

Professor Dr. Berthold U. Wigger
Universität Erlangen-Nürnberg
Volkswirtschaftliches Institut
Lange Gasse 20
90403 Nürnberg
berthold.wigger@wiso.uni-erlangen.de

ISBN-10   3-540-28169-X Springer Berlin Heidelberg New York
ISBN-13   978-3-540-28169-6 Springer Berlin Heidelberg New York
ISBN 3-540-00929-9 1. Auflage Springer Berlin Heidelberg New York

Bibliografische Information Der Deutschen Bibliothek
Die Deutsche Bibliothek verzeichnet diese Publikation in der Deutschen Nationalbibliografie;
detaillierte bibliografische Daten sind im Internet über <http://dnb.ddb.de> abrufbar.

Springer ist ein Unternehmen von Springer Science+Business Media

springer.de

© Springer-Verlag Berlin Heidelberg 2004, 2006
Printed in Germany

Umschlaggestaltung: Design & Production, Heidelberg

SPIN 11536277   42/3153-5 4 3 2 1 0 – Gedruckt auf säurefreiem Papier

Für Tibor, Johann und Maija

Vorwort zur zweiten Auflage

Die *Grundzüge der Finanzwissenschaft* haben in der Fachwelt ebenso wie bei den Studierenden ausgesprochen freundliche Annahme gefunden. Daher hat sich bereits zwei Jahre nach dem ersten Erscheinen des Buches Gelegenheit zu einer neuen Auflage ergeben. Neben dem einfachen, auf spezifische Vorkenntnisse verzichtenden Zugang zu den verschiedenen Teilgebieten der Finanzwissenschaft haben besonders die für das Selbststudium konzipierten Übungsaufgaben viel Zuspruch seitens der Studierenden erfahren. Um die Möglichkeiten des vertiefenden Selbststudiums noch weiter auszudehnen, wurden die Übungsteile zu den einzelnen Kapiteln des Buches erweitert. Daneben wurde das Buch an verschiedenen Stellen um in der Zwischenzeit eingetretene rechtliche und politische Neuerungen ergänzt – so zum Beispiel im Bereich der gesetzlichen Renten- und Arbeitslosenversicherung (Nachhaltigkeitsgesetz, Arbeitslosengeld I und II) sowie im Umweltbereich (Inkrafttreten des Kyoto-Protokolls). Schließlich wurden die verwendeten Statistiken aktualisiert und verschiedene Verbesserungen im Detail vorgenommen.

Im Vorwort zur ersten Auflage dieses Buches habe ich darauf hingewiesen, dass sich die *Grundzüge der Finanzwissenschaft* besonders an Studierende richten, die der Finanzwissenschaft bereits im Grundstudium begegnen. Eine zentrale Motivation für dieses Buch war in der Tat die Beobachtung, dass finanzwissenschaftliche Lehrinhalte mehr und mehr in das Grundstudium der wirtschaftswissenschaftlichen Fächer eindringen und daher eines auf die Notwendigkeiten des Grundstudiums zugeschnittenen Lehrbuchs bedürfen. Diese Entwicklung hat sich in der Zwischenzeit fortgesetzt. Zwar findet sie neuerdings nicht mehr in der traditionellen Gliederung von Grund- und Hauptstudium statt. Bedingt durch den so genannten Bologna-Prozess setzt sie sich vielmehr

in der Bachelor-Master-Struktur fort. Dort freilich gehört die Finanzwissenschaft zu den zentralen Bausteinen des wirtschaftswissenschaftlichen Bachelors, sprich zu jenem Teil des konsekutiven Studiums, der
einen ersten elementaren Einstieg in die verschiedenen Teilbereiche der
Wirtschaftswissenschaften vermittelt.

Auch bei der Erarbeitung der Neuauflage durfte ich von verschiedenen Hilfen profitieren. So haben mir Frank Kupferschmidt, Jobst Leikeb
und Alexander von Kotzebue bei der Erweiterung der Übungsteile sowie bei der Aktualisierung des Zahlenmaterials sehr geholfen. Ihnen sei
dafür herzlich gedankt.

Nürnberg im August 2005   *Berthold U. Wigger*

Vorwort zur ersten Auflage

Die Finanzwissenschaft gehört neben der Wirtschaftstheorie und der Wirtschaftspolitik zu den drei das Fach begründenden Teilgebieten der Volkswirtschaftslehre und ihr Gegenstand, der Staat, ist schon rein quantitativ der bedeutendste wirtschaftliche Akteur in allen modernen Volkswirtschaften. Gleichwohl wird die Finanzwissenschaft an vielen wirtschaftswissenschaftlichen Fakultäten erst im volkswirtschaftlichen Hauptstudium gelehrt. Seit einigen Jahren ist freilich zu beobachten, dass immer mehr Fakultäten dazu übergehen, finanzwissenschaftliche Lehrinhalte in das Grundstudium der Wirtschaftswissenschaften aufzunehmen. Damit verbindet sich die Überzeugung, dass ein tieferes wirtschafts- und gesellschaftswissenschaftliches Verständnis wenigstens grundlegende Kenntnisse von der ökonomischen Rolle des Staates verlangt und dass die Finanzwissenschaft deshalb auch den Studierenden der volkswirtschaftlichen Nachbardisziplinen wie der Betriebswirtschaftslehre, der Sozialwissenschaften und des Wirtschaftsrechts in breiterer Form als bisher geöffnet werden sollte.

Das vorliegende Buch richtet sich besonders an Studierende, die der Finanzwissenschaft bereits im Grundstudium begegnen. Es baut daher nicht auf etwa vorhandenen wirtschaftswissenschaftlichen Vorkenntnissen auf – es versucht vielmehr, das Theoriengebäude der Finanzwissenschaft möglichst voraussetzungslos zu entwickeln. Auf eine mathematische Darstellung des finanzwissenschaftlichen Analyseapparates wurde mehr oder weniger vollständig verzichtet. Dort, wo doch einmal eine mathematische Formel auftaucht, sollte ihr Verständnis nicht mehr als einen einigermaßen sicheren Umgang mit den vier Grundrechenarten erfordern. Zur besseren gedanklichen Durchdringung der in den einzelnen Kapiteln des Buches behandelten finanzwissenschaftlichen Problemkreise und zur gelegentlichen Übung finden sich am Ende des Buches zu jedem Kapitel Aufgaben und die dazugehörigen Lösungen.

Bei der Erarbeitung des vorliegenden Buches durfte ich von verschiedenseitigen Hilfen profitieren. Bianca Distler, Frank Kupferschmidt, Jobst Leikeb, Alexander von Kotzebue und Udo Wartha haben jeweils Teile des Manuskripts gelesen und mit wertvollen Anmerkungen versehen. Jobst Leikeb und Alexander von Kotzebue sowie Claudia Schenk waren mir darüber hinaus bei der Erstellung der Übungsaufgaben behilflich. Ihnen allen möchte ich herzlich dafür danken. Die Dr. Alfred Vinzl-Stiftung hat die Entstehung des Buches finanziell unterstützt. Auch ihr sei herzlich gedankt.

Nürnberg im Juli 2003   *Berthold U. Wigger*

Inhaltsverzeichnis

1 **Einführung**... 1
   1.1 Was ist Finanzwissenschaft? 1
   1.2 Was ist der Staat?................................. 5
   1.3 Der Umfang der Staatstätigkeit 8
   1.4 Übungsaufgaben zu Kapitel 1...................... 11

Teil I Normative Theorie der Staatstätigkeit

2 **Die wohlfahrtsökonomische Referenzwelt**............ 17
   2.1 Eine einfache Konkurrenzwirtschaft................. 18
      2.1.1 Eigenschaften vollständiger Konkurrenz 18
      2.1.2 Private Haushalte 19
      2.1.3 Private Unternehmen 23
   2.2 Konkurrenzgleichgewicht und Pareto-Effizienz 24
      2.2.1 Das Pareto-Kriterium 24
      2.2.2 Pareto-Effizienz des Konkurrenzgleichgewichts.... 28
   2.3 Die Hauptsätze der Wohlfahrtsökonomik 30
   2.4 Marktversagen..................................... 32
   2.5 Übungsaufgaben zu Kapitel 2...................... 33

3 **Öffentliche Güter** 37
   3.1 Was ist ein öffentliches Gut?....................... 37
   3.2 Optimale Bereitstellung 39
   3.3 Private Bereitstellung.............................. 42
      3.3.1 Unzureichende private Bereitstellung 43

      3.3.2 Trittbrettfahrerverhalten 44
  3.4 Staatliche Bereitstellung 47
      3.4.1 Das Informationsproblem 47
      3.4.2 Präferenzaufdeckungsmechanismus 49
  3.5 Private versus staatliche Bereitstellung 51
  3.6 Übungsaufgaben zu Kapitel 3 53

4 Externe Effekte 57
  4.1 Was ist ein externer Effekt? 58
  4.2 Ein umweltökonomisches Problem 59
  4.3 Internalisierung externer Effekte 62
      4.3.1 Pigou-Steuer 62
      4.3.2 Definition von Eigentumsrechten.............. 64
  4.4 Übungsaufgaben zu Kapitel 4 70

5 Unvollständige Informationen 73
  5.1 Was sind unvollständige Informationen?.............. 74
  5.2 Adverse Selektion 75
      5.2.1 Ein Beispiel................................ 75
      5.2.2 Der Versicherungsmarkt 77
  5.3 Moral Hazard...................................... 78
      5.3.1 Ex ante Moral Hazard........................ 79
      5.3.2 Ex post Moral Hazard........................ 80
  5.4 Die ökonomische Rolle des Staates.................. 80
  5.5 Übungsaufgaben zu Kapitel 5 82

6 Natürliche Monopole................................. 87
  6.1 Was ist ein natürliches Monopol?.................... 88
  6.2 Regulierung natürlicher Monopole 91
      6.2.1 Öffentliche Produktion 91
      6.2.2 Private Produktion 93
  6.3 Übungsaufgaben zu Kapitel 6 95

7 Effizienz und Gerechtigkeit........................... 99
  7.1 Soziale Wohlfahrtsfunktionen 100
  7.2 Zustands- versus Prozessgerechtigkeit 104
  7.3 Der Konflikt zwischen Effizienz und Gerechtigkeit 105
  7.4 Übungsaufgaben zu Kapitel 7 108

Teil II Positive Theorie der Staatstätigkeit

8   Kollektive Willensbildung 115
   8.1   Direkte Demokratie 116
      8.1.1   Optimale Anzahl der Stimmen 116
      8.1.2   Zyklische Mehrheiten 120
      8.1.3   Arrows Unmöglichkeitstheorem 122
      8.1.4   Eingipfligkeit der individuellen Präferenzen 124
      8.1.5   Das Medianwählertheorem 127
      8.1.6   Mehrheitswahl und Pareto-Effizienz 129
   8.2   Repräsentative Demokratie 132
      8.2.1   Parteienwettbewerb 132
      8.2.2   Stimmentausch 135
   8.3   Übungsaufgaben zu Kapitel 8 137

9   Staatsversagen 141
   9.1   Agenturprobleme 142
   9.2   Die Rolle der staatlichen Bürokratie 145
   9.3   Einflussnahme durch Interessengruppen 148
   9.4   Übungsaufgaben zu Kapitel 9 150

Teil III Öffentliche Einnahmen

10   Besteuerung 155
   10.1 Die Kosten der Besteuerung 156
      10.1.1 Gütersteuern 156
      10.1.2 Einkommensteuern 160
      10.1.3 Die Laffer-Kurve 163
   10.2 Optimale Besteuerung 164
   10.3 Steuerlastverteilung 167
   10.4 Übungsaufgaben zu Kapitel 10 174

11   Staatsverschuldung 179
   11.1 Makroökonomische Staatsverschuldungstheorien 182
      11.1.1 Keynesianischer Ansatz 182
      11.1.2 Neoklassischer Ansatz 183

11.1.3 Ricardianischer Ansatz 185
11.2 Nachhaltigkeit der Kreditfinanzierung 186
11.2.1 Das Domar-Modell 187
11.2.2 Entwicklung der Schuldenstandsquote 189
11.2.3 Entwicklung des Haushaltsspielraums 190
11.3 Verfassungsrechtliche Grenzen 194
11.4 Übungsaufgaben zu Kapitel 11 195

Teil IV Der Wohlfahrtsstaat

12 Armutsvermeidung 201
12.1 Was ist Armut? 202
12.1.1 Armutskonzepte 204
12.1.2 Armutsmessung 205
12.2 Strategien der Armutsvermeidung 209
12.3 Übungsaufgaben zu Kapitel 12 212

13 Sozialversicherung 217
13.1 Rentenversicherung 219
13.1.1 Private versus staatliche Rentenversicherung 219
13.1.2 Kapitaldeckungs- und Umlageverfahren 221
13.1.3 Die gesetzliche Rentenversicherung 225
13.2 Krankenversicherung 230
13.2.1 Private versus staatliche Krankenversicherung 230
13.2.2 Die gesetzliche Krankenversicherung 233
13.3 Arbeitslosenversicherung 236
13.3.1 Private versus staatliche Arbeitslosenversicherung . 236
13.3.2 Die gesetzliche Arbeitslosenversicherung 238
13.4 Übungsaufgaben zu Kapitel 13 240

14 Bildung 243
14.1 Ökonomische Theorie des Bildungserwerbs 245
14.1.1 Der Humankapitalansatz 245
14.1.2 Bildung als Signal 247
14.2 Öffentliche versus private Bildungsfinanzierung 249
14.2.1 Finanzierung der Schulbildung 249
14.2.2 Finanzierung der Hochschulbildung 250
14.3 Übungsaufgaben zu Kapitel 14 253

Lösungen zu den Übungsaufgaben 257

Literaturverzeichnis 259

Autoren- und Sachverzeichnis 263

1
Einführung

Das vorliegende Buch vermittelt die Grundzüge der Finanzwissenschaft in vier Teilen. Bevor wir in die einzelnen Teile des Buches einsteigen, wollen wir uns in diesem den vier Teilen vorangestellten Kapitel einen ersten Eindruck davon verschaffen, was die Finanzwissenschaft und ihr Gegenstand, der Staat, eigentlich sind und welche ökonomische Bedeutung der Staat in einer Volkswirtschaft hat. Dabei unternehmen wir zunächst den Versuch, die Finanzwissenschaft aus historischer Perspektive zu definieren. Anschließend entwickeln wir die konzeptionellen Besonderheiten des Staates als eines wirtschaftlichen Akteurs in einer ansonsten marktwirtschaftlich organisierten Gesellschaft. Schließlich betrachten wir den Umfang der Staatstätigkeit im internationalen Vergleich und versuchen einen ersten Einblick in die Ursachen der quantitativen Entwicklung der Staatstätigkeit zu gewinnen.

1.1 Was ist Finanzwissenschaft?

Finanzwissenschaft ist die Lehre von der Ökonomie des öffentlichen Sektors. Der öffentliche Sektor umfasst dabei eine ganze Reihe staatlicher und quasistaatlicher Gebilde, die wir im Weiteren noch definieren müssen und die oft und meistens auch hier kurz Staat genannt werden. Entsprechend wird Finanzwissenschaft gelegentlich auch als die ökonomische Analyse der Staatstätigkeit bezeichnet. Je nach Blickwinkel lassen sich dabei ein normativer und ein positiver Analysezweig unterscheiden. Die normative Analyse untersucht, wie die Staatstätigkeit aussehen sollte, um gewissen Normen und Zielen, deren Definition ebenfalls zur normativen Analyse gehört, gerecht zu werden. Die positive Analyse untersucht dagegen die Staatstätigkeit in ihrer tatsächlichen

Gestalt, wobei sie die institutionenabhängigen Anreizstrukturen, in denen sich die zum Staat zu rechnenden Akteure bewegen, explizit in die Untersuchung einbezieht. Die Grundzüge der normativen Theorie der Staatstätigkeit behandeln wir in Teil I des vorliegenden Buches und die der positiven Theorie in Teil II.

Die ökonomische Analyse der Staatstätigkeit lässt sich hinsichtlich der konkret wahrgenommenen oder wahrzunehmenden staatlichen Aufgaben noch in zwei weitere Analysezweige aufspalten. Gedanklich unterscheidet die Finanzwissenschaft staatliche Tätigkeiten danach, ob sie an öffentliche Einnahmen oder an öffentliche Ausgaben gekoppelt sind. Zu ersteren gehören als wichtigste Komponenten die Einnahmen durch Steuern und durch Kreditaufnahme. Zu letzteren gehören neben den Ausgaben für öffentlich bereitgestellte Güter insbesondere Ausgaben im Zusammenhang mit wohlfahrtsstaatlichen Programmen, so z.B. Armutsvermeidungsprogramme und die Sozialversicherung. Die öffentlichen Einnahmen behandeln wir in Teil III und die öffentlichen Ausgaben, die in Verbindung mit dem Wohlfahrtsstaat stehen, in Teil IV.

Die Finanzwissenschaft umfasste freilich nicht immer alle vier genannten Zweige. Sie entwickelte sich vielmehr parallel zum gesellschaftlichen Verständnis von der Rolle des Staates und je mehr Aufgaben in den staatlichen Bereich fielen bzw. zu fallen schienen, desto umfassender wurde auch die Finanzwissenschaft. Die erste methodisch angelegte, sich selbst als Wissenschaft begreifende ökonomische Auseinandersetzung mit der Staatstätigkeit findet sich bei den Vertretern des deutschen Kameralimus des 17. und 18. Jahrhunderts. Den Kameralisten ging es vorrangig um die Sicherstellung der fürstlichen Staatsfinanzen, sprich um die Erzielung öffentlicher Einnahmen. Kameralismus leitet sich dabei von dem lateinischen Wort *camera* ab, was auf Deutsch Kammer heisst und sich hier am besten mit fürstliche Schatzkammer übersetzen lässt. Grundannahme der Kameralisten war ein obrigkeitsstaatlich organisiertes Fürstentum, in dem sich Regierung und öffentliche Verwaltung dem Gemeinwohl verpflichteten und dafür Gehorsam von den Untertanen erwarten durften.

Die britischen Nationalökonomen des 18. und beginnenden 19. Jahrhunderts, die so genannten Klassiker, teilten die Annahme vom wohlmeinenden Staat nicht. Sie waren vielmehr der Überzeugung, dass dem Gemeinwohl durch das freie Spiel der marktwirtschaftlichen Kräfte am besten gedient sei und dass dem Staat dabei eine eher nachrangige Rolle zukomme. Ihr bekanntester Vertreter, Adam Smith (1776), sah die staatlichen Aufgaben auf die Verteidigung der Landesgrenzen, die Durchsetzung von Rechtssicherheit innerhalb der Landesgrenzen sowie die Bereitstellung von Bildungseinrichtungen und Verkehrswegen beschränkt. Entsprechend wenig Raum nahm die ökonomische Analyse der Staatstätigkeit in seinem Werk ein. Ein anderer Vertreter der Klassik, David Ricardo (1817), formulierte freilich bereits eine systematische Theorie über die Verteilungswirkungen von Steuern und öffentlichen Krediten.

Ähnlich wie die Klassiker sahen auch ihre Nachfolger, die so genannten Neoklassiker, die sich in der zweiten Hälfte des 19. Jahrhunderts durchsetzten, nur eine geringe ökonomische Rolle für den Staat. Gleichwohl hatten die Arbeiten der Neoklassiker für die Entwicklung der Finanzwissenschaft große Bedeutung. Die von ihnen entwickelten Konzepte, ökonomisches Verhalten mit Hilfe von Marginalbedingungen darzustellen und Marktprozesse vor dem Hintergrund individueller Optimalkalküle abzubilden, übten auf die finanzwissenschaftliche Analyse einen nachhaltigen Einfluss aus. In der Tat fußt die heutige Finanzwissenschaft in vielen Bereichen auf methodischen Grundlagen, die durch die Werke neoklassischer Ökonomen wie John Stuart Mill (1848), Hermann Heinrich Gossen (1854) und Alfred Marshall (1890) gelegt wurden.

Ende des 19. Jahrhunderts begann sich mit den Arbeiten von Knut Wicksell (1896) die positive Theorie der Staatstätigkeit als eigener Zweig der Finanzwissenschaft herauszubilden. In seinen Untersuchungen zur Abhängigkeit staatlicher Einnahmen und Ausgaben von gesellschaftlichen Entscheidungsregeln wurde zum ersten Mal die ökonomische Analyse der Staatstätigkeit systematisch mit Überlegungen zur öffentlichen Willensbildung verbunden. Der Wicksellsche Ansatz löste in der Folge allerdings zunächst keinen großen Einfluss auf die Finanzwissenschaft aus. Er wurde dann aber in der zweiten Hälfte des 20. Jahrhunderts von Ökonomen wie James M. Buchanan und Gordon Tullock (1962) aufgegriffen und zu einer ökonomischen Theorie der Verfassung weiterentwickelt. Das dabei von Buchanan und Tullock verwendete Paradigma des methodologischen Individualismus gehört heute zu den vorherrschenden Analysemethoden in der Finanzwissenschaft. Seine Grundprämisse formulieren Buchanan und Tullock (1962, S. vii) sehr bündig: „Human beings are conceived as the only ultimate choice-makers in determining group as well as private actions". Nicht nur privatwirtschaftliche, sondern auch staatliche Aktivitäten werden danach als Ergebnis individueller Entscheidungen verstanden, ob nun einzeln oder in der Gruppe getroffen, und nicht als Entscheidungen eines von den Individuen losgelösten entpersonalisierten Staates. Methodologischer Individualismus sollte dabei übrigens nicht mit Individualismus als gesellschaftlicher Norm oder Organisationsform verwechselt werden. Es definiert ein Analysekonzept und keine weltanschauliche Disposition.

In der ersten Hälfte des 20. Jahrhunderts wurden auf der Grundlage neoklassischer Konzepte zur Abbildung von individuellem ökonomischen Verhalten ökonomische Theorien der öffentlichen Güter und der externen Effekte entwickelt. Erstere wurde maßgeblich von Erik Lindahl (1919) geprägt, letztere von Arthur C. Pigou (1928). Beide Theorien gehören heute zu den konstituierenden Elementen der normativen Theorie der Staatstätigkeit. Die Theorie der externen Effekte wurde von Ronald Coase (1960) durch die Berücksichtigung der Verteilung von Eigentumsrechten entscheidend erweitert. Paul A. Samuelson (1954) gab der Theorie der öffentlichen Güter ihr heutiges analytisches Gepräge. Weiterer wichtiger Bestandteil der normativen Theorie der Staatstätigkeit ist die Theorie der natürlichen Monopole bzw. der öffentlichen Unternehmen. Bereits Wicksell hatte sich mit Regulierungsstrategien für öffentliche Unternehmen befasst. Formal präzisiert wurden sie dann in der zweiten Hälfte des 20. Jahrhunderts, wobei hier insbesondere die Arbeit von Marcel P. Boiteux (1956) Bedeutung hat.

Die sich im 20. Jahrhundert immer mehr verästelnde Finanzwissenschaft wurde von Richard Musgrave (1959) schließlich in eine systematische Form gebracht. Dabei unterschied er drei Schwerpunkte der ökonomischen Analyse der Staatstätigkeit: Allokation, Distribution und Stabilisierung. Allokation meint die Verwendung der knappen Ressourcen und Distribution ihre Verteilung. Die Finanzwissenschaft untersucht entsprechend, welche Rolle der Staat bei der Verwendung und Verteilung hat. Der dritte Schwerpunkt, Stabilisierung, lässt sich schematisch weniger leicht einordnen. Zur Stabilisierung rechnen jene Maßnahmen, die im Zusammenhang mit der Steuerung des gesamtwirtschaftlichen Konjunkturverlaufs stehen. Dem Staat wurde dabei durch die Arbeit von John Maynard Keynes (1936) eine zentrale Rolle zugewiesen. Vor dem Hintergrund des Ende 1929 einsetzenden und in eine lang andauernde Depression mündenden weltweiten Konjunktureinbruchs argumentierte Keynes, dass expansive staatliche Ausgaben das geeignete Mittel seien, die Arbeitslosigkeit zu überwinden und den Konjunkturverlauf zu stabilisieren. Mit seiner Theorie prägte Keynes für Jahrzehnte das nationalökonomische Denken und entsprechend das Verständnis von der ökonomischen Rolle des Staates. Heute fällt die Stabilisierung freilich kaum noch in den Bereich der Finanzwissenschaft. Das hat zum einen mit Arbeitsteilung zu tun. Probleme der Stabilisierung werden mittlerweile fast ausschließlich im Rahmen der Makroökonomik behandelt. Das hat zum anderen aber auch zu tun mit einem veränderten Verständnis von der ökonomischen Rolle des Staates. Die ernüchternden Erfahrungen, die man gerade in den 1970er Jahren mit einer keynesianisch motivierten staatlichen Ausgabenpolitik machte, ließen nachhaltige Zweifel an der konjunkturpolitischen Potenz staatlicher Ausgabenprogramme entstehen und führten in der Folge zu einer Redefinition der ökonomischen Aufgaben des Staates.

In den letzten 30 Jahren wurde die Finanzwissenschaft insbesondere durch informationsökonomische Ansätze bereichert. Den Auftakt gab der Beitrag zur Theorie der optimalen Besteuerung von James Mirrlees (1971), der in der Folge eine steuertheoretische Diskussion auslöste, die die finanzwissenschaftliche Literatur für annähernd zwei Jahrzehnte nahezu dominierte und bis heute nachwirkt. Wichtige Vorarbeiten zur Theorie der optimalen Besteuerung wurden indes bereits einige Jahrzehnte vorher von Frank Ramsey (1927) geleistet. Von großer Bedeutung war desweiteren der Beitrag von Michael Rothschild und Joseph E. Stiglitz (1976), der den informationsökonomischen Ansatz auf Versicherungsprobleme anwendete und damit zu einem vertieften Verständnis der Rolle des Staates im Versicherungskontext beitrug. In der Tat gibt es heute kaum noch ein finanzwissenschaftliches Teilgebiet, in dem die Informationsökonomik nicht fruchtbare Anwendung gefunden hat. Entsprechend werden auch in den vorliegenden Grundzügen der Finanzwissenschaft informationsökonomische Überlegungen immer wieder zur Sprache kommen.

1.2 Was ist der Staat?

Bereits im vorangegangenen Abschnitt wurde erwähnt, der Staat bzw. der öffentliche Sektor bestehe aus einer Reihe von staatlichen und quasistaatlichen Gebilden. Dazu gehören zunächst die Gebietskörperschaften, das sind in Deutschland Bund, Länder und Gemeinden, und supranationale Organisationen wie die Europäische Union. Des Weiteren gehören zum Staat die so genannten Parafiski. Eindeutig staatlich sind die Sozialfiski, d.h. die Träger der Sozialversicherung wie die gesetzliche Renten- und Krankenversicherung und die Bundesanstalt für Arbeit, ferner die öffentlichen Unternehmen in öffentlich-rechtlicher Form wie die Bundesbank und die kommunalen Versorgungsunternehmen. Daneben gibt es weiters eher private Parafiski wie die Berufsvertretungen (Berufsfiski) und die Kirchen (Kirchenfiski). Schließlich lassen sich je nach Standpunkt des Betrachters zum Staat noch Unternehmen rechnen, die zwar eine privatrechtliche Form haben, aber gleichwohl eng an staatliche Institutionen gekoppelt bzw. in staatlichem Besitz sind, wie z.B. die Deutsche Bahn.

Tatsächlich lässt sich der Staat so ohne weiteres gar nicht exakt abgrenzen. Der Übergang vom eindeutig staatlichen zum eindeutig privaten Sektor ist vielmehr fließend. Darüber hinaus vermittelt die bloße Aufzählung staatlicher Gliederungen – für welche Länge man sich auch entschließt – nur einen sehr beschränkten Eindruck von der ökonomischen Allgegenwart des Staates. Man halte sich nur vor Augen, wo und wann einem der Staat alles begegnet. Betrachten wir dazu für einen Moment einen kurzen Ausschnitt aus dem Alltag eines deutschen Studenten. Vielleicht wird unser Student morgens von einem Radiowecker geweckt. Dann wollen wir zunächst hoffen, dass er seiner Pflicht nachkommt, Rundfunkgebühren an den Staat abzuführen. Die Gebühren muss er unabhängig davon zahlen, ob er von dem Programm eines privaten oder eines öffentlichen Senders, sprich einer staatlichen Einrichtung, geweckt wurde. Den Strom, mit dem unser Student seinen Radiowecker betreibt, bezieht er von einem regionalen Energieanbieter. Jener ist vermutlich seit einigen Jahren kein staatliches Unternehmen mehr, unterliegt in seiner Preispolitik aber immer noch den Vorgaben einer staatlichen Regulierungsbehörde. Nach dem Aufstehen geht unser Student zunächst unter die Dusche. Das Wasser, das er dabei verbraucht, bezieht er von einem privaten oder einem staatlichen Wasseranbieter, dessen Qualität in jedem Fall von einer staatlichen Behörde definiert und überwacht wird. Zum Frühstück trinkt unser Student Kaffee, für den er neben der allgemeinen Mehrwertsteuer weiters eine spezielle Verbrauchsteuer an den Staat zahlt. Nach dem Frühstück macht sich unser Student auf den Weg in die Universität. Nimmt er dazu ein öffentliches Verkehrsmittel, dann wird jenes vermutlich von einem staatlichen Unternehmen betrieben. Fährt er dagegen mit dem Fahrrad, so nutzt er staatlich bereitgestellte Verkehrswege. Die Universität, die unser Student besucht, könnte zwar privat sein, sie ist aber vermutlich öffentlich.

Das hat zur Zeit für ihn noch den Vorteil, dass er für sein Studium keine Gebühren zu zahlen braucht. Die Kosten seines Studiums werden vielmehr durch Steuern finanziert, die der Staat der Allgemeinheit aufbürdet. Die Vorlesung, die unser Student besucht, wird von einem Staatsbediensteten gehalten. Sie ist Teil eines Lehrprogramms, das in seiner äußeren Gestalt wiederum von einer staatlichen Behörde definiert wird. In dieser und ähnlicher Weise kommt unser Student im weiteren Tagesverlauf unentwegt mit dem Staat in Berührung.

Offenbar ist selbst in einer Gesellschaft, die ihrem Wesen oder, vielleicht besser, ihrem Selbstverständnis nach privatwirtschaftlich organisiert ist, der Staat bei fast jeder ökonomischen Aktivität mehr oder minder präsent. Dabei übernimmt der Staat gelegentlich eine Rolle, die auch von privaten Einrichtungen ausgefüllt werden könnte oder sogar parallel zum Staat ausgefüllt wird. Der Staat weist aber einige Merkmale auf, in denen er sich fundamental von allen anderen ökonomischen Akteuren unterscheidet. Wir werden jenen Merkmalen im weiteren Verlauf unserer Betrachtungen immer wieder begegnen. Sie lassen sich folgendermaßen definieren:

Zwang. Der Staat ist der einzige Akteur, der legal wirtschaftlichen Zwang ausüben kann. Während ökonomische Interaktionen zwischen privaten Akteuren stets auf wechselseitiger Freiwilligkeit basieren, kann der Staat die privaten Akteure zwingen, etwas zu tun. So stellen beispielsweise Steuern in der Regel keine freiwillige Leistung des privaten Sektors an den Staat dar. Die Bürger werden vielmehr vom Staat gezwungen, Steuern zu zahlen. Beachtet werden sollte aber, dass staatliche Aktivitäten nicht grundsätzlich auf Zwang basieren. Wenn der Staat etwa Einnahmen durch öffentliche Kredite erzielen will, dann ähnelt sein Verhalten vielmehr jenem privater Akteure. Er muss seinen Kreditgebern hinreichend attraktive Bedingungen anbieten, so dass diese freiwillig bereit sind, ihm die gewünschten Mittel zur Verfügung zu stellen.

Legitimation. Die Zwangsmittel des Staates sind nicht willkürlich und schrankenlos. Staatliches Handeln wird vielmehr durch die Verfassung und durch Gesetze legitimiert und beschränkt. Weiterhin müssen sich die Vertreter des Staates regelmäßig gegenüber den Bürgern in Wahlen legitimieren.

Kollektive Entscheidungen. Staatliches Handeln basiert auf Entscheidungen, die von Kollektiven (Wählerschaft, Parlamente, Gre-

mien) getroffen werden. Die Präferenzen der Kollektive bilden sich
dabei aus den individuellen Präferenzen ihrer jeweiligen Mitglieder.
Wie sich individuelle Präferenzen zu kollektiven Präferenzen verbinden, ist dabei von zentraler Bedeutung. Davon hängt ab, ob kollektive Entscheidungen gesellschaftliche Interessen oder Partikularinteressen widerspiegeln. Weiters ist von Bedeutung, dass kollektive
Präferenzen oft nicht jene Konsistenzeigenschaften erfüllen, die bei
individuellen Präferenzen recht selbstverständlich erscheinen. Wenn
ein Individuum hinsichtlich dreier Alternativen A, B und C äußert,
ihm sei A lieber als B und B lieber als C, dann dürfen wir auch
erwarten, dass ihm A lieber ist als C. Kollektive Präferenzen ver-
letzen aber sehr oft, wie wir im Weiteren noch sehen werden, diese
einfache Konsistenzeigenschaft, mit entsprechenden Konsequenzen
für die Qualität kollektiver Entscheidungen.

1.3 Der Umfang der Staatstätigkeit

Ein tieferes Verständnis für die ökonomische Rolle des Staates bedingt
Kenntnisse über den Umfang der Staatstätigkeit. Eine einfache Maß-
zahl, die darüber Aufschluss gibt, ist die Staatsquote. Sie setzt die ge-
samten staatlichen Ausgaben in einem Jahr zum Bruttoinlandsprodukt
(BIP) des betreffenden Jahres ins Verhältnis. Tabelle 1.1 enthält eine
Liste der Staatsquoten der 15 Altmitglieder der Europäischen Union
sowie Japans, der Schweiz und der USA für die Jahre 1970 und 2004.
    In Deutschland betrug die Staatsquote im Jahr 2004 47,5%. In
Deutschland wurde demnach im Jahr 2004 von jedem erwirtschafteten
Euro annähernd die Hälfte vom Staat ausgegeben. Die meisten anderen
Länder der Europäischen Union hatten im gleichen Jahr ähnlich hohe
Quoten. Nur Irland wies eine Quote von weniger als 40% auf. Die USA
hatte im Jahr 2004 mit 35,6% zwar die geringste Staatsquote. Immerhin aber absorbierte der Staat selbst in jenem Land, dessen Ökonomie
oft als der Prototyp einer privatwirtschaftlichen Organisation gilt, noch
gut ein Drittel der jährlichen Wirtschaftsleistung.
    Die Zahlen belegen eindrucksvoll, wie bedeutend der Staat als wirt-
schaftlicher Akteur in allen entwickelten Volkswirtschaften ist. Dabei
ist in den meisten der ausgewählten Länder die Staatsquote zwischen
1970 und 2004 sogar noch gestiegen. Diese Beobachtung führt uns zum
so genannten Wagnerschen Gesetz. Danach wachsen die Staatsausga-

Tabelle 1.1. Staatausgaben in % des BIP

Land	1970	2004
Belgien	36,5	49,3
Dänemark	40,2	56,3
Deutschland	38,7	47,5
Finnland	31,3	50,7
Frankreich	38,9	54,5
Griechenland	22,1	52,0
Großbritannien	39,3	44,4
Irland	39,6	34,3
Italien	34,2	48,5
Luxemburg	23,1	46,0
Niederlande	46,0	48,6
Österreich	37,6	50,7
Portugal	21,6	48,4
Schweden	43,7	57,2
Spanien	22,2	40,5
Japan	19,4	36,7
Schweiz	26,1	36,0
USA	32,3	35,6

Quelle: OECD, eigene Berechnungen.

ben mit höherer Rate als das BIP und die Staatsquote nimmt im Zeitablauf entsprechend zu.[1]

Die Höhe der Staatsquote und das Wachstum der Staatsausgaben gehören zu den klassischen Problemen der Finanzwissenschaft. Entsprechend gibt es mittlerweile eine große Zahl verschiedener Erklärungsansätze. Dazu gehören:

– *Superiore Güter.* Unter allen Argumenten ist jenes, das auf der Annahme aufbaut, staatliche Leistungen seien superiore Güter, wohl das einfachste. Superiore Güter zeichnen sich dadurch aus, dass sie mit steigendem Einkommen vermehrt nachgefragt werden. Steigt die Nachfrage nach jenen Gütern schneller als das Einkommen, dann nehmen die Ausgaben für diese Güter nicht nur absolut, sondern auch als Anteil der Gesamtausgaben zu. Haben staatliche Leis-

---

[1] Das Gesetz wurde von Adolph Wagner (1883) formuliert. In seiner ursprünglichen Fassung vergleicht es das Staatsausgabenwachstum nicht mit dem Wachstum des BIP, sondern des Bruttosozialprodukts (BSP). Internationalen Konventionen folgend ersetzt das BIP aber inzwischen das BSP als Bezugsgröße.

tungen diese Eigenschaften, dann reflektiert das Staatsausgabenwachstum die Nachfragebedürfnisse der Bürger und ist entsprechend
erwünscht.

– *Fiskalische Illusion.* Die Bürger sind nicht in der Lage, die finanziellen Konsequenzen hoher Staatsausgaben zu durchschauen und
wählen Regierungen, die aufwendige staatliche Ausgabenprogramme verfolgen. Damit verbunden ist die Sicht, dass Regierungen das
Steuersystem bewußt komplex gestalten, um die tatsächlichen finanziellen Lasten zu verschleiern.

– *Intergenerationelle Lastverschiebung.* Heutige Generationen leisten
sich aufwendige staatliche Ausgabenprogramme, die sie mit öffentlichen Krediten finanzieren, und überwälzen damit die finanziellen
Lasten auf künftige Generationen.

– *Urbanisierung.* In Städten sind die Ausgaben für staatlich bereitgestellte Güter typischerweise höher als auf dem Land. Das beobacht-
bare Anwachsen der Stadtbevölkerung relativ zur Landbevölkerung
führt entsprechend zu höheren Staatsausgaben. Dieser Zusammenhang wird Brechtsches Gesetz genannt.[2]

– *Baumol-Effekt.* Dienstleistungen werden im Zeitablauf relativ zu In-
dustrieprodukten teurer, weil der arbeitssparende technische Fortschritt im Dienstleistungssektor geringer ist als im industriellen Sektor. Bei ausreichender Nachfrage nach Dienstleistungen steigt dann
der Ausgabenanteil für Dienstleistungen. Entsprechend steigen die
staatlichen Ausgaben, weil staatliche Leistungen zu großen Teilen
aus Dienstleistungen bestehen.[3]

– *Demokratisierung.* In den vergangenen 150 Jahren wurde das Wahlrecht nach und nach immer breiteren und ärmeren Bevölkerungs-
teilen gegeben. Damit sank das durchschnittliche Einkommen der
Wähler stetig und entsprechend das Wählerinteresse an umverteil-
lenden staatlichen Ausgaben. Zu prüfen wäre in diesem Zusammenhang, ob und welchen Einfluss z.B. die Senkung des Alters für das
aktive Wahlrecht von 21 auf 18 Jahre in Deutschland im Jahre 1970
auf das staatliche Ausgabenwachstum in den 1970er Jahren hatte.

---

[2] Nach Arnold Brecht (1927).

[3] Der Effekt wurde von William Baumol (1967) identifiziert und wird gelegentlich
auch als Baumolsche Kostenkrankheit bezeichnet.

– *Demografischer Wandel.* Die an den demografischen Wandel ge-koppelte Alterung der Bevölkerung führt zu vermehrten staatli-chen Ausgaben für Altersrenten, Gesundheitsleistungen und die Lin-derung von Altersarmut. Dieser Zusammenhang ist natürlich für Deutschland von besonderer Bedeutung, weil hier nicht nur die Leistungen der gesetzlichen Renten- und Krankenversicherung ver-gleichsweise großzügig definiert sind, sondern auch die Alterung sehr drastisch verläuft.

Wir wollen die einführenden Bemerkungen über den Staat und sei-ne Wissenschaft mit dieser ersten Auswahl von Erklärungsansätzen zum Umfang der Staatstätigkeit beschließen. Die aufgelisteten Ansätze mögen als Motivation dienen, sich weiter mit der Finanzwissenschaft zu beschäftigen, denn sie verweisen bereits auf Argumentationslinien, denen wir in den folgenden vier Teilen wieder begegnen werden und denen wir dort eine präzisere Gestalt geben.

1.4 Übungsaufgaben zu Kapitel 1

Von den angegebenen möglichen Antworten ist immer nur genau ei-ne richtig. Treffen gleichzeitig mehrere Aussagen zu, so sind sie stets in einer Antwortmöglichkeit zusammengefasst, also z.B. in der Ant-wortmöglichkeit „Aussagen a) und c) sind richtig". Lösungen zu allen Aufgaben finden sich in einem Lösungsteil am Ende des Buches.

1. Eine Liste mit Kriterien zur Abgrenzung staatlicher Institutionen enthält (1) erheblich höhere Finanzmittel als private Institutionen, (2) die Möglichkeit der Zwangsausübung, (3) eine geringere Ar-beitsproduktivität als private Institutionen, (4) Gemeinwohlorien-tierung, (5) kollektive Entscheidungen. Welche der Kriterien sind korrekt?
   a) Kriterien (1), (3) und (5)
   b) Kriterien (2) und (5)
   c) Kriterien (2), (3) und (4)
   d) Kriterien (1), (2) und (5)

2. Der Baumol-Effekt tritt bei ...
   a) gleichem Arbeitsproduktivitätswachstum im Industrie- und im Dienstleistungssektor auf, sofern die Nachfrage nach staatlichen Dienstleistungen hinreichend gering ist.

b) geringerem Arbeitsproduktivitätswachstum im Dienstleistungssektor auf, sofern die Nachfrage nach staatlichen Dienstleistungen hinreichend groß ist.

c) geringerem Arbeitsproduktivitätswachstum im Dienstleistungssektor auf, sofern die Nachfrage nach staatlichen Dienstleistungen hinreichend gering ist.

d) bei höherem Arbeitsproduktivitätswachstum im Dienstleistungssektor auf, sofern die Nachfrage nach staatlichen Dienstleistungen hinreichend groß ist.

3. Die ökonomische Rolle des Staates ist gekennzeichnet durch folgende Aussage(n):

   a) Der Staat ist die einzige Institution, die wirtschaftlichen Zwang
   ausüben kann.

   b) Die Zwangsmöglichkeiten des Staates werden durch Wahlen begrenzt.

   c) Staatliches Handeln ist das Ergebnis kollektiver Entscheidungsfindung.

   d) Alle Aussagen sind richtig.

4. Das Wagnersche Gesetz des Staatsausgabenwachstums ...

   a) beschreibt ein relativ zum Wachstum des Sozialprodukts höheres
   Wachstum der Staatsausgaben.

   b) behauptet, dass Wähler üblicherweise keine Verbindung zwischen Ausgabenprogrammen und Steuererhebung herstellen.

   c) setzt eine zunehmende Umverteilung aufgrund des allgemeinen
   Wahlrechts voraus.

   d) besagt, dass das Staatsausgabenwachstum ineffizient hoch ist.

5. Die Erforschung gesellschaftlicher Entscheidungsregeln in der Finanzwissenschaft ist insbesondere mit folgendem Namen verbunden:

   a) Keynes.

   b) Pigou.

   c) Wicksell.

   d) Musgrave.

6. Der normative Zweig der Finanzwissenschaft ...

   a) entwickelt Maßstäbe, anhand derer sich das tatsächliche Verhalten staatlicher Akteure beurteilen lässt.

b) liefert eine Erklärung für das tatsächliche Verhalten staatlicher Akteure.

c) ist die Analyse der Stabilisierungsaufgabe nach Musgrave.

d) Alle Aussagen sind falsch.

7. Die Staatsquote ...
   a) ist keine geeignete Maßzahl für den Umfang der Staatstätigkeit, weil sie nicht die Ausgaben für die soziale Sicherung beinhaltet.
   b) ist in jenen Ländern besonders hoch, in denen der Staat nur superiore Güter anbietet.
   c) nimmt gemäß dem Wagnerschen Gesetz im Zeitablauf zu.
   d) ist in der Europäischen Union in den letzten Jahrzehnten weitgehend unverändert geblieben.

8. Konsistente individuelle Präferenzen ...
   a) sind keine hinreichende Bedingung für konsistente kollektive Präferenzen.
   b) sind eine hinreichende Bedingung für konsistente kollektive Präferenzen.
   c) spielen aufgrund des Zwangscharakters staatlicher Entscheidungen keine Rolle im politischen Entscheidungsprozess.
   d) Aussagen b) und c) sind richtig.

9. Die frühen finanzwissenschaftlichen Anwendungen der Informationsökonomik ...
   a) sind insbesondere mit den Namen Erik Lindahl und Arthur C. Pigou verbunden.
   b) haben kaum Einfluss auf die Finanzwissenschaft ausgeübt.
   c) sind insbesondere mit den Namen John Maynard Keynes und Richard Musgrave verbunden.
   d) beschäftigten sich mit steuer- und versicherungstheoretischen Fragestellungen.

10. Fiskalillusion ...
    a) hängt mit der Komplexität des staatlichen Einnahmen- und Ausgabensystems zusammen und kann als bewusste Strategie staatlicher Entscheidungsträger zur Verschleierung der Gesamtabgabenlast gedeutet werden.
    b) tritt bei geringerem Arbeitsproduktivitätswachstum im Dienstleistungssektor auf, sofern die Nachfrage nach staatlichen Dienstleistungen hinreichend hoch ist.

c) ist eine Folge der zunehmenden Urbanisierung.
d) Aussagen b) und c) sind richtig.

Teil I

Normative Theorie der Staatstätigkeit

2
Die wohlfahrtsökonomische Referenzwelt

Die normative Theorie der Staatstätigkeit trifft Aussagen darüber, wie die Staatsaktivität aussehen sollte, um gewissen Normen gerecht zu werden. Als Referenzsystem bedient sie sich dabei des wohlfahrtsökonomischen Ansatzes. Jener untersucht zunächst die Ressourcenallokation, sprich die Verwendung der knappen Ressourcen, in einer Wirtschaft, in der zwar ein für alle Akteure verbindlicher Rechtsrahmen existiert, in der ansonsten aber keine staatlichen Institutionen und damit auch kein ökonomisch relevantes aktives Staatshandeln vorkommen. Über die Verwendung der knappen Ressourcen entscheiden vielmehr ausschließlich private Akteure, von denen angenommen wird, dass sie zueinander in vollständiger Konkurrenz stehen. Die Allokation, die die Konkurrenzwirtschaft hervorbringt, wird dann darauf hin geprüft, ob die Ressourcen effizient verwendet werden. Das normative Kriterium Effizienz basiert dabei auf einer exakten und damit operationalen Definition. Die gewonnenen Resultate werden in den beiden Hauptsätzen der Wohlfahrtsökonomik zusammengefasst. Sie formulieren Bedingungen, unter denen bereits eine Konkurrenzwirtschaft das normative Kriterium Effizienz durchsetzt, so dass staatliches Handeln keine Verbesserung mehr im Sinne des Effizienzkriteriums herbeiführen kann. Sind jene Bedingungen indes verletzt, dann führt staatliches Handeln – gegebenfalls – zu einer solchen Verbesserung. Damit definiert der wohlfahrtsökonomische Ansatz eine effizienzorientierte ökonomische Rolle für den Staat oder, besser, für einen idealen Staat. Es bleibt nämlich immer zu prüfen – und darauf sei bereits an dieser Stelle nachdrücklich hingewiesen–, ob der Staat es tatsächlich besser machen kann, oder ob nicht staatliches Handeln seinerseits Probleme aufwirft, die der Durchsetzung ökonomischer Effizienz im Wege stehen.

Die Wohlfahrtsökonomik ist ein mittlerweile stark mathematisiertes Teilgebiet der Volkswirtschaftslehre. Ihre volle Durchdringung erfordert vertiefte Kenntnisse der höheren Mathematik einschließlich mengenalgebraischer und topologischer Konzepte. Dem Anliegen des vorliegenden Buches entsprechend werden wir freilich auf eine formale Darstellung der Wohlfahrtsökonomik mehr oder weniger vollständig verzichten. Ihre Grundgedanken und zentralen Ergebnisse werden wir vielmehr intuitiv entwickeln und dabei auf einfachen modellhaften Vorstellungen aufbauen. Die dadurch gewonnene leichtere Zugänglichkeit hat natürlich ihren Preis. Die analytische Strenge nämlich, worin nicht wenige Wirtschaftswissenschaftler eine besondere Stärke der modernen Wohlfahrtsökonomik sehen, bleibt dabei ein Stück weit auf der Strecke. Wer sich die analytische Seite der Wohlfahrtsökonomik erschließen möchte, dem empfehle ich als Einstieg Gravelle und Rees (1992). Eine Darstellung für Fortgeschrittenere findet sich bei Feldman (1980). Weit Fortgeschrittenen empfehle ich Mas-Colell, Whinston und Green (1995).

2.1 Eine einfache Konkurrenzwirtschaft

2.1.1 Eigenschaften vollständiger Konkurrenz

Wie oben erwähnt, betrachten wir eine Wirtschaft, in der alle Akteure zueinander in vollständiger Konkurrenz stehen. Die Akteure, auf die wir uns im Rahmen der vollständigen Konkurrenz beschränken, sind private Haushalte und private Unternehmen. Vollständige Konkurrenz meint dabei zweierlei:

1. Alle Haushalte und Unternehmen sind Preisnehmer, d.h. kein wirtschaftlicher Akteur kann mit seinem Verhalten die Preise, die sich im Marktgleichgewicht durchsetzen, beeinflussen.

2. Die Preise stellen sich so ein, dass Überschussnachfragen und Überschussangebote auf allen Märkten für Güter und Produktionsfaktoren sofort verschwinden, d.h. alle Märkte befinden sich zu jeder Zeit im Gleichgewicht.

Die erste Eigenschaft heisst nicht, dass die Akteure, die wir übrigens im Rahmen der Konkurrenzwirtschaft auch als Marktteilnehmer bezeichnen können, die Preise stets als von außen vorgegeben betrachten. Natürlich kann ein Unternehmen in einer Konkurrenzwirtschaft die

Preise für seine Güter selbst bestimmen. Es kann aber nicht, und darauf kommt es hier an, auf jene Preise Einfluss nehmen, die die Marktnachfrage und das Marktangebot einander angleichen. Dahinter steckt die Vorstellung, dass jeder Marktteilnehmer relativ zum Gesamtmarkt so klein ist, dass sein Angebot bzw. seine Nachfrage nur einen verschwindend geringen Teil des Gesamtangebots bzw. der Gesamtnachfrage ausmacht. Nehmen wir das Beispiel eines einzelnen Bäckers in einer Großstadt. Der bestimmt zwar den Preis für seine Brötchen selbst. Wenn er aber einen Preis verlangt, der systematisch über dem seiner Konkurrenten liegt, dann wird er seine Brötchen nicht verkaufen. Und wir werden auch noch sehen, dass sein Preis nicht systematisch unter dem seiner Konkurrenten liegen kann. Er wird vielmehr für seine Brötchen im Mittel nur den im Markt auch ohne sein Zutun vorherrschenden Preis durchsetzen können.

Die zweite Eigenschaft meint, dass sich die Marktpreise völlig flexibel anpassen. Sobald auf einem Markt Überschussnachfrage herrscht, das betreffende Gut oder der betreffende Produktionsfaktor also mehr nachgefragt als angeboten wird, steigt sein Preis. Damit fällt die Nachfrage und es steigt das Angebot, so dass die Überschussnachfrage verschwindet. Umgekehrt fällt der Preis, sobald das Angebot die Nachfrage übersteigt, und genauso wie die Überschussnachfrage verschwindet auch das Überschussangebot.

2.1.2 Private Haushalte

Private Haushalte bieten annahmegemäß Produktionsfaktoren an und fragen Güter nach. Beides tun sie mit dem Ziel, ihren Nutzen zu maximieren. Zur Abbildung des Nutzenmaximierungskalküls privater Haushalte hat die Volkswirtschaftslehre ein sehr elegantes analytisches Modell entwickelt. Darin stellt der Haushalt die kleinste Entscheidungseinheit dar, entsprechend sind Haushalt, Individuum und Person in der Haushaltstheorie Synonyme. Das sind sie auch für uns. Ansonsten werden wir hier aber das Haushaltsmodell in seinen einzelnen Verästelungen weder voraussetzen noch besprechen. Das ist Gegenstand der Mikroökonomik. Für unsere Zwecke reicht es aus, das Haushaltsverhalten mit Hilfe einer einfachen Marginalbedingung zu beschreiben, die im Nutzenmaximum erfüllt ist.

Um die Marginalbedingung darstellen zu können, benötigen wir zunächst das Konzept der marginalen Zahlungsbereitschaft. Die marginale Zahlungsbereitschaft für ein Gut gibt an, wie viel Geldeinheiten, im weiteren Euro, ein Haushalt maximal herzugeben bereit ist, wenn er eine zusätzliche Einheit des in Rede stehenden Gutes erhält. Die marginale Zahlungsbereitschaft ist damit ein Maß für den geldwerten Nutzen oder Vorteil, den der Haushalt durch eine zusätzliche Einheit des Gutes realisiert. Nun können wir uns vorstellen, dass die marginale Zahlungsbereitschaft davon abhängt, über wie viele Einheiten des Gutes der Haushalt bereits verfügt oder wie viele er bereits konsumiert hat. Sind das schon viele, dann wird er für eine zusätzliche Einheit weniger herzugeben bereit sein, als wenn es nur sehr wenige oder gar keine sind. Entsprechend wird seine marginale Zahlungsbereitschaft mit zusätzlichen Gütereinheiten sinken. Abbildung 2.1 veranschaulicht diesen Sachverhalt. Die Abszisse misst darin die Menge x des betreffenden Gutes und die Ordinate die marginale Zahlungsbereitschaft. Letztere bezeichnen wir im Weiteren mit MZ. Sie hat die Dimension Euro pro Menge, da sie den Geldbetrag angibt, den der Haushalt pro zusätzlicher Mengeneinheit maximal bereit ist herzugeben. Die MZ-Kurve ist übrigens nichts anderes als eine Nachfragekurve. Vermutlich ist der Begriff Nachfragekurve sogar geläufiger. Wir werden hier aber trotzdem meist mit dem Konzept der marginalen Zahlungsbereitschaft arbeiten, weil sich damit der Nachfrageentscheidung der Haushalte leichter ein ökonomischer Gehalt geben lässt.

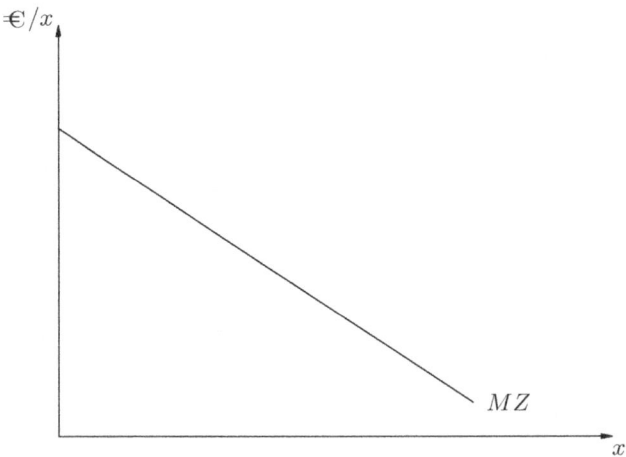

Abb. 2.1. Marginale Zahlungsbereitschaft

Der Preis, den der Haushalt für das betreffende Gut zahlen muss, sei gegeben durch p, d.h. für jede zusätzliche Einheit des Gutes muss

der Haushalt den Geldbetrag p bezahlen. p hat demnach ebenfalls die
Dimension Euro pro Menge. Indem wir den Preis und die marginale
Zahlungsbereitschaft zueinander in Beziehung setzen, können wir eine
Aussage darüber treffen, wie viele Einheiten der Haushalt von dem Gut
nachfragt. Nehmen wir zunächst an, die marginale Zahlungsbereitschaft
für das Gut sei größer als der Preis, d.h. es gelte $MZ > p$. Dann ist der
Haushalt offenbar bereit, mehr Geld für eine zusätzliche Einheit des
Gutes herzugeben, als er hergeben muss. Kauft er daher eine zusätzli-
che Einheit, dann entsteht ihm ein geldwerter Nettovorteil in Höhe von
$MZ - p$ und der Haushalt verbessert sich durch die weitere nachgefragte
Einheit.[1] Mit zusätzlichem Konsum des Gutes sinkt freilich die marginale Zahlungsbereitschaft des Haushalts schließlich auf das Niveau des
Preises. In dem Moment ist der Haushalt für eine zusätzliche Einheit
des Gutes gerade noch bereit, den Preis p zu bezahlen. Für weitere
Einheiten würde seine marginale Zahlungsbereitschaft unter den Preis
fallen und dem Haushalt entstünde ein geldwerter Nettonachteil. Folglich wird er seine Nachfrage nach dem Gut genau so weit ausdehnen,
bis die Marginalbedingung

$$MZ = p$$

erfüllt ist. Die optimale Menge ist demnach dann erreicht, wenn der
Haushalt für die letzte noch nachgefragte Einheit gerade so viel Geld
herzugeben bereit ist, wie er in Form des Preises in der Tat dafür
hergeben muss. Die optimale Menge gewinnen wir nun in expliziter
Form, wenn wir in Abbildung 2.1 zusätzlich den Preis p eintragen. Wie
Abbildung 2.2 zeigt, ist die optimale Menge bestimmt durch x^*.

Die Marginalbedingung weist dem Preis eine schöne Eigenschaft zu.
Sie besagt nämlich, dass der Preis darüber informiert, welchen Wert der
Haushalt einer zusätzlichen Einheit des Gutes beimisst. Wie umfassend
diese Information ist, wird deutlich, wenn wir von einem zu zwei Haushalten, sagen wir 1 und 2, übergehen. Die Marginalbedingungen für die
beiden Haushalte lauten dann $MZ_1 = p$ und $MZ_2 = p$ und es folgt

$$MZ_1 = MZ_2 = p. \tag{2.1}$$

Die marginale Zahlungsbereitschaft beider Haushalte gleicht also dem
Preis und damit messen beide Haushalte jeweils der letzten nachgefragten Einheit des betreffenden Gutes den gleichen Wert bei. Beachtet werden sollte dabei, dass sich die Haushalte dafür in keiner Weise

---

[1] Wir werden später das Konzept der Konsumentenrente kennen lernen, das mit
dem beschriebenen Nettovorteil in einem direkten Zusammenhang steht.

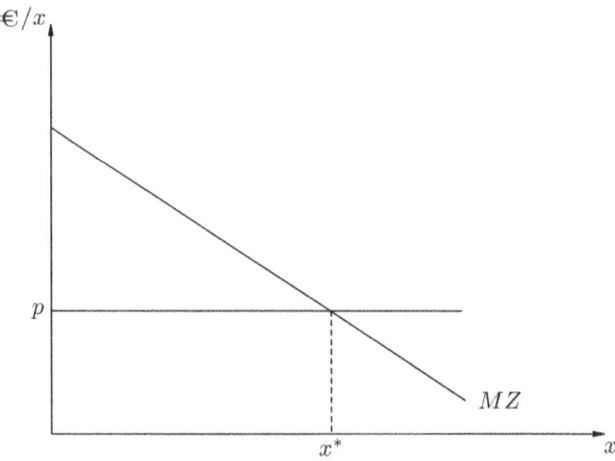

Abb. 2.2. Marginalbedingung

untereinander abstimmen. Lediglich die Tatsache, dass beide den am
Markt vorherrschenden Preis als gegeben nehmen und sich in ihrem
Nachfrageverhalten entsprechend daran anpassen, führt zu der abgeleiteten Übereinstimmung der marginalen Zahlungsbereitschaften. Der
Preis liefert damit eine Information über den Wert, den nicht nur ein
einzelner, sondern jeder Haushalt, der das Gut konsumiert, einer weiteren Einheit des Gutes beimisst.

Es sollte ferner beachtet werden, dass Gleichung (2.1) nicht bedeutet, dass die Haushalte gleiche Mengen des Gutes nachfragen. Je nach
Vorlieben, Interessen und sonstigen Unterschieden werden die Haushalte ganz unterschiedliche Verläufe für ihre marginalen Zahlungsbereitschaften haben und entsprechend ganz unterschiedliche Mengen nachfragen. Worauf es hier ankommt sind nicht die absoluten Mengen, die
die Haushalte nachfragen, sondern der Wert, den sie jeweils der letzten nachgefragten Einheit geben, und jener ist für nutzenmaximierende
Haushalte in der Konkurrenzwirtschaft identisch.[2]

---

[2] Eine Einschränkung ist hier allerdings notwendig. Stellen wir uns vor, dass die
Kurve der marginalen Zahlungsbereitschaft nur für Haushalt 2 einen Schnittpunkt
mit der Preisgeraden wie in Abbildung 2.2 hat, während die von Haushalt 1
stets unterhalb der Preisgeraden verläuft. Das könnte etwa der Fall sein, wenn es
sich bei dem Gut um Fleisch handelt und nur Haushalt 2 Fleisch mag, während
Haushalt 1 Vegetarier ist. Haushalt 1' optimale Menge lautet dann $x^* = 0$ und
hinsichtlich der marginalen Zahlungsbereitschaften gilt $MZ_1 < MZ_2 = p$.

2.1.3 Private Unternehmen

Private Unternehmen bieten Güter an und fragen Produktionsfaktoren nach. Das tun sie mit dem Ziel, ihren Gewinn zu maximieren. Letzterer ist dabei definiert als Erlös minus Kosten. Wie im Fall der privaten Haushalte wollen wir uns auch hier darauf beschränken, das Unternehmensverhalten mit Hilfe einer einfachen Marginalbedingung abzubilden. Dazu benötigen wir zunächst das Konzept der Grenzkosten.[3] Die Grenzkosten eines Gutes geben an, wie viel Euro es ein Unternehmen kostet, eine zusätzliche Einheit des Gutes zu produzieren. Rund um die Kosten und Grenzkosten gibt es ebenfalls eine sehr elegante und ausgefeilte Theorie, die wie die Haushaltstheorie Gegenstand der Mikroökonomik ist. Wir dürfen uns die Sache hier einfach machen und annehmen, die Grenzkosten eines jeweiligen Gutes seien konstant und obendrein für alle Unternehmen gleich. Dabei bezeichnen wir die Grenzkosten mit GK, d.h. jede zusätzliche produzierte Einheit des betrachteten Gutes kostet GK Euro.

Nun sei p der Preis, den ein Unternehmen für eine Einheit des Gutes erlöst. Gilt $p > GK$, dann ist der Erlös einer zusätzlichen verkauften Einheit größer als deren Kosten und das Unternehmen macht mit der Einheit Gewinn. Dieser Gewinn ist dabei ein Geldbetrag, der dem Unternehmen bleibt, nachdem alle mit der Produktion und dem Angebot des Gutes verbundenen Kosten beglichen sind. Das sind neben den Kosten für die Entlohnung der beschäftigten Arbeiter, des eingesetzten Kapitals und der verwendeten Vorprodukte auch die Entlohnung für unternehmerische Tätigkeit. Kann p dann ein Gleichgewichtspreis in dem betreffenden Markt sein? Nun, ein anderer Wettbewerber könnte doch das Gut zu einem geringfügig kleineren Preis anbieten. Er würde dann immer noch Gewinn machen und die Nachfrage und damit den Gewinn des Konkurrenten an sich ziehen. Weil diese Überlegung für alle Preise $p > GK$ gilt, dürfen wir erwarten, dass der Wettbewerb dazu führt, dass der Preis, zu dem das Gut angeboten wird, bis auf die Grenzkosten sinkt. Unter die Grenzkosten kann der Preis allerdings nicht sinken, weil die Unternehmen dann mit jeder zusätzlichen Einheit Verlust machen würden und entsprechend die Angebotsbereitschaft verloren ginge. Das Angebotsverhalten der privaten Unternehmen lässt sich demnach durch

---

[3] Die Grenzkosten könnten wir in Analogie zur marginalen Zahlungsbereitschaft auch marginale Kosten nennen. Dafür spräche sogar eine gewisse Einheitlichkeit im sprachlichen System. Wenn wir gleichwohl im Weiteren von Grenzkosten reden, dann folgen wir damit der gängigeren Terminologie.

die Marginalbedingung

$$GK = p \tag{2.2}$$

beschreiben, d.h. in jedem Markt bieten die Unternehmen das entsprechende Gut zu einem Preis an, der den Grenzkosten in der Produktion des Gutes gleicht.

Fassen wir die Haushalts- und die Unternehmensseite zusammen und beschränken wir uns weiterhin auf zwei Haushalte. Dann gelten offenbar unter Berücksichtigung der Marginalbedingungen (2.1) und (2.2) in allen Märkten, in denen beide Haushalte das Gut nachfragen, die Gleichheiten

$$MZ_1 = MZ_2 = p = GK. \tag{2.3}$$

Im Konkurrenzgleichgewicht stimmen also die marginalen Zahlungsbereitschaften der Haushalte für ein Gut miteinander überein und sie gleichen ferner den Grenzkosten in der Produktion des Gutes. Im Gleichgewicht sind die Haushalte demnach für eine zusätzliche Einheit des betreffenden Gutes gerade so viel herzugeben bereit, wie auch dafür hergegeben werden muss, eine zusätzliche Einheit des Gutes zu produzieren.

Wir haben uns in der Darstellung der privaten Haushalte und Unternehmen auf das Angebot und die Nachfrage von Gütern beschränkt und Faktormärkte unberücksichtigt gelassen. Das Verhalten auf den Faktormärkten lässt sich aber ebenfalls durch ein Gefüge von Marginalbedingungen beschreiben, die zu analogen Gleichheiten wie in (2.3) zusammengefasst werden können. Jene Gleichheiten haben dabei in der wohlfahrtsökonomischen Analyse eine Schlüsselrolle. Wir werden sehen, dass (2.3) in der Tat eine Effizienzbedingung ist. Dazu müssen wir aber zunächst klären, was Effizienz im Einzelnen meint.

2.2 Konkurrenzgleichgewicht und Pareto-Effizienz

2.2.1 Das Pareto-Kriterium

Der Begriff Effizienz wird häufig und in vielen Zusammenhängen verwendet. Dabei scheint man sich zwar darauf zu verständigen, dass Effizienz etwas Positives meint, ansonsten gibt man dem Begriff aber je nach Situation und Zusammenhang ganz unterschiedliche Bedeutung. Die Volkswirtschaftslehre verfügt freilich über einen exakten Effizienzbegriff. Das ist vielleicht nicht überraschend, da sie ja ständig Effizienzfragen bewegt. Der ökonomische Effizienzbegriff geht zurück auf

Vilfredo Pareto (1917), nach dem er auch benannt ist. Effizienz im Sinne Paretos läßt sich folgendermaßen definieren:

Pareto-Effizienz. Ein Zustand heisst Pareto-effizient, wenn keine Person besser gestellt werden kann, ohne dass eine andere Person schlechter gestellt wird.

Wir verwenden im Weiteren die Begriffe Pareto-Effizienz und Pareto-Optimalität sowie Pareto-effizient und Pareto-optimal synonym. Mit dem Pareto-Kriterium können wir Zustände danach beurteilen, ob sie effizient sind oder nicht. Zustände meinen dabei in unserem Zusammenhang in der Regel gesellschaftliche Zustände. Da in ökonomischen Kontexten ein Zustand durch die Verwendung knapper Ressourcen entsteht, werden wir im Weiteren statt des Begriffs Zustand gelegentlich den Begriff Allokation gebrauchen.

In der obigen Form erlaubt das Pareto-Kriterium noch nicht, eine Rangordnung zwischen verschiedenen Zuständen herzustellen, die über die Eigenschaft effizient oder nicht effizient hinausgeht. Hierfür benötigen wir ein Kriterium, mit dem sich auch etwas über das mehr oder weniger sagen lässt. Das können wir mit dem Prinzip der Pareto-Verbesserung.

Pareto-Verbesserung. Eine Zustand A heisst Pareto-besser als ein Zustand B, wenn keine Person in A schlechter gestellt ist als in B und mindestens eine Person in A besser gestellt ist als in B.

Offenbar ist ein Pareto-effizienter Zustand genau dann erreicht, wenn eine Pareto-Verbesserung nicht mehr möglich ist. In gewisser Hinsicht ist das Pareto-Kriterium ein normatives Minimalkonzept, denn einen Pareto-ineffizienten Zustand kann niemand wollen bzw. gegen eine Pareto-Verbesserung kann niemand etwas haben. Wo sich die Möglichkeit zu einer Pareto-Verbesserung ergibt, sollte sie entsprechend verwirklicht werden. Als ökonomische Bewertungsnorm ist das Pareto-Kriterium daher weitgehend akzeptiert. Weil aber das Pareto-Kriterium eine minimale Norm ist, können damit nicht immer alle möglichen Zustände in eine Rangfolge gebracht werden. Zunächst einmal kann man trivialerweise mit dem Pareto-Kriterium nicht zwischen zwei verschiedenen Pareto-effizienten Zuständen diskriminieren. Man kann damit aber oft auch nicht zwischen zwei Pareto-ineffizienten Zuständen diskriminieren. Schließlich ist es gelegentlich nicht einmal möglich zu sagen, dass der Übergang von einem Pareto-ineffizienten

Zustand in einen Pareto-effizienten Zustand eine Pareto-Verbesserung darstellt. Insbesondere letzteres klingt paradox. Um die zugrunde liegende Logik nachzuvollziehen, betrachten wir Abbildung 2.3.

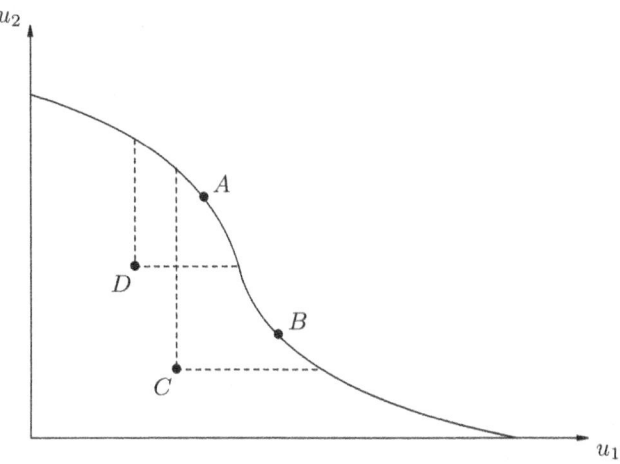

Abb. 2.3. Pareto-Effizienz

Die Achsen in Abbildung 2.3 messen das Nutzenniveau der Haushalte 1 und 2, so dass Punkte im durch die beiden Achsen aufgespannten u_1-u_2-Raum Nutzenkombinationen der beiden Haushalte angeben. Verschiedene Punkte im u_1-u_2-Raum messen entsprechend die Nutzenniveaus der beiden Haushalte in verschiedenen Zuständen. Die sich von links oben nach rechts unten schwingende Kurve ist die Pareto-Grenze. Sie enthält die Menge aller Pareto-effizienten Zustände, d.h. in jedem Punkt gibt sie den maximal möglichen Nutzen eines der beiden Haushalte für ein gegebenes Nutzenniveau des anderen Haushalts an. Die Pareto-Grenze ist notwendigerweise streng monoton fallend. Ansonsten wäre es ja möglich, durch eine Bewegung auf der Pareto-Grenze einen Haushalt besser zu stellen, ohne dass der andere schlechter gestellt wird. Das bedeutete aber, dass auf der Pareto-Grenze einige Punkte Pareto-ineffiziente Zustände bezeichnen, was in offenkundigem Widerspruch zur Definition der Pareto-Grenze steht. Punkte oberhalb der Pareto-Grenze bezeichnen Zustände, die für unsere aus zwei Haushalten bestehende Gesellschaft nicht erreichbar sind, weil die dafür zur Verfügung stehenden Ressourcen nicht ausreichen. Sie sind für die Betrachtung daher irrelevant. Punkte unterhalb der Pareto-Grenze sind Pareto-ineffizient, weil mindestens einer der beiden Haushalte besser gestellt werden kann, sprich mehr Nutzen bekommen kann, ohne den anderen Haushalt schlechter zu stellen. Die Punkte A und B liegen auf der Pareto-Grenze und bezeichnen Pareto-effiziente Zustände. Sie können nicht mehr mit dem Pareto-Kriterium in eine Rangfolge gebracht werden, weil zwar durch einen Übergang von A nach B Haushalt 1 besser gestellt wird, aber Haushalt 2 schlechter. Die Punkte C und D liegen unterhalb der Pareto-Grenze und sind Pareto-ineffizient. Ein Übergang von C sowohl nach A als auch nach B führt zu einer Pareto-Verbesserung. Man erkennt mit Hilfe der beiden von C ausgehenden gestrichelten Linien, dass A und B rechts oberhalb von C liegen und deshalb beide Haushalte in A und B besser gestellt sind als in C. Entsprechend sind A und B Pareto-besser als C. A ist weiters Pareto-besser als D. Aber B ist nicht Pareto-besser als D, weil sich Haushalt 2 durch einen Übergang von D nach B schlechter stellt. Obwohl der an B geknüpfte Zustand effizient ist und der an D geknüpfte nicht, lassen sich die beiden Zustände also nicht mit dem Pareto-Kriterium in eine Rangfolge bringen. Ebensowenig lassen sich die mit den Punkten C und D verknüpften Zustände in eine Rangfolge bringen. Durch einen Übergang vom einen in den anderen Zustand wird nämlich stets einer der beiden Haushalte schlechter gestellt.

Weil das Pareto-Kriterium für einen Vergleich verschiedener Zustände oft nicht herangezogen werden kann, wird es gelegentlich als ein nur partielles Rangordnungskriterium bezeichnet. Für die normative Theorie der Staatstätigkeit ist das von erheblicher Bedeutung. Das Pareto-Kriterium erweist sich nämlich für eine normative Betrachtung vieler Spielarten des staatlichen Handelns als konzeptionell zu eng. Denken wir etwa an staatliche Formen der Umverteilung. Dabei wird einigen Haushalten etwas genommen – meist in Form von Steuern – und anderen Haushalten gegeben – in Form von monetären Transfers oder durch die Bereitstellung von Gütern. In der Regel ist damit keine Pareto-Verbesserung verknüpft, weil die Steuer als bloße Last empfunden wird und entsprechend eine Nutzeneinbuße darstellt. Mit dem Pareto-Kriterium kann jene Form der Umverteilung daher normativ nicht begründet werden. Nun kann man einerseits die Auffassung vertreten, dass das Pareto-Kriterium für eine normative Betrachtung der Staatstätigkeit gleichwohl ausreiche, weil Umverteilung ohnehin nicht zu den Aufgaben des Staates gehöre und das Pareto-Kriterium genau das unterstreiche. Wir werden später staatsphilosophische Konzepte besprechen, die diese Auffassung vertreten. Rechnet man andererseits

Umverteilung zu den Aufgaben des Staates, dann benötigt man eine weniger inklusive Norm als das Pareto-Kriterium, um zu sinnvollen normativen Aussagen über das Staatshandeln zu gelangen. Wir werden später exklusivere Normen kennen lernen, mit denen Rangordnungen zwischen gesellschaftlichen Zuständen auch dann noch möglich sind, wenn das Pareto-Kriterium keine Diskriminierung mehr erlaubt. Hier wollen wir aber zunächst das Konkurrenzgleichgewicht aus der Perspektive des Pareto-Kriteriums betrachten.

2.2.2 Pareto-Effizienz des Konkurrenzgleichgewichts

Wir beginnen damit, eine Pareto-effiziente Allokation in unserer Ökonomie mit zwei Haushalten und Unternehmen mit konstanten Grenzkosten zu charakterisieren. Dabei lassen wir zunächst völlig offen, welche Institution die Allokation durchsetzt. Es interessiert also an dieser Stelle noch nicht, ob der Staat oder der Markt oder irgendeine Zwischenform eine Pareto-effiziente Allokation herbeiführt; relevant ist allein die Charakterisierung eines solchen Zustands. Anschließend vergleichen wir die Pareto-effiziente Allokation mit der Allokation im Konkurrenzgleichgewicht. Zur Herleitung einer Pareto-effizienten Allokation betrachten wir im ersten Schritt, welche Aufteilung eines Gutes auf die Haushalte 1 und 2 Pareto-effizient ist, wobei wir unterstellen, dass die Gesamtmenge des Gutes vorgegeben sei. Im zweiten Schritt untersuchen wir dann, welche Gesamtmenge des Gutes aus Sicht des Pareto-Kriteriums produziert werden sollte. Die optimale Produktionsmenge wird dabei ausschließlich von den Bedürfnissen der beiden Haushalte, die hier die gesamte Gesellschaft bilden, abhängig gemacht.

Wir wissen bereits, dass die marginale Zahlungsbereitschaft eines Haushalts neben individuellen Vorlieben und anderen haushaltsspezifischen Merkmalen von der Menge abhängt, die der Haushalt von dem Gut bereits konsumiert hat oder über die er bereits verfügt. Entsprechend sind an verschiedene Aufteilungen einer gegebenen Menge des betrachteten Gutes verschiedene marginale Zahlungsbereitschaften der beiden Haushalte geknüpft. Unterstellen wir zunächst, die Aufteilung sei so, dass $MZ_1 = 4$ Euro und $MZ_2 = 3$ Euro gilt. Ist die Aufteilung dann Pareto-effizient? Haushalt 1 ist offenbar bereit, maximal 4 Euro für eine weitere Einheit des Gutes herzugeben, Haushalt 2 aber nur 3 Euro. Wenn Haushalt 2 eine Einheit des Gutes Haushalt 1 gibt und dafür – sagen wir – 3,5 Euro von Haushalt 1 erhält, dann stellen sich beide Haushalte offenbar um 50 Cent besser, sprich es kommt zu einer Pareto-Verbesserung. Eine Aufteilung der gesamten Gütermenge, die impliziert, dass einer der beiden Haushalte eine höhere marginale Zahlungsbereitschaft hat als der andere, kann demnach nicht Pareto-effizient sein. Eine Pareto-effiziente Aufteilung der Gütermenge erfordert vielmehr gleiche marginale Zahlungsbereitschaften für beide Haushalte.

Nun betrachten wir die Produktion und unterstellen zunächst, die Produktionsmenge sei so, dass $MZ = 3{,}5$ Euro und $GK = 3$ Euro gilt, wobei MZ die für beide Haushalte gleiche marginale Zahlungsbereitschaft bezeichnet. Ist die Produktionsmenge dann Pareto-effizient? Beide Haushalte sind jeweils bereit, 3,5 Euro für eine weitere Einheit des Gutes herzugeben. Eine weitere Einheit lässt sich aber bereits für 3 Euro bereitstellen. Einer der beiden Haushalte kann folglich durch eine weitere Einheit des Gutes um 50 Cent besser gestellt werden, ohne dass der andere Haushalt schlechter gestellt wird. Die Produktionsmenge sollte daher ausgedehnt werden. Angenommen nun, die Produktionsmenge wird so weit ausgedehnt und entsprechend auf die beiden Haushalte verteilt, dass schließlich beide Haushalte eine marginale Zahlungsbereitschaft von $MZ = 2{,}5$ Euro haben. Ist die Produktionsmenge dann effizient? Beide Haushalte sind jeweils bereit auf eine Einheit des Gutes zu verzichten, wenn sie dafür 2,5 Euro erhalten. Die Gesellschaft spart aber 3 Euro, wenn eine Einheit des Gutes weniger produziert wird. Der verzichtende Haushalt kann also abermals um 50 Cent besser gestellt werden, ohne dass der andere Haushalt schlechter gestellt wird. Eine effiziente Produktionsmenge erfordert demnach, dass die marginalen Zahlungsbereitschaften der Haushalte weder größer noch kleiner, sondern gleich den Grenzkosten sind.

Wir können schlussfolgern, dass eine effiziente Allokation in unserer Ökonomie mit zwei Haushalten die Bedingung

$$MZ_1 = MZ_2 = GK$$

erfüllt. Das ist aber gerade jene Bedingung, die sich im Konkurrenzgleichgewicht durchsetzt, wie ein Vergleich mit Gleichung (2.3) zeigt.[4] Indem die privaten Haushalte und Unternehmen die Preise im oben

---

[4] Wenn wiederum die marginale Zahlungsbereitschaft eines der beiden Haushalte, z.B. Haushalt 1, für jede Konsummenge kleiner ist als die Grenzkosten, dann erfordert Pareto-Effizienz $MZ_1 < MZ_2 = GK$, wobei Haushalt 2 die gesamte Menge des betreffenden Gutes erhält und Haushalt 1 entsprechend nichts. Auch diese Bedingung setzt sich im Konkurrenzgleichgewicht durch. Siehe dazu die Erläuterungen in Fußnote 2 des Abschnitts 2.1.2.

präzisierten Sinne als gegeben hinnehmen und sich in ihrem auf ihre eigenen Ziele ausgerichteten Verhalten daran anpassen, stellt sich ein Pareto-effizienter Zustand ein.

2.3 Die Hauptsätze der Wohlfahrtsökonomik

Das im vorangegangenen Abschnitt intuitiv entwickelte Ergebnis der Pareto-Effizienz des Konkurrenzgleichgewichts ist von zentraler Bedeutung für das nationalökonomische Denken. Es liefert die Grundlage dafür, warum die meisten Ökonomen die Überzeugung teilen, dass ein auf dem Preismechanismus basierendes Allokationssystem anderen Systemen überlegen ist. In Verbindung mit Wettbewerb führt der Preismechanismus dazu, dass die Gesellschaft einen Pareto-effizienten Zustand erreicht, obwohl die beteiligten Individuen unabhängig voneinander ihre eigenen Ziele verfolgen. Tatsächlich wurde diese Überlegung ja bereits bei Adam Smith (1776) formuliert und mit der Metapher der unsichtbaren Hand beschrieben. Im 20. Jahrhundert wurde sie insbesondere durch die Arbeiten zur allgemeinen Gleichgewichtstheorie von Kenneth J. Arrow (1951) und Gerard Debreu (1959) präzisiert. Die beiden Hauptsätze der Wohlfahrtsökonomik sind Resultate dieser Arbeiten.[5] Wir beginnen mit dem ersten Hauptsatz.

Erster Hauptsatz der Wohlfahrtsökonomik.   Ein Konkurrenzgleichgewicht ist unter noch zu erläuternden Bedingungen Pareto-effizient.

Wie wohl fast jedes bedeutende Theorem ist auch der erste Hauptsatz an Bedingungen geknüpft. Für die Finanzwissenschaft sind die Bedingungen von zentraler Bedeutung, weil die normative Theorie der Staatstätigkeit gerade dort ansetzt, wo die Bedingungen verletzt sind. Damit werden wir uns im Weiteren noch auseinandersetzen. Bevor wir auf die Bedingungen zu sprechen kommen, wollen wir uns aber zunächst mit dem zweiten Hauptsatz der Wohlfahrtsökonomik beschäftigen. Dazu betrachten wir noch einmal die Pareto-Grenze unserer Gesellschaft

---

[5] Die Hauptsätze der Wohlfahrtsökonomik sind für die Wirtschaftswissenschaften ähnlich fundamental wie die Hauptsätze der Differential- und Integralrechnung für die Mathematik und die Hauptsätze der Thermodynamik für die Physik. Entsprechende Aufmerksamkeit sollten ihnen Studenten der Wirtschaftswissenschaften schenken.

mit zwei Haushalten in Abbildung 2.4. Die Punkte A, B und C bezeichnen darin Pareto-effiziente Zustände. Offensichtlich unterscheiden sich die drei Zustände hinsichtlich der Verteilung der Nutzenniveaus. In Zustand A geht es Haushalt 1 relativ schlecht und Haushalt 2 relativ gut, in Zustand B sind die Positionen der beiden Haushalte annähernd ausgeglichen und in Zustand C geht es Haushalt 1 relativ gut und Haushalt 2 relativ schlecht.

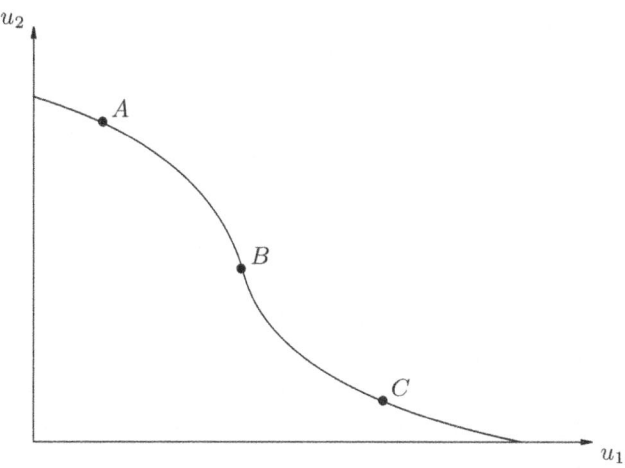

Abb. 2.4. Pareto-Effizienz

Jeder der drei Zustände kann das Ergebnis eines Konkurrenzgleichgewichts sein. Mit anderen Worten, ein Konkurrenzgleichgewicht ist sowohl mit sehr ungleich verteilten als auch mit sehr gleich verteilten Nutzenniveaus der beteiligten Haushalte kompatibel. Die Verteilung der Nutzenniveaus hängt davon ab, mit welchen Ausstattungen die Haushalte in die Konkurrenzwirtschaft eintreten. Die so genannten Anfangsausstattungen umfassen dabei die Mengen an Produktionsfakoren, insbesondere die Arbeits- und Kapitaleinheiten, sowie Gütermengen, über die die Haushalte anfänglich verfügen. Sind die Anfangsausstattungen sehr ungleich verteilt, dann sind es auch die individuellen Nutzenniveaus im Konkurrenzgleichgewicht. Der auf vollständiger Konkurrenz basierende Allokationsmechanismus impliziert deshalb gegebenenfalls einen Zustand mit sehr großer Ungleichheit. Nehmen wir nun an, dass die Ungleichheit aus Gründen, über die wir später noch sprechen werden, unerwünscht sei. Bedeutet das dann, dass die Gesellschaft auf vollständige Konkurrenz verzichten und auf ein anderes Allokationssystem vertrauen sollte? Oder kann der Mechanismus der vollständigen Konkurrenz so modifiziert werden, dass eine gleichere Verteilung der Nutzenniveaus resultiert? Der zweite Hauptsatz der Wohlfahrtsökonomik gibt darauf eine Antwort.

Zweiter Hauptsatz der Wohlfahrtsökonomik. Unter den Bedingungen des ersten Hauptsatzes und zwei weiteren technischen Bedingungen kann jede mögliche Pareto-effiziente Allokation auf dem Wege vollständiger Konkurrenz erreicht werden, wenn die Anfangsausstattungen entsprechend umverteilt werden.

Die zwei weiteren Bedingungen fordern dabei die Konvexität der Haushaltspräferenzen und der Produktionstechnologien. Wir werden die Eigenschaft der Konvexität hier nicht weiter besprechen; es sei nur darauf hingewiesen, dass sie sicherstellen, dass jeder möglichen Pareto-effizienten Allokation eindeutig eine Anfangsausstattung zugeordnet werden kann.

Der zweite Hauptsatz der Wohlfahrtsökonomik impliziert, dass die Berücksichtigung von Verteilungszielen nicht gegen den Konkurrenzmechanismus spricht. Seine Stärke – nämlich die Pareto-effiziente Verwendung der knappen Ressourcen – kann vielmehr weiterhin voll genutzt werden; es sind nur die Anfangsausstattungen entsprechend zu korrigieren. Nun stellt sich natürlich die Frage, was mit der Umverteilung der Anfangsausstattungen eigentlich gemeint ist. Immerhin kann man sich ja schlecht vorstellen, dass einem Haushalt etwa Arbeitseinheiten genommen und einem anderen Haushalt gegeben werden. Wir werden auf dieses Problem in Kapitel 7 zurückkommen, wenn wir umverteilende Maßnahmen des Staates aus normativer Perspektive betrachten.

2.4 Marktversagen

Im ersten Hauptsatz der Wohlfahrtsökonomik ist von Bedingungen die Rede, die wir noch erläutern müssen. Die Bedingungen, die sich auch technisch formulieren lassen, worauf wir hier aber verzichten wollen, fordern, dass für alle Güter und Produktionsfaktoren, die irgendwie in den Nutzen der Haushalte oder die Produktion der Unternehmen einfließen, vollständige Märkte existieren. Die Bedingungen verlangen mit anderen Worten, dass alles, was in einer Gesellschaft in irgendeiner Weise ökonomisch relevant ist, sprich die Verwendung knapper Ressourcen betrifft, durch Märkte vermittelt wird. Dort, wo knappe

Ressourcen verwendet werden, ohne dass eine Marktvermittlung stattfindet, ist dagegen die Pareto-Effizienz des Konkurrenzgleichgewichts nicht mehr gewährleistet; es besteht dann vielmehr die Gefahr eines so genannten Marktversagens.[6]

Wir werden in den nachfolgenden vier Kapiteln verschiedene Kategorien des Marktversagens kennen lernen, nämlich öffentliche Güter, externe Effekte, asymmetrisch verteilte Informationen und natürliche Monopole. Für jede Kategorie des Marktversagens werden wir prüfen, ob und wenn ja welche staatlichen Eingriffe in den Marktmechanismus die an das Marktversagen gekoppelte Pareto-Ineffizienz beseitigen können. Wir werden dabei sehen, dass von den in Kapitel 1 besprochenen drei elementaren Merkmalen des Staates das Merkmal Zwang eine Schlüsselrolle spielt. Indem der Staat die Individuen zwingt, etwas zu tun, wird ein Pareto-effizienter Zustand möglich. Wir werden aber auch sehen, dass Marktversagen selbst aus rein normativer Perspektive – also mit einem Staat im Hinterkopf, der sich tatsächlich normativen Vorgaben wie dem Pareto-Kriterium verpflichtet – nicht automatisch staatliche Eingriffe in den Marktmechanismus auf den Plan ruft. Gelegentlich lässt sich das Problem des Marktversagens besser dadurch beheben, dass ein Markt dort eröffnet wird, wo bislang Entscheidungen über die Ressourcenverwendung ohne Marktvermittlung getroffen wurden.

2.5 Übungsaufgaben zu Kapitel 2

Von den angegebenen möglichen Antworten ist immer nur genau eine richtig. Treffen gleichzeitig mehrere Aussagen zu, so sind sie stets in einer Antwortmöglichkeit zusammengefasst, also z.B. in der Antwortmöglichkeit „Aussagen a) und c) sind richtig". Lösungen zu allen Aufgaben finden sich in einem Lösungsteil am Ende des Buches.

1. Welche Aussage ist richtig?

   a) Die Grenzkosten eines Gutes geben an, wie viel Geld die Produktion einer zusätzlichen Einheit des Gutes kostet.

---

[6] In gewisser Hinsicht ist der Begriff Marktversagen irreführend, weil es nicht der Markt ist, der versagt und entsprechend einen Pareto-effizienten Zustand verfehlt. Es ist vielmehr die Abwesenheit des Marktes, die zu einem Pareto-ineffizienten Ergebnis führt.

b) Die marginale Zahlungsbereitschaft gibt an, wie viel Geld der Haushalt für eine zusätzliche Einheit eines Gutes maximal herzugeben bereit ist.

c) Im Konkurrenzgleichgewicht sind die Grenzkosten eines Gutes gleich dem Preis des Gutes.

d) Alle Aussagen sind richtig.

2. Die Annahme preisnehmenden Verhaltens auf Seiten der Haushalte führt in einem Konkurrenzgleichgewicht dazu, dass ...

a) die Unternehmen hohe Gewinne machen.

b) die marginale Zahlungsbereitschaft für ein Gut für alle Haushalte, die das Gut konsumieren, gleich ist.

c) die Haushalte sich in ihrer Güternachfrage nicht optimal verhalten.

d) Alle Aussagen sind falsch.

3. Unter bestimmten Annahmen gilt in einem Konkurrenzgleichgewicht ...

a) marginale Zahlungsbereitschaft eines Individuums 1 für ein Gut gleich Grenzkosten des Gutes.

b) marginale Zahlungsbereitschaft eines Individuums 2 für ein Gut gleich Grenzkosten des Gutes.

c) Grenzkosten eines Gutes gleich Preis des Gutes.

d) Alle Aussagen sind richtig.

4. Der erste Hauptsatz der Wohlfahrtsökonomik besagt, dass ...

a) unter bestimmten Bedingungen jede Pareto-effiziente Allokation als Konkurrenzgleichgewicht erreicht werden kann.

b) Konkurrenzgleichgewichte auch bei Existenz bestimmter Marktversagenskategorien (z.B. öffentliche Güter) nicht erheblich von einem Pareto-Optimum abweichen.

c) unter bestimmten Bedingungen in jedem Konkurrenzgleichgewicht kein Individuum besser gestellt werden kann, ohne ein anderes schlechter zu stellen.

d) Entlang der Pareto-Grenze ein Individuum nur auf Kosten eines anderen Individuums besser gestellt werden kann.

5. Eine Situation, in der die identischen marginalen Zahlungsbereitschaften zweier Individuen 1 und 2 für ein Gut kleiner sind als dessen Grenzkosten, ist ...

a) Pareto-effizient, da die Individuen mindestens bereit sind, die Kosten der letzten produzierten Einheit zu tragen.

b) nicht Pareto-effizient, da die Individuen bereit sind mehr als die Kosten der nächsten produzierten Einheit zu tragen.

c) nicht Pareto-effizient, da die Individuen nicht mehr bereit sind, die Kosten der letzten produzierten Einheit zu tragen.

d) kennzeichnend für ein Konkurrenzgleichgewicht.

6. Ausgangspunkt der normativen Theorie der Staatstätigkeit ...

a) ist die Annahme eigennütziger staatlicher Handlungsträger.

b) ist die wohlfahrtsökonomische Analyse der Eigenschaften von Konkurrenzgleichgewichten.

c) ist die Frage, wie beobachtetes staatliches Handeln zu erklären ist.

d) sind die ethischen Überzeugungen einer Gesellschaft.

7. Eine Situation, in der ein Individuum 1 eine höhere marginale Zahlungsbereitschaft für ein Gut hat als ein Individuum 2, ist ...

a) Pareto-effizient, da sich beide durch einen Tausch des Gutes von Individuum 1 zu Individuum 2 besser stellen können.

b) Pareto-effizient, da in einem Pareto-Optimum durchaus höchst unterschiedliche Nutzenniveaus von Individuum 1 und 2 möglich sind.

c) Pareto-effizient, da es nicht mehr möglich ist, ein Individuum besser zu stellen, ohne das andere schlechter zu stellen.

d) nicht Pareto-effizient, da sich beide durch einen Tausch des Gutes von Individuum 2 zu Individuum 1 besser stellen können.

8. Der zweite Hauptsatz der Wohlfahrtsökonomik besagt, dass wenn die Nutzenverteilung in einem gegebenen Marktgleichgewicht gesellschaftlich unerwünscht ist, die gesellschaftlich gewünschte Nutzenverteilung ...

a) nur durch staatliche Eingriffe in den marktwirtschaftlichen Austauschprozess erreicht werden kann.

b) durch eine Umverteilung der Anfangsausstattungen erreicht werden kann.

c) zwar durch staatliche Eingriffe erreicht werden kann, aber nur zu insgesamt niedrigeren Nutzenniveaus für alle Beteiligten.

d) unerheblich ist, da mit dem Pareto-Prinzip ein auf den individuellen Nutzen abstellender Referenzpunkt verwendet wird.

9. Mögliche Kategorien für Marktversagen sind (1) öffentliche Güter, (2) eigennutzorientierte Individuen, (3) fehlende Allgemeinwohlorientierung staatlicher Institutionen, (4) asymmetrische Informationen (5) gleichgeartete Informationsdefizite aller Individuen, (6) ungleiche Anfangsausstattungen. Welche (Teil-)Menge der Kategorien ist korrekt?

   a) Kategorien (2), (3) und (5)
   b) Kategorien (1) und (4)
   c) Kategorien (4) und (6)
   d) Kategorien (1), (4) und (6)

10. Marktversagen . . .
   a) liefert immer eine Rechtfertigung für staatliche Eingriffe in das Marktgeschehen.
   b) ist das Resultat unvollständiger Märkte.
   c) lässt sich durch Umverteilung der Anfangsausstattungen beheben.
   d) kennzeichnet eine Allokation mit ungleich verteilten individuellen Nutzenniveaus.

3

Öffentliche Güter

Die ökonomische Rolle des Staates wird unter anderem darin sichtbar, dass der Staat eine Vielzahl von Gütern bereitstellt. Viele dieser Güter weisen Eigenschaften auf, die sie zu so genannten öffentlichen Gütern machen. Wir klären in diesem Kapitel zunächst, was öffentliche Güter sind. Im Anschluss daran untersuchen wir, welche Bereitstellungsmenge eines öffentlichen Gutes Pareto-effizient ist, wobei wir die im vorangegangenen Kapitel entwickelte Referenzwelt entsprechend erweitern. Wir identifizieren dann die Probleme, die jeweils an die private und an die staatliche Bereitstellung öffentlicher Güter gekoppelt sind, und wägen schließlich private und staatliche Bereitstellungsformen gegeneinander ab.

3.1 Was ist ein öffentliches Gut?

In Kapitel 2 haben wir die Konsumentscheidungen zweier Haushalte betrachtet. Das Gut, um das es dabei ging, hatte – auch wenn das so nicht explizit formuliert wurde – folgende Eigenschaft: All jene Einheiten, die Haushalt 1 von dem Gut konsumiert, kann Haushalt 2 nicht konsumieren, und umgekehrt. Das Brötchen beispielsweise, das einer der beiden Haushalte isst, kann der andere nicht mehr essen. Wir sagen in diesem Zusammenhang, dass das Gut sich durch strenge Rivalität im Konsum auszeichne und nennen solche Güter private Güter. Es gibt aber auch Güter, die in diesem Sinne nicht privat sind. Denken wir etwa an die Straßenbeleuchtung oder die Landesverteidigung. Das Licht, das erstere spendet, kann von mehreren Haushalten gleichzeitig konsumiert werden, ohne dass der Konsum eines einzelnen Haushalts den Konsum der anderen einschränkt. Von der äußeren Sicherheit, die letztere garantiert, profitieren sogar alle Bewohner eines Landes gleichzeitig, ohne dass sie sich wechselseitig etwas dabei nehmen. Güter mit dieser Eigenschaft nennen wir öffentliche Güter. Für öffentliche Güter gilt:

Nichtrivalität. Die konstituierende Eigenschaft eines öffentlichen Gutes ist die Nichtrivalität im Konsum. Das bedeutet, dass die Nutzung des Gutes durch einen Haushalt 1 nicht zu einer Minderung der Nutzungsmöglichkeit durch einen weiteren Haushalt 2 führt.

Herrscht vollkommene Nichtrivalität im Konsum, d.h. gilt für jede beliebige Anzahl von Konsumenten, dass ein weiterer Konsument den Nutzen der bisherigen Konsumenten nicht einschränkt, dann sprechen wir von einem reinen öffentlichen Gut. Die Kosten, die durch einen weiteren Nutzer entstehen, sind bei reinen öffentlichen Gütern gleich Null. Reine öffentliche Güter sind freilich eher von theoretischer als von praktischer Relevanz. Für die meisten öffentlichen Güter entstehen nämlich mit zunehmender Nutzerzahl Überfüllungskosten, wodurch die Nutzungsmöglichkeiten des öffentlichen Gutes eingeschränkt werden. Nehmen wir als Beispiel das Straßennetz. Wenn nur wenige Verkehrsteilnehmer die Straßen befahren, dann schränkt ein weiterer Verkehrsteilnehmer den Nutzen, den die anderen aus dem Straßennetz ziehen, nicht ein. Mit steigender Anzahl von Verkehrsteilnehmern werden die Straßen aber zunehmend überfüllt und es kommt schließlich zu Rivalität in der Nutzung der Straßen. Das Gut Straßennetz verwandelt sich offenbar mit steigender Nutzerzahl von einem öffentlichen mehr und mehr in ein privates Gut. Wir nennen solche Güter deshalb auch Mischgüter, weil sie sowohl Merkmale eines öffentlichen als auch eines privaten Gutes aufweisen.

Öffentliche Güter lassen sich weiterhin danach unterscheiden, ob es möglich ist, einzelne Haushalte von der Nutzung des Gutes auszuschließen oder nicht. Häufig können Haushalte nur durch Inkaufnahme sehr hoher Kosten von der Nutzung ausgeschlossen werden. Im Fall der Landesverteidigung beispielsweise wäre es notwendig, die auszuschließenden Haushalte außer Landes zu schaffen. In anderen Fällen ist ein Ausschluss aber viel einfacher möglich. Denken wir etwa an Kinofilme. Im Konsum eines Kinofilms herrscht zwar Nichtrivalität. Dementsprechend sind Kinofilme öffentliche Güter. Man kann aber einzelne Haushalte vom Konsum eines Films ausschließen, indem man den Film in einem geschlossenen Saal vorführt. In der Tat wird gelegentlich neben der Nichtrivalität im Konsum weiters die Nichtausschließbarkeit zu den konstituierenden Eigenschaften eines öffentlichen Gutes gerechnet. Wir wollen das hier freilich nicht tun. Wir werden nämlich sehen, dass für die Bedingungen einer Pareto-effizienten Allokation im Fall eines öffentlichen Gutes allein die Nichtrivalität qualitative Besonderheiten gegenüber einem privaten Gut hervorruft. Die Eigenschaft der Nichtausschließbarkeit wird dann relevant, wenn es darum geht, ob und in welchem Umfang private Märkte öffentliche Güter bereitstellen.

Um künftige Missverständnisse auszuschließen, sei an dieser Stelle ausdrücklich darauf hingewiesen, dass die Eigenschaft der Öffentlichkeit eines Gutes nicht davon abhängt, ob es öffentlich ist im Sinne von staatlich bereitgestellt oder privat im Sinne von dezentral und durch den Markt gesteuert bereitgestellt. Öffentliche Güter können sowohl öffentlich als auch privat bereitgestellt werden. Gleiches gilt für private Güter. Die Öffentlichkeit eines öffentlichen Gutes meint, dass der Nutzen, den das Gut stiftet, öffentlich im Sinne von alle beteiligten Haushalte betreffend ist.

3.2 Optimale Bereitstellung

In Kapitel 2 haben wir die optimale Konsummenge eines privaten Gutes in einer Gesellschaft mit zwei Haushalten mit Hilfe einfacher Marginalbedingungen bestimmt. Danach ist jene Menge optimal, für die gilt, dass die marginale Zahlungsbereitschaft des konsumierenden Haushalts den Grenzkosten in der Produktion des Gutes gleicht. Im Falle eines öffentlichen Gutes profitieren aber beide Haushalte gleichzeitig, wenn das Gut bereitgestellt wird. Für die optimale Bereitstellungsmenge ist deshalb nicht mehr allein die marginale Zahlungsbereitschaft nur eines Haushalts, sondern die beider Haushalte relevant. Stellen wir uns vor, die marginale Zahlungsbereitschaft von Haushalt 1 für das öffentliche Gut sei 2 Euro und die von Haushalt 2 sei 4 Euro. Da beide Haushalte von einer weiteren bereitgestellten Einheit des öffentlichen Gutes profitieren, ist die gesellschaftliche marginale Zahlungsbereitschaft gegeben durch 6 Euro, sprich durch die Summe der marginalen Zahlungsbereitschaften aller Haushalte, die von der Bereitstellung des öffentlichen Gutes profitieren.

Wir können die Summe der marginalen Zahlungsbereitschaften einfach graphisch darstellen. Dazu betrachten wir zunächst Abbildung 3.1. Sie enthält die Kurven der marginalen Zahlungsbereitschaften für die Haushalte 1 und 2. Die Summe der marginalen Zahlungsbereitschaf-

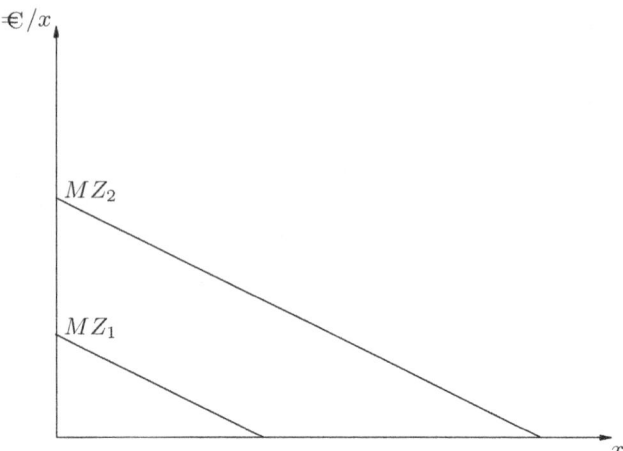

Abb. 3.1. Marginale Zahlungsbereitschaft für ein öffentliches Gut

ten beider Haushalte gewinnen wir nun, indem wir an jeder x-Stelle die Abstände aufsummieren, die die beiden Kurven von der x-Achse trennen. Wir erhalten dann die Summe der marginalen Zahlungsbereitschaften als die fett gedruckte Kurve in Abbildung 3.2. Die dünn gedruckten Kurven bezeichnen weiterhin die marginalen Zahlungsbereitschaften der einzelnen Haushalte. Der Knick in der fett gedruckten Kurve entsteht dort, wo die marginale Zahlungsbereitschaft von Haushalt 1 Null wird. Von da an ist die gesellschaftliche marginale Zahlungsbereitschaft für das öffentliche Gut gleich der marginalen Zahlungsbereitschaft von Haushalt 2.

Um die Pareto-effiziente Bereitstellungsmenge des öffentlichen Gutes zu ermitteln, benötigen wir wie auch im Fall eines privaten Gutes weiterhin die Kostenseite. Unterstellen wir, dass eine zusätzliche Einheit des öffentlichen Gutes 3 Euro kostet, sprich, dass die Grenzkosten des öffentlichen Gutes 3 Euro betragen. Unterstellen wir weiterhin, dass die Bereitstellungsmenge des öffentlichen Gutes wie in obigem Beispiel eine marginale Zahlungsbereitschaft von 2 Euro für Haushalt 1 und 4 Euro für Haushalt 2 impliziert. Zusammen sind die beiden Haushalte dann bereit, 6 Euro für eine weitere Einheit des öffentlichen Gutes herzugeben. Eine weitere Einheit kostet aber nur 3 Euro. Wenn Haushalt 1 einen Euro und Haushalt 2 zwei Euro für eine weitere Einheit hergeben, dann kann eine weitere Einheit bereitgestellt werden, und Haushalt 1 stellt sich um 1 Euro und Haushalt 2 um 2 Euro besser als vorher, es kommt also zu einer Pareto-Verbesserung, was bedeutet, dass die

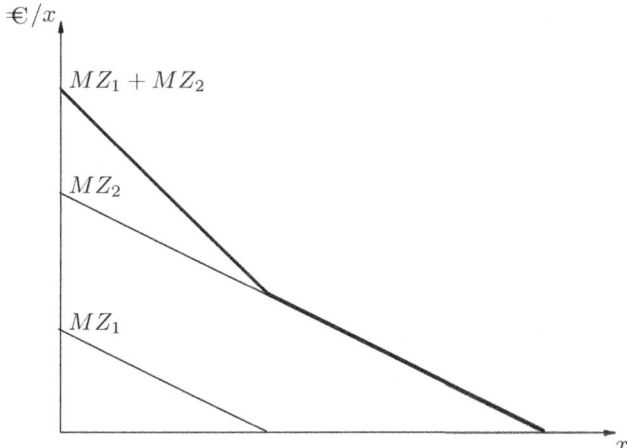

Abb. 3.2. Summe der marginalen Zahlungsbereitschaften

bisherige Bereitstellungsmenge nicht Pareto-effizient ist. Offenbar sind durch die Bereitstellung weiterer Einheiten des öffentlichen Gutes so lange Pareto-Verbesserungen möglich, bis die Summe der marginalen Zahlungsbereitschaften auf die Höhe der Grenzkosten gefallen ist. Wie sieht es freilich aus, wenn die Summe der marginalen Zahlungsbereitschaften kleiner ist als die Grenzkosten? Unterstellen wir, Haushalt 1 habe eine marginale Zahlungsbereitschaft von 1 Euro und Haushalt 2 von 1,5 Euro. Die beiden Haushalte sind dann bereit, auf eine Einheit des öffentlichen Gutes zu verzichten, wenn sie dafür 2,5 Euro erhalten; sie können aber durch den Verzicht 3 Euro an Kosten sparen. Einer der beiden Haushalte kann also um 50 Cent besser gestellt werden, ohne dass der andere Haushalt schlechter gestellt wird, so dass wiederum eine Pareto-Verbesserung möglich ist. Die Pareto-effiziente Bereitstellungsmenge eines öffentlichen Gutes ist offenbar dadurch gekennzeichnet, dass die Summe der marginalen Zahlungsbereitschaften aller an der Nutzung des Gutes beteiligten Haushalte, in unserem Falle sind das die Haushalte 1 und 2, den Grenzkosten in der Produktion des Gutes gleicht. Formal lautet die Bedingung

$$MZ_1 + MZ_2 = GK,$$

die man nach Paul A. Samuelson (1954), der sie in einem sehr allgemeinen Rahmen abgeleitet hat, auch Samuelson-Bedingung nennt. Die Pareto-effiziente Bereitstellungsmenge gewinnen wir in expliziter Form, wenn wir in Abbildung 3.2 Grenzkosten in Höhe von GK eintragen. Wie

Abbildung 3.3 zeigt, ist die Pareto-effiziente Bereitstellungsmenge dann durch x^* gegeben.

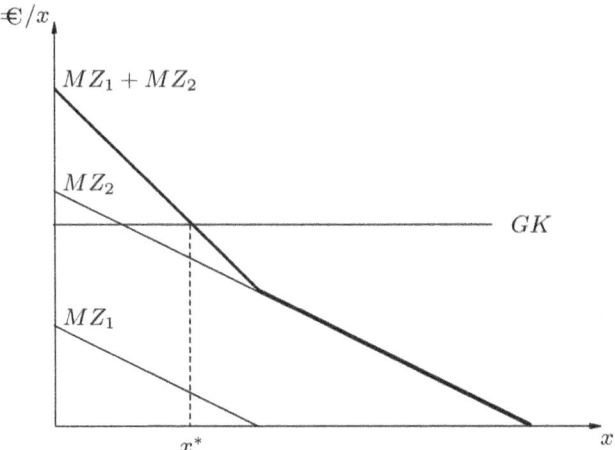

Abb. 3.3. Pareto-effiziente Bereitstellungsmenge

Die Pareto-effiziente Bereitstellungsmenge eines öffentlichen Gutes, x^* haben wir unabhängig davon abgeleitet, welche Institution für die Bereitstellung verantwortlich ist. Wir werden im Weiteren nacheinander die private und die öffentliche Bereitstellung, sprich die Bereitstellung durch den Markt und durch den Staat untersuchen.

3.3 Private Bereitstellung

Die private Bereitstellung ist dadurch gekennzeichnet, dass die Haushalte, in unserem Fall also wieder die Haushalte 1 und 2, unabhängig voneinander ihren Nutzen maximieren und dabei auch über die Menge des öffentlichen Gutes entscheiden. Wir werden sehen, dass an die private Bereitstellung zwei Probleme gekoppelt sind, und zwar das Problem der unzureichenden Bereitstellung und das Problem des Trittbrettfahrerverhaltens. Beide Probleme sind miteinander verwoben. Um sie einfacher zu durchdringen, werden wir sie hier aber gedanklich voneinander trennen.

3.3.1 Unzureichende private Bereitstellung

In Kapitel 2 haben wir gezeigt, dass private Haushalte von einem Gut
so viel nachfragen, dass die marginale Zahlungsbereitschaft für das Gut
seinem Preis gleicht, wobei letzterer in der Konkurrenzwirtschaft gleich
den Grenzkosten in der Produktion des Gutes ist. Nun untersuchen
wir die dezentralen Entscheidungen unserer beiden Haushalte 1 und 2
über die Konsummengen eines öffentlichen Gutes. Dazu betrachten wir
Abbildung 3.4.

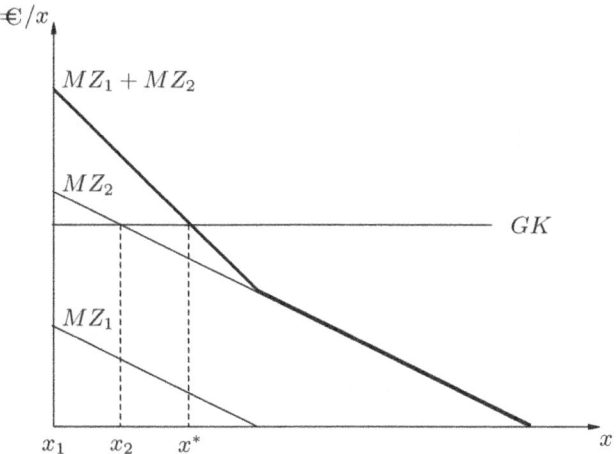

Abb. 3.4. Pareto-effiziente Bereitstellungsmenge

Darin sind abgetragen die einzelnen marginalen Zahlungsbereitschaften beider Haushalte und deren Summe sowie die Grenzkosten
in der Produktion des öffentlichen Gutes. Die marginale Zahlungsbereitschaft von Haushalt 1 für das öffentliche Gut ist stets kleiner als die
Grenzkosten, sprich kleiner als der Preis, den er für eine Einheit des
Gutes zahlen muss. In einer vollkommen dezentralen Entscheidungssituation wird Haushalt 1 daher die Menge $x_1 = 0$ nachfragen. Haushalt 2 wird dagegen die positive Menge x_2 nachfragen, denn dort gilt
$MZ_2 = GK$. Die gesamte Bereitstellungsmenge lautet folglich x_2. Die
ist offenbar kleiner als die Pareto-effiziente Menge x^*, d.h. es kommt
zu einem ineffizient geringen Bereitstellungsniveau. Ursächlich dafür
ist, dass in einer vollkommen dezentralen Entscheidungssituation keiner der beiden Haushalte einen Anreiz hat, in Rechnung zu stellen, dass
wegen der Nichttrivialität im Konsum auch der jeweils andere Haushalt

von der eigenen Bereitstellung des öffentlichen Gutes profitiert. Gegebenenfalls kommt es sogar zu gar keiner Bereitstellung des öffentlichen Gutes, obwohl eine strikt positive Bereitstellungsmenge Pareto-effizient wäre. Das ist dann der Fall, wenn die marginale Zahlungsbereitschaft jedes einzelnen Haushalts kleiner, ihre Summe aber größer ist als die Grenzkosten. Diesen Fall stellt Abbildung 3.5 dar.

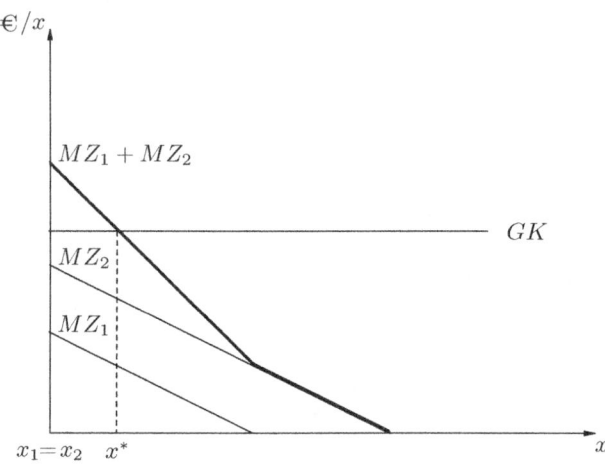

Abb. 3.5. Pareto-effiziente Bereitstellungsmenge

3.3.2 Trittbrettfahrerverhalten

Nun könnten die privaten Haushalte natürlich versuchen, sich zu koordinieren und das öffentliche Gut gemeinsam bereitzustellen. Bei der privaten Bereitstellung eines öffentlichen Gutes spielen aber auch noch strategische Aspekte eine Rolle, die wir bisher ausgeklammert haben. Sie kommen ins Spiel, wenn die einzelnen Haushalte von der Nutzung des öffentlichen Gutes nicht ausgeschlossen werden können. In dem Fall mag es aus der Perspektive des einzelnen Haushaltes lohnend erscheinen, sich nicht an der Bereitstellung des öffentlichen Gutes zu beteiligen in der Hoffnung, von der Menge zu profitieren, die die anderen Haushalte bereitstellen, und selbst keine Kosten zu tragen, sprich es mag sich lohnen, Trittbrett zu fahren. Stellen freilich alle Haushalte diese Überlegung an und versuchen Trittbrett zu fahren, dann kommt es zu gar keiner Bereitstellung des öffentlichen Gutes.

Wir betrachten wieder die Haushalte 1 und 2. Die beiden Haushalte wollen ein öffentliches Gut bereitstellen und dieses kostet 3 Euro pro Einheit. Beide Haushalte sind jeweils bereit, maximal 2 Euro pro Einheit des öffentlichen Gutes herzugeben. Wenn beide Haushalte jeweils eine Einheit bereitstellen, verbessert sich jeder von beiden um $4 - 3 = 1$ Euro. Nun kann aber jeder Haushalt versuchen, Trittbrett zu fahren in der Hoffnung, dass der andere Haushalt das Gut allein bereitstellt. In dem Fall stellt sich der Trittbrett fahrende Haushalt um 2 Euro besser als ohne das öffentliche Gut und der bereitstellende Haushalt um 1 Euro schlechter. Tabelle 3.1 enthält die Nettovorteile beider Haushalte für die verschiedenen Szenarien. Darin bezeichnen b_i und n_i die möglichen Strategien „beitragen" und „nicht beitragen" der beiden Haushalte $i = 1, 2$. Die in den einzelnen Zellen links unten eingetragenen Zahlen sind die Nettovorteile von Haushalt 1, die rechts oben die von Haushalt 2.

Tabelle 3.1. Gefangenendilemma

	b_2	n_2
b_1	1 / 1	2 / -1
n_1	-1 / 2	0 / 0

Betrachten wir nun, wie sich Haushalt 1 in Abhängigkeit des Verhaltens von Haushalt 2 optimalerweise verhält. Wenn Haushalt 2 die Strategie b_2 wählt, erzielt Haushalt 1 mit b_1 einen Nettovorteil von 1 Euro und mit n_1 einen Nettovorteil von 2 Euro. Haushalt 1 wird sich also für n_1 entscheiden. Wenn Haushalt 2 andererseits n_2 wählt, erzielt Haushalt 1 mit b_1 einen Nettonachteil von -1 Euro und mit n_1 einen Nettovorteil von 0 Euro. Er wird sich also wiederum für n_1 entscheiden. Welche Strategie Haushalt 2 auch wählt, für Haushalt 1 ist „nicht beitragen" die beste Strategie. Weil die Situation völlig symmetrisch angelegt ist, gilt gleiches für Haushalt 2, so dass sich als Gleichgewicht das Strategienprofil (n_1, n_2) ergibt.[1] Das Gleichgewicht ist freilich Pareto-

---

[1] Da die Strategie „nicht beitragen" für beide Haushalte stets die beste ist, spricht man auch von einem Gleichgewicht in dominanten Strategien.

ineffizient, denn beide Haushalte können durch einen Übergang zum Strategienprofil (b_1, b_2) um 1 Euro besser gestellt werden. Für die Gemeinschaft der Haushalte ist es offenbar besser beizutragen. Die Crux ist aber, dass es für jeden einzelnen Haushalt besser ist, nicht beizutragen und zu versuchen, Trittbrett zu fahren.

Bedingt durch das Trittbrettfahrerverhalten der einzelnen Haushalte kommt es in obiger Situation zu einem Auseinanderfallen von individueller und kollektiver Rationalität. Solche Situationen werden gelegentlich als Gefangenendilemma bezeichnet, weil die Geschichte, die dazu erzählt wird, von zwei Strafgefangenen handelt. Beiden Strafgefangenen kann die Justiz ein leichtes Verbrechen nachweisen. Man vermutet indessen, dass die beiden Gefangenen gemeinsam auch ein schweres Verbrechen begangen haben, hat dafür aber keine Beweise. Um die Gefangenen auch wegen des schweren Verbrechens bestrafen zu können, ist die Justiz vielmehr auf die Aussagen der Gefangenen selbst angewiesen. Wenn beide nicht aussagen, werden beide wegen der geringen Schwere des beweisbaren Verbrechens mit nur 2 Jahren Gefängnis bestraft. Die Justiz kann freilich eine Kronzeugenregelung anbieten. Danach geht ein Gefangener straffrei aus, wenn er gegen den Mittäter aussagt. Letzterer wird dagegen mit 8 Jahren Gefängnis bestraft. Sagen indessen beide Gefangenen gegeneinander aus, so werden sie beide wegen des schweren Verbrechens zu 6 Jahren Gefängnis bestraft, weil die Aussagen dann nur noch als Geständnisse strafmildernd berücksichtigt werden. Was werden die Gefangenen tun? Sie werden beide jeweils gegen den anderen aussagen, denn wie sich auch der andere verhält, Aussagen ist stets die beste Strategie. Dadurch werden aber beide zu 6 Jahren Gefängnis bestraft, obwohl sie, wenn sie beide schweigen würden, mit 2 Jahren davon kämen. Das Problem der Gefangenen besteht darin, dass sie offenbar nicht in der Lage sind, sich gegenseitig darauf festzulegen zu schweigen. Sie können beispielsweise keinen Vertrag miteinander schließen, der sie beide zum Schweigen verpflichtet, denn so ein Vertrag wäre nicht einklagbar. Die strategische Situation, in der sich unsere beiden Haushalte befinden, ähnelt jener der beiden Strafgefangenen. In der Tat erreichen unsere Haushalte bei der Bereitstellung eines öffentlichen Gutes nur einen Pareto-ineffizienten Zustand, weil sie sich wechselseitig nicht daran binden können, nicht Trittbrett zu fahren.

3.4 Staatliche Bereitstellung

Aufgrund seiner Zwangsmöglichkeiten kann der Staat die Bereitstellung eines öffentlichen Gutes durchsetzen und dabei von jedem an der Nutzung beteiligten Haushalt einen finanziellen Beitrag verlangen. Grundsätzlich ist er dadurch in der Lage, sowohl das an öffentliche Güter gekoppelte Problem der unzureichenden Bereitstellung als auch das Trittbrettfahrerproblem zu beseitigen. Um ein effizientes Bereitstellungsniveau durchzusetzen, benötigt der Staat freilich Informationen über die Präferenzen der Haushalte hinsichtlich des öffentlichen Gutes, sprich über ihre marginalen Zahlungsbereitschaften. Haben aber die Haushalte einen Anreiz, dem Staat diese Informationen zu übermitteln?

3.4.1 Das Informationsproblem

Wir wollen die angesprochene Frage der Informationsübermittlung anhand eines konkreten Beispiels behandeln. Statt ein großes staatlich organisiertes Gemeinwesen zu betrachten, beschränken wir uns auf die Gemeinschaft dreier Studenten 1, 2 und 3, die gemeinsam in einer Wohnung leben. Ähnlich wie größere Gemeinwesen hat auch die studentische Wohngemeinschaft mit dem Problem der Bereitstellung öffentlicher Güter zu tun. Im gemeinschaftlichen Wohnzimmer planen die Studenten, ein Fernsehgerät aufzustellen. Weil das Gerät gemeinschaftlich genutzt werden kann, gilt Nichttrivalität im Konsum, es geht also um die Anschaffung eines öffentlichen Gutes. Die Kosten für das Gerät betragen 600 Euro. Die (marginale) Zahlungsbereitschaft von Student 1 für das Gerät sei 100 Euro, die von Student 2 sei 150 Euro und die von Student 3 sei 500 Euro.[2] In der Summe sind die Studenten also maximal bereit, 750 Euro für das Gerät auszugeben. Durch die Bereitstellung entsteht damit insgesamt ein Nettovorteil in Höhe von 150 Euro. Die Studenten einigen sich darauf, dass das Gerät genau dann angeschafft wird, wenn der gesamte Nettovorteil positiv ist. Das Gerät sollte also angeschafft werden. Die Studenten können freilich ihre Zahlungsbereitschaften wechselseitig nicht beobachten; jeder Student kennt nur seine eigene Zahlungsbereitschaft. Für die Frage der Anschaffung sind demnach die Angaben entscheidend, die die Studenten selbst über ihre Zah-

---

[2] Wir brauchen hier die Zahlungsbereitschaften nicht mit dem Zusatz marginal zu versehen, weil das bereitzustellende Fernsehgerät notwendigerweise eine weitere Einheit Fernsehgerät darstellt.

lungsbereitschaft machen. Wie können die Studenten nun voneinander die nötigen Informationen gewinnen, um die Anschaffungsentscheidung zu treffen?

Beginnen wir mit einem sehr einfachen Mechanismus. Jeder Student wird nach seiner Zahlungsbereitschaft für das Fernsehgerät gefragt, wobei im Falle der Anschaffung jeder ein Drittel der Kosten, also 200 Euro zu übernehmen hat. Student 1 entsteht dann durch die Anschaffung ein Nettovorteil von -100 Euro, Student 2 von -50 Euro und Student 3 von 300 Euro. Haben die Studenten einen Anreiz, ihre Nettovorteile wahrheitsgemäß zu bekunden? Student 1 würde sich bei Anschaffung des Gerätes um 100 Euro schlechter stellen. Er wird also daran interessiert sein, die Anschaffung möglichst zu verhindern und entsprechend behaupten, er sei ein Fernsehhasser und seine Zahlungsbereitschaft für das Gerät strebe gegen $-\infty$ Euro. Student 2 stellt sich durch die Anschaffung um 50 Euro schlechter und auch er wird deshalb, ähnlich wie Student 1, seine Zahlungsbereitschaft für das Gerät völlig untertreiben. Student 3 stellt sich dagegen durch die Anschaffung des Gerätes um 300 Euro besser. Er wird deshalb seine Zahlungsbereitschaft für das Gerät völlig übertreiben und behaupten, sie strebe gegen $+\infty$ Euro. Offenbar hat keiner der Studenten einen Anreiz, seine tatsächliche Zahlungsbereitschaft für das Fernsehgerät zu offenbaren, so dass die Anschaffungsentscheidung nicht auf der Grundlage der tatsächlichen Präferenzen für das Gerät getroffen werden kann.

Man ist vielleicht versucht zu argumentieren, dass die fehlende Bereitschaft der Studenten, die Wahrheit zu sagen, damit zu tun habe, dass sich insbesondere die Studenten 1 und 2 durch die Anschaffung des Gerätes schlechter stellen und sie deshalb partout verhindern wollen. Betrachten wir deshalb einen zweiten Mechanismus, in dem die Anschaffungskosten nicht in drei gleiche Teile zerlegt werden. Jeder Student wird vielmehr nach seiner Zahlungsbereitschaft gefragt und leistet dann einen Finanzierungsbeitrag gemäß seiner bekundeten Zahlungsbereitschaft. Werden die Studenten dann die Wahrheit sagen? Sicher nicht, denn jeder Student hat nun einen Anreiz, seine Zahlungsbereitschaft zu untertreiben, um so seinen Finanzierungsanteil zu reduzieren. Wiederum ist also eine Entscheidung über die Anschaffung des Fernsehgerätes auf der Grundlage der tatsächlichen Präferenzen nicht möglich.

3.4.2 Präferenzaufdeckungsmechanismus

Was unsere Wohngemeinschaft benötigt, ist ein Mechanismus, der allen ihren Mitgliedern einen Anreiz liefert, ihre Präferenzen hinsichtlich des Fernsehgerätes freiwillig zu offenbaren. Tatsächlich gibt es einen solchen Mechanismus, der entsprechend als Präferenzaufdeckungsmechanismus bezeichnet wird. Angewendet auf das vorliegende Problem funktioniert er folgendermaßen. Jeder Student macht eine Angabe über seine Zahlungsbereitschaft für das Fernsehgerät. Die Angabe kann wahr oder falsch sein. Übertrifft die Summe der angegebenen Zahlungsbereitschaften die Anschaffungskosten, wird das Gerät bereitgestellt. Jeder Student trägt dann einen fixen Anteil der Anschaffungskosten, also z.B. 200 Euro pro Student. Wichtig ist dabei, dass der Finanzierungsanteil, den ein Student zu tragen hat, im Vorhinein festgelegt und damit unabhängig von seiner Präferenzangabe ist. Zusätzlich zum fixen Finanzierungsanteil zahlen jene Studenten, die die Bereitstellungsentscheidung zu ihren Gunsten verändern, eine Steuer in Höhe der Kosten, die die Änderung der Bereitstellungsentscheidung bei den anderen Studenten auslöst. Die Steuer wird nach ihren Erfindern Edward H. Clarke (1971) und Theodor Groves (1973) gelegentlich als Clarke-Groves-Steuer, meistens aber einfacher als Clarke-Steuer bezeichnet. Um die Funktionsweise der Clarke-Steuer genauer zu durchdringen, betrachten wir Tabelle 3.2. Darin bezeichnet n_i den wahren Nettovorteil, wenn jeder Student einen fixen Finanzierungsanteil in Höhe von 200 Euro beiträgt, a_i bezeichnet den angegebenen Nettovorteil und t_i die Höhe der Clarke-Steuer, wobei der Index $i = 1, 2, 3$ den i-ten Studenten kennzeichnet.

Tabelle 3.2. Clarke-Steuer I

Student	n_i	a_i	t_i
1	-100	-100	0
2	-50	-50	0
3	300	300	150

In Tabelle 3.2 wird unterstellt, dass alle Studenten die Wahrheit sagen. Wir werden noch sehen, dass sie dazu tatsächlich einen Anreiz haben. Die Summe der angegebenen Nettovorteile ist positiv, entsprechend wird das Fernsehgerät angeschafft. Um die Höhe der Clarke-Steuern zu bestimmen, müssen wir überprüfen, welche Studenten die Bereitstellungsentscheidung zu ihren Gunsten verändern. Betrachten wir zunächst Student 1. Ohne seine Angabe würden sich die angegebenen Nettovorteile zu $a_2 + a_3 = 250$ Euro und damit weiterhin zu einem positiven Betrag summieren. Also würde auch ohne die Angabe von Student 1 die Entscheidung auf Anschaffen des Gerätes lauten. Entsprechend verändert Student 1 die Entscheidung nicht zu seinen Gunsten, d.h. er löst mit seiner Angabe bei den anderen keine Kosten aus und zahlt deshalb auch keine Clarke-Steuer. Gleiches gilt für Student 2, weil auch er die Anschaffungsentscheidung durch seine Angabe nicht verändert. Dagegen würden sich ohne die Angabe von Student 3 die angegebenen Nettovorteile zu $a_1 + a_2 = -150$ Euro summieren und damit zu einem negativen Betrag. Ohne die Angabe von Student 3 würde daher das Gerät nicht angeschafft werden, so dass Student 3 die Anschaffungsentscheidung zu seinen Gunsten verändert. Gemäß der angegebenen Nettovorteile löst er dadurch Kosten in Höhe von 100 Euro bei Student 1 und 50 Euro bei Student 2 aus. Die Summe, nämlich 150 Euro, muss er in Form einer Clarke-Steuer zahlen. Trotz der Steuer realisiert er aber noch einen Vorteil in Höhe von $n_3 - t_3 = 150$ Euro. Er sollte deshalb nicht versuchen, der Steuer auszuweichen und einen geringeren als den wahren Nettovorteil anzugeben. Die Steuer brauchte er nämlich nur dann nicht zu zahlen, wenn er die Anschaffungsentscheidung nicht zu seinen Gunsten veränderte. Dann würde das Gerät nicht angeschafft werden und sein Nettovorteil würde sich auf 0 Euro reduzieren.

Die Steuereinnahmen dürfen, wie wir noch sehen werden, nicht an jene Studenten ausgezahlt werden, bei denen durch die Anschaffungsentscheidung Kosten entstehen. Die Studenten 1 und 2 dürfen also im vorliegenden Fall nicht 100 beziehungsweise 50 Euro erhalten. Das bedeutet, dass die Studenten 1 und 2 im Zustand mit Fernsehgerät schlechter gestellt sind als im Zustand ohne. Sollte das nicht bei einem oder bei beiden einen Anreiz auslösen, falsche Angaben zu machen, um die Anschaffung zu verhindern? Betrachten wir dazu Tabelle 3.3.

Darin wird unterstellt, dass Student 1 lügt und angibt, sein Nettovorteil sei -300 Euro. Die angegebenen Nettovorteile summieren sich dann zu $a_1 + a_2 + a_3 = -50$ Euro und die Entscheidung lautet, das Gerät nicht anzuschaffen. Ohne die Angabe von Student 1 summieren sich die Nettovorteile zu $a_2 + a_3 = 250$ Euro, also zu einem positiven Betrag.

Tabelle 3.3. Clarke-Steuer II

Student	n_i	a_i	t_i
1	-100	**-300**	250
2	-50	-50	0
3	300	300	0

Durch seine Angabe verändert Student 1 daher die Entscheidung von Anschaffen auf Nichtanschaffen. Damit löst er bei den anderen beiden Kosten in Höhe von $a_2 + a_3 = 250$ Euro aus, die ihm entsprechend als Steuer auferlegt werden. Insgesamt lautet sein Vorteil dann -250 Euro, weil zwar kein Fernsehgerät angeschafft wird und deshalb auch kein Finanzierungsanteil zu zahlen ist, aber dafür eine Steuer in Höhe von 250 Euro. Sagt er die Wahrheit, entstehen ihm aber nur Kosten in Höhe von 100 Euro. Er tut also gut daran, die Wahrheit zu sagen.

Wir sehen, dass der Mechanismus in subtiler Weise bei allen Studenten einen Anreiz auslöst, richtige Angaben über die Zahlungsbereitschaft für das Fernsehgerät zu machen. Der Mechanismus birgt allerdings ein Problem. Es wurde bereits erwähnt, dass die Steuer nicht an jene Studenten ausgezahlt werden darf, denen durch die getroffene Entscheidung Kosten entstehen. Würden nämlich in unserem Beispiel die Steuereinnahmen an die Studenten 1 und 2 ausgezahlt, so würde das bei ihnen wieder einen Anreiz auslösen, falsche Angaben zu machen, um höhere Auszahlungen zu erhalten. Die Steuereinnahmen müssen vielmehr aus der Wohngemeinschaft verschwinden. Das bedeutet freilich, dass mit dem Mechanismus zwar das Fernsehgerät genau dann aufgestellt wird, wenn es in einem Pareto-effizienten Zustand aufgestellt sein sollte. Der dadurch erreichte Zustand ist aber nicht Pareto-effizient, weil durch den Abfluss der Clarke-Steuer der Konsum an privaten Gütern in der Wohngemeinschaft geringer ist, als er in einem Pareto-effizienten Zustand wäre.

3.5 Private versus staatliche Bereitstellung

Sowohl mit der privaten als auch mit der staatlichen Bereitstellung eines öffentlichen Gutes sind Effizienzprobleme verbunden. Aus normativer Perspektive gibt es daher keine allgemeingültige Antwort auf die Frage, ob öffentliche Güter privat oder staatlich bereitgestellt werden sollten. Vielmehr ist vor dem Hintergrund der spezifischen Eigenschaften der jeweiligen öffentlichen Güter zu prüfen, wie schwerwiegend die mit der privaten beziehungsweise staatlichen Bereitstellung verknüpften Effizienzprobleme sind. Einige öffentliche Güter können problemlos durch den Markt bereitgestellt werden, weil der Ausschluss von Haushalten, die nicht zur Bereitstellung beitragen, möglich und sinnvoll ist. Wenn Ausschluss nicht möglich oder nicht sinnvoll ist, bleibt immer noch zu prüfen, wie schwer das theoretisch abgeleitete Trittbrettfahrerverhalten in der Praxis tatsächlich wiegt. Geht es um die Bereitstellung eines öffentlichen Gutes in einer kleinen und überschaubaren Gruppe, dann mögen Fairnessüberlegungen der Gruppenmitglieder sowie soziale Kontrolle Trittbrettfahrerverhalten verhindern. In großen Gruppen verliert indessen beides an Bedeutung. Nehmen wir als Beispiel das Gut öffentliche Sicherheit. In kleinen abgegrenzten Wohngebieten könnte z.B. der Schutz vor Wohnungseinbrüchen privat organisiert werden. Der Beitrag der einzelnen Haushalte könnte dabei in der Teilnahme an Kontrollen im Wohngebiet oder in der Übernahme eines finanziellen Anteils an den Kosten für einen Schutzdienst bestehen. Die öffentliche Sicherheit in einer ganzen Stadt, einer Region oder sogar einem Land dürfte sich aber kaum auf diese Weise organisieren lassen. Ähnlich verhält es sich mit Freizeiteinrichtungen. Bei der Bereitstellung eines Kinderspielplatzes in einer Nachbarschaft mag Trittbrettfahrerverhalten nicht besonders virulent sein. Bei der Bereitstellung eines Stadtparks dafür um so mehr.

Ein bisher unberücksichtigt gelassenes Problem entsteht noch, wenn es zwar zur privaten Bereitstellung eines öffentlichen Gutes kommt, aber nicht im Pareto-effizienten Umfang. Der Staat könnte dann die Bereitstellung übernehmen und aufgrund seiner Zwangsmöglichkeiten den Pareto-effizienten Umfang durchsetzen – vorausgesetzt, er verfügt über die dazu notwendigen Informationen. Die bisherige Analyse suggeriert, dass sich damit eine Pareto-Verbesserung verbindet. Es ist aber ein fundamentaler Unterschied, ob etwas freiwillig getan wird oder auf der Grundlage von Zwang. Stellen wir uns vor, dass die private Bereitstellungsmenge zwar geringer als die effiziente Menge ist, dass aber die bereitgestellte Menge auf einem Kooperationsmotiv der beteiligten Haushalte basiert. Das Motiv könnte dabei sein, dass ein Haushalt Kooperation gutheißt und sich in seiner Kooperationsbereitschaft gut fühlt und deshalb zur Bereitstellung des öffentlichen Gutes beiträgt, obwohl er Trittbrett fahren könnte. Greift jetzt der Staat ein und setzt ein höheres Bereitstellungsniveau auf der Grundlage von Zwangsbeiträgen durch, dann entsteht möglicherweise sogar eine Pareto-Verschlechterung, weil Zwangsbeiträge keinen Raum mehr für freiwillige Kooperation und das daran geknüpfte Wohlgefühl lassen.

Ein ganz anders gelagertes Problem, das für die Frage private versus staatliche Bereitstellung öffentlicher Güter ebenfalls von zentraler Bedeutung ist, betrifft die Motivation der staatlichen Entscheidungsträger. Im vorliegenden Teil untersuchen wir, wie die ökonomische Rolle eines auf normative Ziele verpflichteten Staates aussieht. Dabei klammern wir aus, was passiert, wenn staatliche Entscheidungsträger ein auf individuelle oder Partikularinteressen gerichtetes Eigenleben entfalten. Darauf werden wir in Teil II des vorliegenden Buches eingehen und dann erneut das Problem der Bereitstellung öffentlicher Güter behandeln.

3.6 Übungsaufgaben zu Kapitel 3

Von den angegebenen möglichen Antworten ist immer nur genau eine richtig. Treffen gleichzeitig mehrere Aussagen zu, so sind sie stets in einer Antwortmöglichkeit zusammengefasst, also z.B. in der Antwortmöglichkeit „Aussagen a) und c) sind richtig". Lösungen zu allen Aufgaben finden sich in einem Lösungsteil am Ende des Buches.

1. Wild wachsende Waldbeeren im Stadtpark sind ...
    a) ein öffentliches Gut, weil kein Individuum vom Pflücken ausgeschlossen werden kann.
    b) ein privates Gut, weil zwei Individuen beim Pflücken rivalisieren.
    c) ein öffentliches Gut, weil sie auf einem öffentlichem Gelände wachsen.
    d) Aussagen a) und c) sind richtig.

2. Im Kontext öffentlicher Güter versteht man unter dem Begriff des Trittbrettfahrens ...
    a) die Tatsache, dass bei Nichtausschließbarkeit individuell rationales Verhalten nicht mit gesellschaftlicher Rationalität übereinstimmt.
    b) ein Verhalten, das bei mangelnder gesellschaftlicher Kontrolle auftritt.

    c) die unabhängig vom Verhalten der anderen Individuen beste Strategie eines eigennützigen Individuums bei Nichtausschließbarkeit.

    d) Alle Aussagen sind richtig.

3. Ein Sitzplatz beim Endspiel der Fußballweltmeisterschaft ist ...

    a) ein privates Gut, weil Rivalität im Konsum vorliegt und Ausschluss möglich ist.

    b) ein öffentliches Gut, weil er das konstituierende Merkmal öffentlicher Güter erfüllt.

    c) ein Mischgut, weil er Eigenschaften eines öffentlichen und eines privaten Gutes aufweist.

    d) ein öffentliches Gut, weil ein starkes Gemeinwohlinteresse die öffentliche Bereitstellung erfordert.

4. Der Staat kann das Problem des Trittbrettfahrens bei der Bereitstellung öffentlicher Güter überwinden, weil er ...

    a) den Ausschluss vom Konsum öffentlicher Güter durchsetzen kann.

    b) die marginalen Zahlungsbereitschaften der Individuen für öffentliche Güter kennt.

    c) die Individuen zu einem Finanzierungsbeitrag zwingen kann.

    d) Alle Aussagen sind richtig.

5. Der Staat kann das Trittbrettfahrerproblem überwinden, indem ...

    a) er die Trittbrettfahrer vom Konsum öffentlicher Güter ausschließt.

    b) er die Trittbrettfahrer dazu zwingt, ihre marginale Zahlungsbereitschaft zu offenbaren.

    c) er über das Angebot eines öffentlichen Gutes abstimmen lässt.

    d) Alle Aussagen sind falsch.

6. Wie erfolgt die Ermittlung der optimalen Bereitstellungsmenge bei öffentlichen Gütern?

    a) Durch Addition der marginalen Zahlungsbereitschaften.

    b) Durch Multiplikation der marginalen Zahlungsbereitschaften.

    c) Durch Subtraktion der marginalen Zahlungsbereitschaften.

    d) Durch Division der marginalen Zahlungsbereitschaften.

7. Gegeben sei folgende Situation. Zwei rational handelnde Haushalte 1 und 2 können zur Finanzierung eines Spielplatzes beitragen oder

es bleiben lassen. Nachstehende Tabelle enthält die Nettovorteile beider Haushalte, je nachdem, ob sie beitragen oder nicht. Darin bezeichnen b_i und n_i die möglichen Strategien „beitragen" und „nicht beitragen" der beiden Haushalte $i = 1, 2$. Die in den einzelnen Zellen links unten eingetragenen Zahlen sind die Nettovorteile von Haushalt 1, die rechts oben jene von Haushalt 2.

	b_2	n_2
b_1	4 / 4	6 / -1
n_1	-1 / 6	0 / 0

Welche Strategien wählen die Haushalte?

a) (beitragen, beitragen).

b) (nicht beitragen, beitragen).

c) (beitragen, nicht beitragen).

d) (nicht beitragen, nicht beitragen).

8. Eine Wohngemeinschaft von vier Personen plane die Anschaffung eines Gemäldes für das gemeinschaftliche Wohnzimmer. Das in Frage stehende Gemälde koste 400 Euro. Im Falle der Anschaffung habe jede Person einen Kostenbeitrag in Höhe von 100 Euro zu leisten. Die Zahlungsbereitschaft von Person 1 für das Gemälde sei 120 Euro, die von Person 2 sei 90 Euro, die von Person 3 sei 70 Euro und die von Person 4 sei 100 Euro. Die Zahlungsbereitschaften seien nicht beobachtbar, d.h. jede Person kenne zwar ihre eigene Zahlungsbereitschaft, nicht aber die Zahlungsbereitschaften der jeweils anderen Personen. Die Entscheidungsfindung erfolge auf der Basis des Clarke-Mechanismus. Welche Aussage ist richtig?

a) Die Anschaffung des Gemäldes ist effizient.

b) Haushalt Person 1 zahlt eine Clarke-Steuer in Höhe von 40 Euro.

c) Person 3 zahlt eine Clarke-Steuer in Höhe von 10 Euro.

d) Alle Aussagen sind falsch.

9. Beim Konzept der Clarke-Steuer ...

a) kann jedes Individuum die Entscheidung von Bereitstellung zu Nichtbereitstellung eines öffentlichen Gutes verändern, aber nicht vice versa.

b) werden die Steuern zwischen Gewinnern und Verlierern der Entscheidung umverteilt, um die sozialen Kosten der Verlierer zu kompensieren.

c) haben allen Individuen einen Anreiz ihre Präferenzen durchzusetzen, weil sie eine Steuer bezahlen müssen, wenn die Bereitstellungsentscheidung zu ihren Ungunsten verändert wird.

d) Alle Aussagen sind falsch.

10. Die Clarke-Steuer ...

a) entspricht der Höhe der Kosten, die die Änderung der Bereitstellungsentscheidung bei den jeweils anderen Individuen hinterlässt.

b) entspricht der Höhe nach dem geldwerten Vorteil, den das jeweilige Individuum von der Bereitstellungsentscheidung hat.

c) entspricht der Höhe nach der Differenz aus wahrer und angegebener Nettowertschätzung.

d) wird an die Individuen ausgezahlt, um die externen Kosten ihrer Präferenzangabe zu internalisieren.

4
Externe Effekte

Der Begriff „externer Effekt" ist in den Wirtschaftswissenschaften nicht immer einheitlich verwendet worden. Von den externen Effekten, die wir hier behandeln, sind die so genannten „pekuniären" externen Effekte zu unterscheiden, die in der älteren wirtschaftswissenschaftlichen Literatur gelegentlich angesprochen werden. Unter pekuniären externen Effekten versteht man an Preisänderungen gekoppelte Effekte, die z.B. durch Nachfrageänderungen der privaten Haushalte oder durch technologisch bedingte Veränderungen der Industriestruktur hervorgerufen werden. Wenn etwa viele Landbewohner es plötzlich leid sind, auf dem Land zu leben, und deshalb in die Stadt ziehen, so steigen die Mieten für Stadtwohnungen und das begünstigt deren Eigentümer. Der Effekt wird dann als pekuniärer externer Effekt bezeichnet. Dieser entsteht in marktmäßigen Beziehungen der beteiligten wirtschaftlichen Akteure und hat deshalb außer der Ähnlichkeit des Namens nichts mit den externen Effekten zu tun, die wir in diesem Kapitel behandeln. Wir klären hier zunächst, was ein externer Effekt ist. Im Anschluss daran zeigen wir, dass es bei externen Effekten nicht zu einer Pareto-effizienten Verwendung der knappen Ressourcen in einer privatwirtschaftlich organisierten Ökonomie kommt. Wir werden uns dabei wieder in der in Kapitel 2 entwickelten Referenzwelt bewegen. Schließlich diskutieren wir zwei verschiedene so genannte Internalisierungsstrategien, die sich darin unterscheiden, dass dem Staat in der einen eine aktive Rolle zugewiesen wird, während die andere auf dezentralen Entscheidungsmechanismen aufbaut.

4.1 Was ist ein externer Effekt?

Stellen wir uns einen Studenten vor, der in einem Restaurant sitzt, eine Pizza isst und ein Bier dazu trinkt. Die Entscheidung für die Pizza und das Bier wird er abhängig gemacht haben von seiner Zahlungsbereitschaft und dem Preis für die beiden Güter. Andere Größen wird er nicht berücksichtigt haben und das braucht er auch nicht, schließlich betrifft der Konsum nur ihn allein. Nach dem Essen steckt sich unser Student noch eine Zigarette an. Als rationaler Raucher macht er die Entscheidung für die Zigarette wiederum abhängig von seiner Zahlungsbereitschaft und vom Preis. Diesmal lässt er aber etwas außer Acht. Er berücksichtigt nämlich nicht, dass sich die Gäste am Nachbartisch durch den Zigarettenqualm in ihrem Wohlbefinden beeinträchtigt fühlen. Der Effekt, den sein Zigarettenkonsum auf die anderen Gäste auslöst, taucht in seinem Entscheidungskalkül nicht auf. Wenn unser Student durch den Preis für die Zigarette kein Signal über die Beeinträchtigung erhält, die sein Zigarettenkonsum bei anderen bewirkt, dann sprechen wir davon, dass sein Zigarettenkonsum einen externen Effekt auslöst.[1] Allgemein definieren wir einen externen Effekt folgendermaßen:

Externer Effekt. Ein externer Effekt ist eine ökonomische Aktivität, die sich außerhalb marktvermittelter Interdependenzbeziehungen entfaltet. Ein externer Effekt hat keinen Preis.

Externe Effekte können sowohl negativ als auch positiv sein. Sie können ferner sowohl die Konsumseite als auch die Produktionsseite betreffen. Obiges Beispiel handelt von einem negativen externen Effekt auf der Konsumseite. Das Kühlwasser eines Kraftwerks, das in einen Fluss geleitet wird, den Fluss erwärmt, deshalb zu größeren Fischpopulationen führt und dadurch die Fischer begünstigt, ist ein Beispiel für einen positiven externen Effekt auf der Produktionsseite.

Bei der Frage, ob ein externer Effekt vorliegt, ist es wichtig darauf zu achten, dass es nicht auf die ökonomische Aktivität selbst ankommt, sondern auf den die ökonomische Aktivität umgebenden institutionellen Rahmen. Ein und dieselbe ökonomische Aktivität kann hier extern und dort intern sein. Es kommt vielmehr darauf an, ob die hinter der ökonomischen Aktivität stehenden Entscheidungsträger einen Anreiz

---

[1] Das Zigarettenbeispiel hinkt etwas, und zwar wegen der Tabaksteuer. Die gibt nämlich das angesprochene fehlende Signal. Wir werden darauf zurückkommen.

haben, alle ökonomischen Konsequenzen ihrer Entscheidung ins Kalkül zu ziehen. Ob das so ist, hängt, wie wir noch sehen werden, vom institutionellen Rahmen ab.

4.2 Ein umweltökonomisches Problem

Ihr Hauptanwendungsgebiet findet die Theorie der externen Effekte im Bereich der Umweltökonomik. Wir wollen uns hier ebenfalls anhand eines Umweltproblems mit externen Effekten und ihrer ökonomischen Behandlung vertraut machen. Dazu betrachten wir zunächst einen repräsentativen Haushalt, der Lederprodukte konsumiert, und einen repräsentativen Lederfabrikanten.[2] Die marginale Zahlungsbereitschaft des Haushalts für Lederprodukte sowie die Grenzkosten des Lederfabrikanten sind in Abbildung 4.1 abgetragen.

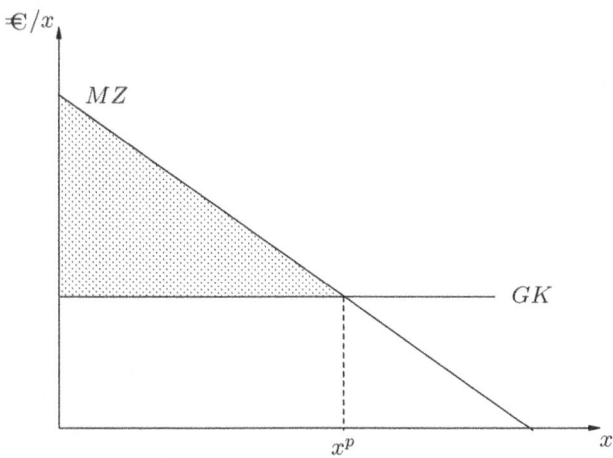

Abb. 4.1. Ledermarkt

Die vom Haushalt nachgefragte Menge an Lederprodukten beträgt x^p, wenn der Lederfabrikant seine Produkte zum Grenzkostenpreis anbietet, wobei das Superskript p hier die privatwirtschaftliche Lösung kennzeichnet. Die schraffierte Fläche zwischen der GK-Kurve und der MZ-Kurve misst die Konsumentenrente, die der Haushalt realisiert, wenn er von den Lederprodukten x^p Einheiten konsumiert. Die Konsumentenrente ist die Summe der pro zusätzlicher konsumierter Einheit

---

[2] Der repräsentative Haushalt repräsentiert den Haushaltssektor und der repräsentative Lederfabrikant die Lederindustrie.

realisierten Nettovorteile. Den Nettovorteil pro zusätzlicher Ledereinheit an einer beliebigen Stelle x erhalten wir bekanntlich als den Abstand zwischen der MZ-Kurve und der GK-Kurve an dieser Stelle. Die stetige Aufsummierung aller dieser Abstände bis zur Stelle x^p ist dann gerade gleich der Fläche zwischen den beiden Kurven und diese nennen wir, wie oben erwähnt, Konsumentenrente. Sie misst den gesamten geldwerten Vorteil, den der Haushalt durch den Konsum von x^p Ledereinheiten realisiert. Ihre Dimension ist Euro und sie sagt aus, um wie viel Euro sich der Haushalt dadurch besser stellt, dass er x^p Ledereinheiten konsumiert und dafür den Preis GK Euro pro Einheit zahlt, statt keine Ledereinheiten zu konsumieren.

Nun erweitern wir das Modell und nehmen an, dass bei der Lederproduktion übel riechende Abwässer entstehen, die der Lederfabrikant in einen nahe gelegenen Fluss leitet. Flussabwärts unterhält ein Gastwirt einen Biergarten, der direkt am Flussufer liegt. Dieser Biergarten wird von unserem Haushalt gelegentlich besucht. Bedingt durch den Gestank der Abwässer verliert der Biergarten freilich für unseren Haushalt an Attraktivität. Wir erfassen die Attraktivitätseinbuße in Geldeinheiten, und zwar in Form eines Grenzschadens. Jener misst, um wie viel Euro die Attraktivität des Biergartens sinkt, wenn die Lederproduktion um eine weitere Einheit steigt. Wir nehmen an, der Grenzschaden sei konstant und betrage GS Euro. Eine zusätzliche Einheit Lederprodukte kostet dann neben den GK Euro, die in der Produktion anfallen, weitere GS Euro in Form eines weniger attraktiven Biergartens. Die Summe, $GK + GS$, bezeichnen wir als die sozialen oder gesellschaftlichen Grenzkosten der Lederproduktion. In Abbildung 4.2 sind letztere neben der MZ-Kurve und der GK-Kurve eingetragen. Die Fläche des schraffierten Rechtecks misst darin den gesamten geldwerten Schaden der Lederproduktion in Form eines weniger attraktiven Biergartens. Wird dieser Schaden berücksichtigt, dann sinkt der geldwerte Vorteil, den unser Haushalt durch den Lederkonsum gewinnt, um diese Fläche, d.h. der geldwerte Vorteil ist dann nur noch die Differenz zwischen den schraffierten Flächen in Abbildung 4.1 und Abbildung 4.2.

Bei Grenzkosten in Höhe von $GK + GS$ Euro wird eine Übereinstimmung von marginaler Zahlungsbereitschaft und Grenzkosten bereits bei einer geringeren Ledermenge erreicht, und zwar bei der Menge x^* in Abbildung 4.3, und durch einen Übergang von x^p nach x^* kommt es zu einer Pareto-Verbesserung. Wegen der geringeren Menge

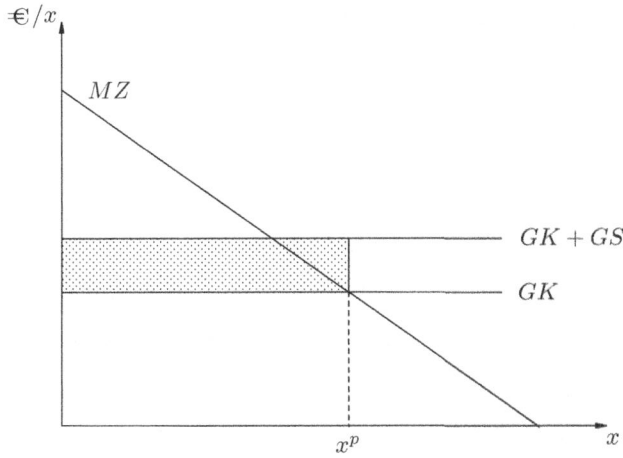

Abb. 4.2. Externer Effekt

an Ledereinheiten wird nämlich ein Schaden in Höhe von $(x^p - x^*)\,GS$ Euro vermieden; das ist die Summe der Flächen des hell und des dunkel schraffierten kleinen Dreiecks in Abbildung 4.3. Stellen wir nun die Kostenersparnis infolge der geringeren Verschmutzung dem Verlust an Konsumentenrente durch die geringere Ledermenge gegenüber, so können wir schlussfolgern, dass sich der Haushalt im Vergleich zur Situation mit einer Produktionsmenge von x^p Ledereinheiten um den Euro-Betrag besser stellt, der durch die Fläche des dunkel schraffierten kleinen Dreiecks in Abbildung 4.3 gemessen wird. In der Tat ist die Menge x^* Pareto-effizient, weil hier die aus Kapitel 2 vertraute Marginalbedingung erfüllt ist, die die Gleichheit von marginaler Zahlungsbereitschaft und (sozialen) Grenzkosten fordert.

Solange der Haushalt nicht internalisiert, dass die Lederproduktion einen Schaden in Form eines weniger attraktiven Biergartens hinterlässt, hat er freilich keinen Anreiz, nur die Menge x^* zu konsumieren. An der Stelle x^* übertrifft seine marginale Zahlungsbereitschaft noch die Grenzkosten des Lederfabrikanten. Wenn der Lederfabrikant seine Produkte zu Grenzkosten abgibt, so ist es für den Haushalt aus seiner isolierten Perspektive lohnend, weitere Ledereinheiten zu konsumieren. Wie lässt sich gleichwohl das Pareto-effiziente Produktionsniveau x^* durchsetzen?

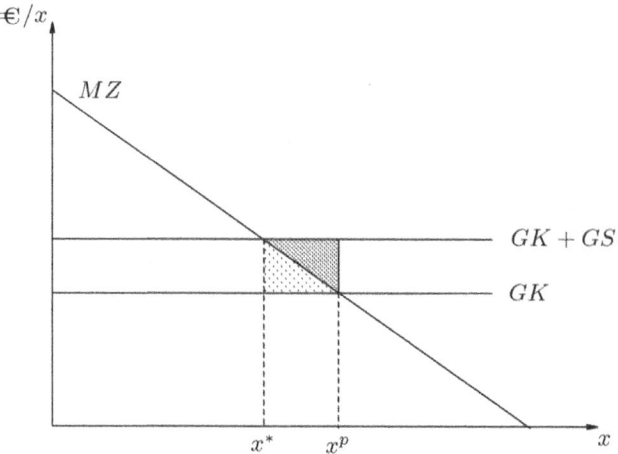

Abb. 4.3. Pareto-effiziente Lederproduktion

4.3 Internalisierung externer Effekte

Wir sprechen von der Internalisierung eines externen Effekts, wenn den betroffenen Akteuren ein Anreiz gegeben wird, eine bisher externe ökonomische Aktivität in ihr Entscheidungskalkül einzubeziehen, sprich zu internalisieren. In diesem Abschnitt lernen wir zwei verschiedene Internalisierungsstrategien kennen. Die erste beinhaltet eine aktive Rolle des Staates, die zweite legt die Internalisierung weitgehend in private Hände.

4.3.1 Pigou-Steuer

Die klassische Internalisierungsstrategie ist eine Steuerlösung, die nach ihrem Erfinder Arthur C. Pigou (1928) als Pigou-Steuer bezeichnet wird. Die Idee der Pigou-Steuer ist einfach. Auf unser umweltökonomisches Problem angewendet bedeutet sie, dass der Lederfabrikant für jede produzierte Ledereinheit eine Steuer in Höhe von t Euro an den Staat abführen muss. Dadurch steigen die Kosten pro zusätzlich produzierter Ledereinheit von GK auf $GK + t$ Euro. Die Pigou-Steuer wird dabei so gewählt, dass $t = GS$ gilt. Der Lederfabrikant muss dann für eine zusätzliche Ledereinheit mindestens den Preis $GK + t = GK + GS$ Euro verlangen und der Haushalt wird so viele Ledereinheiten konsumieren, dass für seine marginale Zahlungsbereitschaft $MZ = GK + GS$ gilt. Im Ergebnis setzt sich dann die Pareto-effiziente Konsummenge x^* durch.

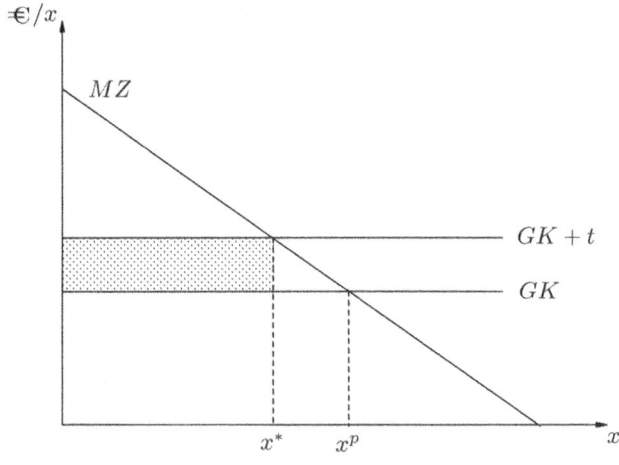

Abb. 4.4. Pigou-Steuer

Abbildung 4.4 veranschaulicht die Wirkung der Pigou-Steuer. Das schraffierte Rechteck bezeichnet darin den Steuerbetrag, der an den Staat fließt. Damit es durch die Pigou-Steuer tatsächlich zu einer Pareto-Verbesserung kommt, muss der Staat die Steuereinnahmen an den Haushalt auszahlen. In unserem Modell mit nur einem Haushalt klingt das einfach. Bei mehreren oder vielen Haushalten sind damit aber Verteilungsprobleme verbunden. Stellen wir uns vor, die Konsumentenseite bestehe wieder aus zwei Haushalten, wobei Haushalt 1 den Biergarten besucht, aber keine Lederprodukte mag, und Haushalt 2 keine Biergärten mag, aber dafür Lederprodukte konsumiert. Durch die Einführung der Pigou-Steuer wird dann Haushalt 1 direkt um den vermiedenen Schaden besser gestellt. Haushalt 2 hingegen muss pro Ledereinheit nun den Preis $GK + t$ Euro bezahlen und konsumiert nur noch die Menge x^* statt der Menge x^p. Dadurch sinkt seine Konsumentenrente aus dem Lederkonsum um die Fläche des schraffierten Rechtecks und des sich rechts daran anschließenden kleinen Dreiecks. Damit sich Haushalt 2 nicht schlechter stellt als in der Ausgangssituation, müsste er neben dem Steuerbetrag vom Staat noch zusätzlich etwas von dem Geldbetrag bekommen, der den vermiedenen Schaden misst, und der Haushalt 1 zufällt. Mit anderen Worten, es wäre auch noch ein Transfer zwischen den Haushalten notwendig. Es lässt sich leicht vorstellen, wie kompliziert die Angelegenheit wird, wenn nicht zwei, sondern wirklich viele Haushalte betroffen sind. In der Tat bedeutet das, dass mit einer Pigou-Steuer zwar eine Pareto-effiziente Konsummenge durchgesetzt werden kann, dass es aber neben Gewinnern in der Regel auch Verlierer geben wird.[3]

Mit dem Pigou-Steuer-Konzept werden in der Praxis z.B. die Höhe der Mineralöl- und der Tabaksteuer begründet. Durch den Mineralölverbrauch entstehen Abgase und die daran gekoppelte Umweltverschmutzung wird von den Verbrauchern nicht ausreichend internalisiert. Die Mineralölsteuer soll entsprechend die Lücke zwischen den privaten und den sozialen Grenzkosten des Mineralölverbrauchs schließen. Bei der Tabaksteuer ist die Begründung etwas aufwendiger. Hier wird argumentiert, dass Raucher sich und andere höheren Gesundheitsrisiken aussetzen, deren Kosten sie nicht internalisieren, weil sie von der Gemeinschaft der Krankenversicherten getragen werden. Entsprechend soll die Tabaksteuer Rauchern ein Signal über die zusätzlichen Kosten des Zigarettenkonsums vermitteln. Die so argumentieren verkennen aber in der Regel, dass Raucher eine geringere Lebenserwartung haben, was zu geringeren Kosten in Verbindung mit der Behandlung von Alterskrankheiten führt und außerdem die öffentliche Alterssicherung entlastet – gewissermaßen positive externe Effekte des Rauchens. Werden diese Effekte mit einbezogen, dann sind die externen Kosten des Rauchens einer Zigarette erheblich geringer als die darauf anfallenden Steuern.[4]

4.3.2 Definition von Eigentumsrechten

Wir haben gelernt, dass externe Effekte ökonomische Aktivitäten sind, die sich außerhalb des Marktes entfalten, und dass es deshalb nicht zu einer effizienten Ressourcenverwendung kommt. Warum indessen entsteht das Problem überhaupt? Warum verständigen sich die betroffenen Akteure nicht untereinander? Nehmen wir unser einführendes Beispiel des Pizza essenden, Bier trinkenden und schließlich rauchenden Studenten. Die Restaurantgäste am Nachbartisch könnten ihn doch fragen, wie viel Euro er dafür haben möchte, dass er darauf verzichtet zu rauchen. Andererseits könnte unser Student den Gästen am Nachbartisch einen Geldbetrag dafür anbieten, dass diese darauf verzichten, Stimmung gegen seinen Zigarettenkonsum zu machen. Kurz: Warum treten Schädiger und Geschädigte nicht miteinander in Verhandlung?

Ronald Coase (1960) hat das Externalitätenproblem aus dieser Perspektive betrachtet. Dabei ist er zu dem fundamentalen Ergebnis ge-

---

[3] Es liegt dann eine Situation vor, wie sie durch den Übergang von Punkt D nach Punkt B in Abbildung 2.3 des Kapitels 2 dargestellt wird.

[4] Ausführlicher diskutiere ich das in Wigger (2005).

kommen, dass externe Effekte das Resultat schlecht definierter Eigentumsrechte sind und dass die Definition von Eigentumsrechten zur Internalisierung externer Effekte führt. Wir wollen den Coaseschen Ansatz anhand unseres bereits eingeführten Umweltproblems erläutern. Dabei nehmen wir allerdings eine kleine Änderung vor. Bisher haben wir die Ressourcenallokation aus der Perspektive eines repräsentativen Haushalts betrachtet. Ihm fielen die Vorteile aus der Lederproduktion und dem Biergartenbetrieb zu. Entsprechend konnten wir die Frage nach der Pareto-Effizienz der Allokation anhand des Wohlergehens des Haushalts beurteilen. Jetzt wollen wir aber unterstellen, dass der Lederfabrikant und der Gastwirt die Vorteile aus der Lederproduktion und dem Biergartenbetrieb nicht an den Haushaltssektor weitergeben, sondern jeweils als Gewinn einbehalten. Wir nehmen an, dass sich der Lederfabrikant die volle Konsumentenrente aus dem Lederkonsum aneignet[5] und dass sich die geminderte Attraktivität des Biergartens durch die Lederproduktion als Gewinneinbuße beim Gastwirt niederschlägt.

An dem Fluss, in den der Lederfabrikant Abwässer leitet und der an dem Biergarten des Gastwirts vorbeifließt, definieren wir Eigentumsrechte. Wir beginnen damit, dass das Eigentumsrecht dem Gastwirt übertragen wird. Wenn dem Gastwirt der Fluss gehört, dann kann er dem Lederfabrikanten gänzlich verbieten, Abwässer in den Fluß zu leiten. Der Lederfabrikant müsste dann seine Produktionsstätte schließen und übel riechende Abwässer würden den Biergarten nicht mehr passieren. Wäre der Gastwirt freilich gut beraten, sich so zu verhalten? Nein, wäre er nicht. Für den Gastwirt ist es nämlich besser, dem Lederfabrikanten das Recht zu verkaufen, Abwässer in den Fluss zu leiten. Um das zu sehen, fragen wir uns zunächst, wie viel der Lederfabrikant dem Gastwirt maximal für dieses Recht zu zahlen bereit ist. Dazu betrachten wir Abbildung 4.5.

Weil der Lederfabrikant annahmegemäß die Konsumentenrente vollständig abschöpft, sprich vom Haushalt für jede konsumierte Einheit einen Preis in Höhe von dessen marginaler Zahlungsbereitschaft erhält, würde er mit der ersten Einheit einen Gewinn in Höhe von $\Delta_L = MZ - GK$ Euro machen. Für das Recht, die dabei entstehende Abwassermenge in den Fluss zu leiten, ist er daher maximal bereit, Δ_L Euro an den Gastwirt zu zahlen. Wie viel will andererseits der Gast-

---

[5] Wer bereits mit der Mikroökonomik vertraut ist, wird in dem Lederfabrikanten einen perfekt preisdiskriminierenden Monopolisten erkennen.

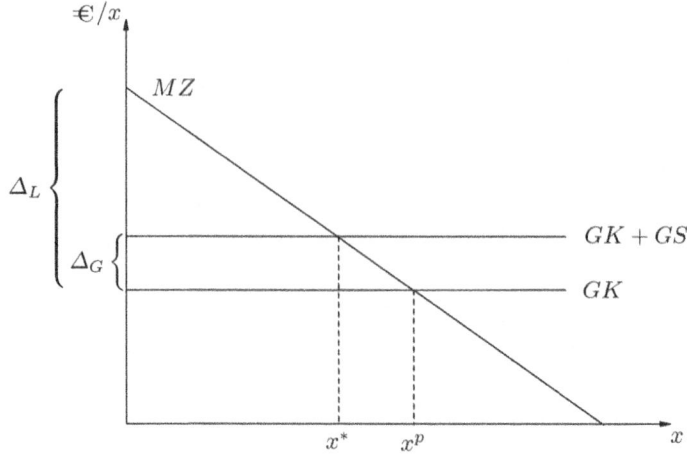

Abb. 4.5. Definition von Eigentumsrechten

wirt mindestens dafür haben, dass er dem Lederfabrikanten erlaubt, den Fluß in dem entsprechenden Umfang zu verschmutzen? Durch die erste produzierte Ledereinheit (wie auch durch alle weiteren Ledereinheiten) entsteht ihm eine Gewinneinbuße in Höhe von $\Delta_G = GS$ Euro und daher will er für das vergebene Recht mindestens Δ_G Euro haben. Offenbar gilt $\Delta_L > \Delta_G$ und deshalb dürfen wir davon ausgehen, dass sich der Lederfabrikant und der Gastwirt darauf einigen werden, dass der Lederfabrikant gegen Zahlung eines entsprechenden Geldbetrags jene Menge Abwassers in den Fluss leiten darf, die bei der Produktion der ersten Ledereinheit entsteht. Auch für das Recht auf das Ableiten weiterer Mengen Abwassers ist der Lederfabrikant mehr bereit zu zahlen, als der Gastwirt mindestens haben will. Das gilt bis zu jener Abwassermenge, die durch die Produktion von x^* Ledereinheiten entsteht. Nehmen wir an, der Lederfabrikant und der Gastwirt haben sich bereits auf dieses Niveau geeinigt. Für eine weitere Ledereinheit erhält der Lederfabrikant nur noch einen Preis, der geringer ist als die Summe aus seinen Grenzkosten GK und dem zusätzlichen Schaden des Gastwirts GS (weil rechts von x^* die MZ-Kurve unterhalb der $GK + GS$-Kurve liegt). Entsprechend ist der Betrag, den der Lederfabrikant für das Recht auf zusätzliche Verschmutzung höchstens zu zahlen bereit ist, kleiner als der Betrag, den der Gastwirt mindestens haben will. Konsequenterweise werden sich die beiden Parteien nicht auf eine weitere Verschmutzung des Flusses verständigen. Im Ergebnis einigen sich der Lederfabrikant und der Gastwirt gerade auf jenes

Verschmutzungsniveau, das bei der Produktion der Pareto-effizienten Ledermenge entsteht.

Nun gehöre dem Lederfabrikanten der Fluss. Zwar kann der Lederfabrikant dann so viele Abwässer in den Fluss leiten, wie er will, und braucht sich um den Schaden des Gastwirts nicht zu kümmern – in dem Fall würde er die Menge x^p produzieren. Profitabler für ihn ist es aber, den Gastwirt etwas dafür zahlen zu lassen, dass er, der Lederfabrikant, von seinem Verschmutzungsrecht nicht in vollem Umfang Gebrauch macht. Wenn der Lederfabrikant x^p Einheiten produziert, dann macht er mit der letzten noch produzierten Einheit gerade einen Gewinn von 0 Euro. Entsprechend will der Lederfabrikant mindestens 0 Euro dafür haben, dass er die letzte Einheit nicht produziert. Die letzte produzierte Einheit hinterlässt beim Gastwirt aber einen Schaden in Höhe von GS Euro, so dass er maximal GS Euro dafür zu zahlen bereit ist, dass die letzte Einheit nicht produziert wird. In Verhandlungen werden sich der Lederfabrikant und der Gastwirt daher darüber einig werden, dass der Lederfabrikant die letzte Einheit nicht produziert, wenn er dafür vom Gastwirt einen entsprechenden Geldbetrag erhält. Wir erkennen schon, dass uns die gleiche Logik wie oben wieder zu dem Ergebnis führt, dass sich auf dem Verhandlungswege schließlich die Pareto-effiziente Ledermenge durchsetzt.

Offenbar spielt es für die Frage der Effizienz keine Rolle, wem das Eigentumsrecht gegeben wird; Hauptsache, es ist wohldefiniert. Wir erhalten damit das nach Ronald Coase benannte Theorem.

Coase-Theorem. Wenn keine Transaktionskosten existieren, dann führt die Definition von Eigentumsrechten zu einer Pareto-effizienten Allokation unabhängig davon, wem die Eigentumsrechte gegeben werden.

Die Abwesenheit von Transaktionskosten meint dabei, dass Schädiger und Geschädigte nicht etwa durch hohe Verhandlungskosten davon abgehalten werden, miteinander in Verhandlung zu treten. In unserem Beispiel mit einem Lederfabrikanten und einem Gastwirt ist leicht vorstellbar, dass es durch die Definition von Eigentumsrechten zu einer Verhandlungslösung kommt. Bei einer Vielzahl von Schädigern und Geschädigten ist das schon sehr viel schwieriger. Nehmen wir als Beispiel die Luftverschmutzung durch Mineralölverbrauch. Eigentumsrechte an der Luft, selbst wenn man sie definieren wollte, dürften angesichts der Vielzahl von potenziell beteiligten Akteuren kaum zu sinnvollen Verhandlungen zwischen Luftverschmutzern und Luftkonsumenten führen, weil die dabei anfallenden Transaktionskosten exorbitant hoch wären.

Was heißt das für die ökonomische Rolle des Staates? Bei externen Effekten, die eine kleine Gruppe von Schädigern und Geschädigten betreffen, kann sich die Rolle des Staates darauf beschränken, für wohldefinierte Eigentumsrechte zu sorgen und einen Rechtsrahmen anzubieten, in dem Eigentumsrechte durchsetzbar sind. Externe Effekte werden dann dezentral, sprich durch Verhandlungen zwischen den beteiligten Akteuren ohne aktive Rolle des Staates internalisiert. Sind dagegen sehr große Gruppen betroffen wie im Fall des Mineralölverbrauchs, dann entpuppt sich die Pigou-Steuer-Lösung als die geeignetere Internalisierungsstrategie und der Staat sollte entsprechend eine aktivere Rolle einnehmen.

In jüngerer Zeit ist freilich eine Internalisierungsstrategie entwickelt worden, die auf dem dezentralen Coaseschen Ansatz aufbaut und gleichwohl für größere Gruppen von Schädigern und Geschädigten anwendbar ist: der Handel mit Verschmutzungsrechten. Erfahrungen wurden damit zuerst in einigen Bundesstaaten der USA gemacht. Beim Handel mit Verschmutzungsrechten übernimmt der Staat im Wesentlichen eine Vermittlungsrolle. Zunächst wird das gesamte Verschmutzungsniveau z.B. für die Luft in einer Region oder für einen Fluss festgelegt. Anschließend werden so genannte handelbare Verschmutzungslizenzen versteigert. Solche Lizenzen verbriefen das Recht, die Luft oder den Fluss in einem definierten Ausmaß zu verschmutzen. Zum Beispiel kann eine Lizenz den Inhaber zu der Emission von einer Tonne CO_2-Äquivalenten pro Jahr berechtigen. Jene privaten Akteure, die an solchen Lizenzen interessiert sind, treten in einen Bieterwettbewerb ein, wobei diejenigen den Zuschlag erhalten, die am meisten für eine Lizenz zu zahlen bereit sind, sprich die die beste Verwendungsmöglichkeit dafür haben. Auf diese Weise bekommt die Inanspruchnahme der Umwelt einen Preis, fließt in das Entscheidungskalkül derjenigen ein, die die Umwelt verschmutzen, und bleibt nicht länger extern.

Die Strategie der Versteigerung handelbarer Verschmutzungslizenzen hat dabei den Vorzug erheblicher Flexibilität. Erstens verschüttet sie nicht den Anreiz, in umweltschonende Techniken zu investieren, weil die Lizenzen weiterverkauft werden können, wenn sie wegen verbesserter Technik nicht mehr benötigt werden. Zweitens ist die Strategie offen für heterogene Präferenzen innerhalb der Bevölkerung hinsichtlich der Umweltqualität. So können etwa Umweltschützer die Lizenzen kaufen und das dadurch erworbene Verschmutzungsrecht ungenutzt lassen.[6] Drittens schließlich kann der Staat die Lizenzen zurückkaufen und damit die Umweltqualität verbessern, wenn ein sich wandelndes Umweltbewusstsein in der Bevölkerung weniger Verschmutzung nahe legt.

In der Europäischen Union gibt es seit Januar 2005 ein Emissionshandelssystem. Damit wird zum ersten Mal auf multinationaler Ebene mit Verschmutzungsrechten gehandelt. Das Emissionshandelssystem gehört zu den umweltpolitischen Maßnahmen der Europäischen Union, mit denen die Vereinbarungen des Kyoto-Protokolls umgesetzt werden sollen. Darin haben sich die Unterzeichnerstaaten verpflichtet, dafür zu sorgen, dass der Ausstoß von CO_2 und anderen Gasen in den nächsten Jahren in festgelegten Größen reduziert wird. Neben anderen Vereinbarungen enthält das Protokoll Grundsätze zum Handel mit Emissionsrechten. In Artikel 17 des Protokolls heißt es dazu : "Die Konferenz der Vertragsparteien legt die maßgeblichen Grundsätze, Modalitäten, Regeln und Leitlinien, insbesondere für die Kontrolle, die Berichterstattung und die Rechenschaftslegung beim Handel mit Emissionen, fest. Die ... Vertragsparteien können sich an dem Handel mit Emissionen beteiligen, um ihre Verpflichtungen ... zu erfüllen." Am 16. Februar 2005 ist das Kyoto-Protokoll in Kraft getreten. Damit könnte der weltweite Handel mit Verschmutzungsrechten in nicht allzu ferner Zukunft weltweite Realität werden.

---

[6] Natürlich lauert hier die Gefahr des in Kapitel 3 besprochenen Trittbrettfahrerverhaltens. Hinsichtlich einer sauberen Umwelt herrscht nämlich Nichtrivalität im Konsum und Ausschluss ist auch kaum möglich. Es mag dem einzelnen Umweltschützer deshalb attraktiv erscheinen, den Kauf der Lizenzen anderen zu überlassen, um selbst keine Kosten aufwenden zu müssen und gleichwohl in den Genuss einer saubereren Umwelt zu kommen. Dem lässt sich entgegnen, dass auch ohne Lizenzlösung nicht wenige Umweltschützer erhebliche private Kosten für eine sauberere Umwelt in Kauf nehmen. Denken wir etwa an die Menschen, die sich an Eisenbahnschienen ketten, um den Transport von Atommüll zu verhindern, und dabei, wenn schon nicht Gefahr für Leib und Leben, so doch immerhin strafrechtliche Verfolgung riskieren. Bei einer Lizenzlösung könnten sie sich diese Art von Kosten sparen (und der Gesellschaft die Kosten für den Polizeieinsatz und die Transportverzögerungen) und stattdessen Verschmutzungslizenzen kaufen. Zugegebenermaßen ist das nicht so romantisch. Allerdings ist der Markt auch weniger ein Ort der Romantik, als vielmehr eine Institution, in der man seinen individuellen Wünschen in sozialverträglicher Weise Ausdruck verleihen kann.

4.4 Übungsaufgaben zu Kapitel 4

Von den angegebenen möglichen Antworten ist immer nur genau eine richtig. Treffen gleichzeitig mehrere Aussagen zu, so sind sie stets in einer Antwortmöglichkeit zusammengefasst, also z.B. in der Antwortmöglichkeit „Aussagen a) und c) sind richtig". Lösungen zu allen Aufgaben finden sich in einem Lösungsteil am Ende des Buches.

1. Welche Aussage ist richtig?
   a) Die Definition von Eigentumsrechten zur Überwindung von negativen externen Effekten führt unabhängig von der Verteilung der Eigentumsrechte auf Schädiger und Geschädigte zu einer effizienten Allokation.
   b) Um eine vollständige Internalisierung negativer externer Effekte zu erreichen, sollte das Eigentumsrecht den Geschädigten zugesprochen werden.
   c) Um eine vollständige Internalisierung negativer externer Effekte zu erreichen, sollte das Eigentumsrecht den Schädigern zugesprochen werden.
   d) Die Definition von Eigentumsrechten ist zur Internalisierung externer Effekte nicht geeignet.

2. Ein externer Effekt ...
   a) führt aufgrund marktvermittelter Interdependenzen zu Ineffizienzen im öffentlichen Sektor.
   b) entsteht dadurch, dass im Konkurrenzgleichgewicht der Verzicht auf die letzte Produktionseinheit eines umweltbelastenden Gutes dem Produzenten keinen zusätzlichen Gewinn einbringt.
   c) kann durch die Definition von Eigentumsrechten internalisiert werden, da Transaktionskosten dann nicht mehr auftreten können.
   d) wird durch eine Pigou-Steuer internalisiert, die die Grenzkosten des den externen Effekt auslösenden Produzenten auf das Niveau der gesellschaftlichen Grenzkosten anhebt.

3. Ein positiver externer Effekt ...
   a) beinhaltet keine Möglichkeit zur Pareto-Verbesserung, da er bereits nur positive Nutzenänderungen bei den Beteiligten auslöst.
   b) lässt bei Transaktionskosten in Höhe von Null keine Effizienzgewinne durch die Definition von Eigentumsrechten zu.

c) führt bei Nicht-Internalisierung zu einer suboptimalen Allokation.

d) Aussagen a) und b) sind richtig.

4. Die Einführung von handelbaren Verschmutzungsrechten ...

a) macht die Festsetzung einer Verschmutzungsobergrenze überflüssig.

b) führt dazu, dass Verschmutzer mit Vermeidungskosten unterhalb des sich einstellenden Preises für Verschmutzungsrechte keine Verschmutzungsrechte kaufen.

c) stellt eine steuerbasierte Internalisierungsstrategie externer Effekte dar.

d) macht nur auf nationaler Ebene Sinn.

5. Bei negativen externen Effekten in der Produktion ...

a) kommt es zu einer ineffizient niedrigen Outputmenge.

b) liegen die gesellschaftlichen Grenzkosten über den privaten Grenzkosten.

c) liegen die gesellschaftlichen Grenzkosten unter den privaten Grenzkosten.

d) Aussagen a) und b) sind richtig.

6. Zur Bestimmung einer Pigou-Steuer ...

a) benötigt der Staat Informationen über den Verlauf der gesellschaftlichen Grenzkosten.

b) benötigt der Staat Informationen über den Verlauf der einzelwirtschaftlichen Durchschnittskosten.

c) müssen Eigentumsrechte exakt definiert sein.

d) Aussagen a) und b) sind richtig.

7. Die Internalisierung eines externen Effekts ...

a) macht grundsätzlich einen Eingriff des Staates notwendig.

b) ist grundsätzlich nur mit dezentralen Entscheidungsmechanismen zu erreichen.

c) baut darauf auf, der externen ökonomischen Aktivität einen Preis zu geben.

d) Aussagen a) und c) sind richtig.

8. Ein Beispiel für einen externen Effekt ist ...

a) der Anstieg der Besucherzahl in Kino A infolge der Schließung von Kino B.

b) der erhöhte Lärmpegel in der Pension „Margot" infolge der Einführung regelmäßiger Folkloreabende im benachbarten Restaurant „Thessaloniki".

c) der Nachfragerückgang nach Audio-Kassetten infolge der Markteinführung von Compact Discs.

d) der Kostenanstieg bei Unternehmen, die von der so genannten Ökosteuer besonders betroffen sind.

9. Durch die Einbeziehung des gesellschaftlichen Grenzschadens in das Kalkül des Verursachers ...

   a) wird die Gesellschaft schlechtergestellt, da die Konsumentenrente sinkt.

   b) kommt es zu einem ineffizient niedrigen Output, da die Übereinstimmung von marginaler Zahlungsbereitschaft und privaten Grenzkosten verletzt wird.

   c) wird keine Pareto-Verbesserung erreicht, da der Preis für eine Outputeinheit steigt.

   d) Alle Aussagen sind falsch.

10. Die steuerinduzierte Internalisierung eines negativen externen Effekts ...

    a) führt bei allen Haushalten gleichermaßen zu einer Besserstellung.

    b) führt zu einer allokativen Störung.

    c) trägt in der Regel zur Lösung eines distributiven Ungleichgewichts bei.

    d) Alle Aussagen sind falsch.

5

Unvollständige Informationen

Unvollständige Informationen sind Gegenstand der Informationsökonomik. Die Entwicklung der Informationsökonomik ist die vielleicht bedeutendste Innovation der Wirtschaftswissenschaften in den letzten Jahrzehnten. Ausdruck findet das nicht zuletzt in der Vergabe des Nobelpreises für Wirtschaftswissenschaften an James Mirrlees und William Vickrey im Jahre 1996 sowie an George A. Akerlof, A. Michael Spence und Joseph E. Stiglitz im Jahre 2001 für ihre informationsökonomischen Beiträge. Die Informationsökonomik hat ohne Übertreibung zu einem ganz neuen Verständnis ökonomischer Interaktionen in- und außerhalb von Märkten geführt. Für die Finanzwissenschaft ist die Informationsökonomik in zweifacher Weise von Bedeutung. Erstens können Informationsprobleme Marktversagen hervorrufen, womit sich aus normativer Perspektive gegebenenfalls eine ökonomische Rolle des Staates verbindet. Damit werden wir uns in diesem Kapitel ausführlich beschäftigen. Zweitens wird das staatliche Handeln seinerseits in vielen Bereichen durch Informationsprobleme geprägt. Ein Beispiel dafür haben wir bereits in Kapitel 3 kennen gelernt, als es darum ging, dass dem Staat Informationen über die Zahlungsbereitschaften der privaten Haushalte für öffentliche Güter fehlen. Weitere Beispiele werden wir kennen lernen, wenn wir uns in Kapitel 6 über natürliche Monopole, in Kapitel 7 über Gerechtigkeitsprobleme, in Kapitel 9 über Staatsversagen, in Kapitel 10 über Besteuerungsprobleme, in Kapitel 13 über die Sozialversicherung und in Kapitel 14 über Fragen der Bildungsfinanzierung unterhalten.

In diesem Kapitel klären wir zunächst, was unvollständige Informationen in ökonomischen Kontexten bedeuten. Anschließend identifizieren wir die Effizienzprobleme, die sich mit spezifischen unvollständigen

Informationen verbinden. Dabei beschäftigen wir uns besonders mit Versicherungsmärkten. Schließlich untersuchen wir, ob mit Hilfe von staatlichen Eingriffen in das Marktgeschehen Effizienzgewinne möglich sind.

5.1 Was sind unvollständige Informationen?

Grundsätzlich können wir unvollständige Informationen über ökonomisch relevante Größen in zwei Klassen einteilen, und zwar in

- Informationsdefizite, die alle ökonomischen Akteure gleichermaßen betreffen, und

- Informationsdefizite, von denen die ökonomischen Akteure unterschiedlich betroffen sind.

Zur ersten Klasse gehört das Wetter im nächsten Sommer. Niemand weiß im vorhinein, wie das Wetter sein wird, wobei die fehlenden Informationen darüber gleichmäßig verteilt sind, da niemand systematisch besser weiß, wie das Wetter sein wird, als andere. Diese Form von unvollständigen Informationen ist für das Funktionieren der Konkurrenzwirtschaft letztlich unproblematisch, weil sich Verträge auf zu erwartende oder später eintretende Zustände konditionieren lassen. So kann z.B. für Roggen, der erst in einigen Monaten geerntet wird, bereits heute ein Preis vereinbart werden, der sich am zu erwartenden Wetter orientiert. Alternativ kann vereinbart werden, dass der zu zahlende Preis für Roggen bei gutem Wetter im Sommer ein anderer ist als bei schlechtem.

Bei der zweiten Klasse von Informationsdefiziten spricht man von asymmetrisch verteilten oder kurz asymmetrischen Informationen, weil die ökonomischen Akteure über unterschiedliche Informationsmengen verfügen. Man sagt dann auch, einige Akteure haben private Informationen. In den Wirtschaftswissenschaften werden Situationen mit asymmetrisch verteilten Informationen durch so genannte Prinzipal-Agenten-Verhältnisse abgebildet, wobei Prinzipal und Agent ökonomisch interagieren und der Agent etwas weiß oder tut, was der Prinzipal nicht beobachten kann. Der Agent ist entsprechend jener Akteur, der über private Informationen verfügt.

Je nachdem, ob sich das Informationsdefizit des Prinzipals auf eine Eigenschaft oder eine Handlung des Agenten bezieht, entstehen unterschiedlich gelagerte Effizienzprobleme. Kann der Prinzipal Eigenschaften, von denen der Agent Kenntnis hat, nicht beobachten, entsteht die Gefahr der so genannten adversen Selektion. Bei nicht beobachtbaren Handlungen kommt es dagegen typischerweise zu Moral Hazard. Wir werden die beiden Arten von Effizienzproblemen nacheinander behandeln. In beiden Fällen nehmen wir dabei Bezug auf den Versicherungsmarkt, weil dort die Verbindung zwischen informationsbedingten Effizienzproblemen einerseits und der ökonomischen Rolle des Staates andererseits am stärksten ist.

5.2 Adverse Selektion

5.2.1 Ein Beispiel

Wir betrachten zunächst ein Beispiel, das zwar mit dem Versicherungsmarkt nichts zu tun hat und in dem der Staat als ökonomischer Akteur auch nicht sichtbar wird, in dem aber das Problem der adversen Selektion besonders offenkundig zutage tritt. Es handelt sich um den von George A. Akerlof (1970) untersuchten Gebrauchtwagenmarkt oder „market for lemons". Wir betrachten eine einfache Variante. Es gebe zwei Typen von Gebrauchtwagen, solche von guter und solche von schlechter Qualität. Beide Typen werden zahlenmäßig gleich im Gebrauchtwagenmarkt angeboten. Für gute Gebrauchtwagen wollen die Autoverkäufer mindestens 9.000 Euro haben und für schlechte mindestens 1.000 Euro. Die Käufer von Gebrauchtwagen sind für einen guten Wagen maximal 10.000 Euro zu zahlen bereit und für einen schlechten maximal 2.000 Euro.

Beginnen wir mit einer Situation, in der Käufer und Verkäufer vollständige Informationen über die Qualität der Gebrauchtwagen haben. Käufer und Verkäufer wissen also über die Qualität jedes einzelnen im Gebrauchtwagenmarkt gehandelten Autos Bescheid. Gute Autos werden dann zu einem Preis zwischen 9.000 und 10.000 Euro den Besitzer wechseln und schlechte Autos zu einem Preis zwischen 1.000 und 2.000 Euro. Bei jedem Wechsel stellen sich Käufer und Verkäufer im Schnitt um jeweils 500 Euro besser und wir dürfen erwarten, dass sich auf dem Gebrauchtwagenmarkt ein Pareto-effizienter Zustand einstellt.

Nun gehen wir über zu einer Situation mit unvollständigen Informationen, wobei wir zunächst annehmen, dass sich die Informationsdefizite gleichmäßig auf Käufer und Verkäufer verteilen. Wir unterstellen, dass weder Käufer noch Verkäufer wissen, ob es sich bei einzelnen Autos um gute oder schlechte handelt. Beide Seiten wissen nur, dass eine Hälfte der Autos im Gebrauchtwagenmarkt gut und die andere Hälfte schlecht ist. Käufer sind dann für ein beliebiges Auto bereit, $0,5 \times 10.000 + 0,5 \times 2.000 = 6.000$ Euro zu bezahlen, wobei 6.000 Euro die maximale Zahlungsbereitschaft für eine durchschnittliche Autoqualität ist. Verkäufer andererseits wollen für ein beliebiges Auto mindestens $0,5 \times 9.000 + 0,5 \times 1.000 = 5.000$ Euro haben.[1] Entsprechend werden die Autos für einen Preis zwischen 5.000 und 6.000 Euro den Besitzer wechseln und im Schnitt stellen sich beide Marktseiten wiederum bei jedem Wechsel um jeweils 500 Euro besser. Auch unter dieser Informationskonstellation dürfen wir deshalb erwarten, dass ein Pareto-effizienter Zustand erreicht wird.

Jetzt wollen wir freilich die Situation auf dem Automarkt zu einem echten Prinzipal-Agenten-Problem erweitern. Wir unterstellen, dass die Verkäufer (die Agenten) die Qualität jedes einzelnen Autos kennen, während die Käufer (die Prinzipale) die Qualität der einzelnen Autos nicht beobachten könnnen, sondern nur wissen, dass die Hälfte der angebotenen Gebrauchtwagen von schlechter Qualität ist. Nehmen wir an, die Käufer seien erneut bereit, maximal 6.000 Euro für ein Auto zu bezahlen. Für 6.000 Euro werden ihnen nur schlechte Autos angeboten, weil die Verkäufer für ein gutes Auto – und sie wissen ja, welche Autos gut sind – mindestens 9.000 Euro haben wollen. Weil sich die Käufer wiederum denken können, dass man ihnen für 6.000 Euro nur schlechte Autos anbietet, werden sie für einen Gebrauchtwagen maximal nur 2.000 Euro zu zahlen bereit sein. Im Ergebnis werden nur schlechte Gebrauchtwagen zu einem Preis zwischen 1.000 und 2.000 Euro gehandelt, während der Markt für gute Gebrauchtwagen zusammenbricht. Der daran geknüpfte Zustand ist gekennzeichnet durch adverse Selektion, weil sich nur Händler mit schlechten Gebrauchtwagen in den Markt selektieren. Der Zustand ist offenkundig Pareto-ineffizient, denn durch den Besitzwechsel eines guten Gebrauchtwagens könnten sich Käufer und Verkäufer jeweils um 500 Euro besser stellen, ohne dass es zu einem solchen Besitzwechsel im Gebrauchtwagenmarkt kommt.

---

[1] Wer über mikroökonomische Vorkenntnisse verfügt, wird bemerkt haben, dass wir risikoneutrale Käufer und Verkäufer unterstellen.

5.2.2 Der Versicherungsmarkt

Ähnlich wie im Gebrauchtwagenmarkt – und für die Finanzwissenschaft von größerer Bedeutung – besteht auch in Versicherungsmärkten die Gefahr der adversen Selektion einschließlich des daran gekoppelten Effizienzproblems. Wir wollen das am Beispiel der Krankenversicherung erläutern. Dazu nehmen wir an, dass im Krankenversicherungsmarkt Versicherungen zu einer fairen oder versicherungsäquivalenten Prämie angeboten werden. Faire oder versicherungsäquivalente Prämie heißt, dass das, was der Versicherungsnehmer für die Krankenversicherung bezahlen muss, der Höhe des erwarteten und versicherten Schadens entspricht. Wenn also der Schaden 100.000 Euro beträgt und mit einer Wahrscheinlichkeit von 1% eintritt, dann kostet eine Versicherung gegen diesen Schaden 1.000 Euro. Die Käufer einer Krankenversicherung setzen sich aus zwei Gruppen zusammen: aus Personen, die mit einer niedrigen, und aus Personen, die mit einer hohen Wahrscheinlichkeit krank werden. Erstere Personen sind die so genannten guten Risiken und letztere die so genannten schlechten Risiken. Beide Personengruppen haben eine Aversion gegen das mit einer Krankheit verbundene Kostenrisiko und wollen sich entsprechend umfassend dagegen versichern.

Wenn jede Person ihre Risikoeigenschaft kennt und die Versicherungsunternehmen die Risikoeigenschaften aller Personen beobachten können, kaufen beide Personengruppen eine umfassende Versicherung, wobei gute Risiken eine geringere Prämie zahlen als schlechte Risiken. Das entspricht der Situation im Gebrauchtwagenmarkt mit vollständigen Informationen über die Qualität der Gebrauchtwagen. Der dabei eintretende Zustand ist Pareto-effizient.

Ähnlich verhält es sich, wenn die Versicherungsunternehmen die Risikoeigenschaften nicht beobachten können und weiters die einzelnen Personen ihre Risikoeigenschaften nicht kennen. Dann kaufen wiederum alle Personengruppen eine umfassende Versicherung, wobei beide Personengruppen die gleiche, am durchschnittlichen Risiko orientierte Prämie zahlen. Das entspricht der Situation im Gebrauchtwagenmarkt mit unvollständigen aber gleichverteilten Informationen und wiederum ist der dabei eintretende Zustand Pareto-effizient.

Was passiert aber, wenn zwar jede Person ihre eigene Risikoeigenschaft kennt, die Versicherungsunternehmen die Risikoeigenschaften aber nicht beobachten können? Nehmen wir zunächst an, gute und schlechte Risiken kaufen beide eine umfassende Versicherung und zahlen dafür die durchschnittliche Prämie. Gute Risiken zahlen dann mehr und schlechte Risiken weniger für ihre Versicherung als den durch das Krankheitsrisiko bedingten erwarteten Schaden – und beide Gruppen wissen das. Die Versicherungsunternehmen erhalten von guten Risiken im Durchschnitt mehr, als sie für sie ausgeben müssen, und von schlechten Risiken weniger. Entsprechend machen sie mit guten Risiken Gewinn und mit schlechten Verlust, wobei sich Gewinn und Verlust gerade ausgleichen. Nun können und werden die Versicherungsunternehmen Folgendes tun: neben Verträgen mit umfassender Versicherung weitere Verträge anbieten, die weniger kosten, aber dafür keine volle Versicherung beinhalten, sondern eine Selbstbeteiligung des Versicherungsnehmers. Die Selbstbeteiligung wird dabei so hoch sein, dass schlechte Risiken sie wegen ihres hohen Krankheitsrisikos scheuen und gute Risiken sie wegen der geringeren Prämie in Kauf nehmen. Im Ergebnis selektieren sich nur noch schlechte Risiken in umfassende Versicherungsverträge, während sich gute Risiken nur noch teilversichern.

Ähnlich wie im Gebrauchtwagenbeispiel ist der daran gekoppelte Zustand Pareto-ineffizient, weil die guten Risiken durch eine umfassendere Versicherung zu einer für sie fairen Prämie besser gestellt werden könnten, ohne das die schlechten Risiken oder die Versicherungsunternehmen schlechter gestellt würden. Die umfassendere Versicherung für gute Risiken setzt sich im Markt freilich nicht durch, weil der für die guten Risiken gedachte Versicherungsvertrag dann auch von den schlechten Risiken nachgefragt würde. Die darauf anfallende Prämie würde dadurch so weit ansteigen, dass gute Risiken wiederum einen Vertrag mit Selbstbeteiligung bevorzugen würden.

5.3 Moral Hazard

Neben adverser Selektion kommt es in Versicherungsmärkten informationsbedingt zu Moral Hazard. Allgemein versteht man unter Moral Hazard im Versicherungskontext Verhaltensveränderungen der Versicherten, die durch die Tatsache der Versicherung selbst ausgelöst werden.[2] Dabei unterscheidet man zwei Formen, ex ante Moral Hazard und ex post Moral Hazard. Ersteres meint versicherungsbedingte Verhaltensveränderungen vor Eintritt des Schadens, letzteres entsprechen-

---

[2] Warum das Phänomen Moral Hazard heißt, ist (mir) nicht ganz klar. Gelegentlich wird behauptet, der Begriff lasse sich schwer ins Deutsche übertragen. Mir scheint eher, dass der Begriff bereits im Englischen unglücklich gewählt wurde.

de Verhaltensveränderungen nach Eintritt des Schadens. Wir erläutern beide Formen und die damit verbundenen spezifischen Effizienzprobleme wieder am Beispiel der Krankenversicherung.

5.3.1 Ex ante Moral Hazard

Im Krankenversicherungskontext bezeichnet ex ante Moral Hazard das Phänomen, dass die Versicherung den Anreiz des Versicherten unterminiert, den Eintritt des Schadens, sprich die Krankheit, zu vermeiden. Wenn etwa eine Krankenversicherung die Kosten einer Zahnbehandlung übernimmt, dann mindert das bei dem Versicherten den Anreiz zu einer ausreichenden Zahnpflege. Das durch die Versicherung veränderte Zahnpflegeverhalten ist dabei Pareto-ineffizient. Um das nachzuvollziehen, betrachten wir zunächst das Pareto-effiziente Zahnpflegeniveau. Es lässt sich mit Hilfe einer Marginalbedingung beschreiben, wie wir sie bereits in Kapitel 2 kennen gelernt haben. Das effiziente Niveau ist dann erreicht, wenn die zusätzlichen Kosten der Schadensvermeidung (also die für Zähne putzen aufgewendete Zeit und das für Zahnpasta, Zahnseide, Mundwasser etc. aufgewendete Geld) dem zusätzlichen Vorteil aus der Schadensvermeidung (das sind neben den schönen Zähnen und den ausbleibenden Zahnschmerzen die vermiedenen Kosten für die Zahnbehandlung) gleichen. Übernimmt nun der Krankenversicherer die Kosten für die Zahnbehandlung, dann sinkt für den Versicherten der zusätzliche Vorteil aus der Schadensvermeidung und entsprechend wendet er auch weniger Kosten dafür auf. Er putzt sich also weniger intensiv die Zähne und verwendet seltener Zahnseide. Im Ergebnis ist die Marginalbedingung verletzt, die in einem Pareto-effizienten Zustand erfüllt sein muss.

Ursächlich für ex ante Moral Hazard ist ein Informationsdefizit auf Seiten des Krankenversicherers. Er (der Prinzipal) kann nicht beobachten, welchen Aufwand der Versicherungsnehmer (der Agent) betreibt, um den Eintritt des Schadens zu vermeiden. Dementsprechend kann jener Aufwand nicht in dem Versicherungsvertrag zwischen dem Krankenversicherer und dem Versicherungsnehmer geregelt werden. Der Krankenversicherer kann nur durch die Einführung einer Selbstbeteiligung versuchen, den individuellen Anreiz zur Gesundheitsvorsorge zu verstärken.

5.3.2 Ex post Moral Hazard

Ex post Moral Hazard bezeichnet im Krankenversicherungskontext das Phänomen, dass eine Krankenversicherung den Anreiz unterminiert, sich nach Eintritt der Krankheit kostenbewusst zu verhalten. So mag etwa ein Versicherter selbst bei einem unerheblichen grippalen Infekt, der sich mit ein bisschen Bettruhe auskurieren ließe, eine aufwendige Therapie mit mehreren Arztbesuchen und teurer medikamentöser Behandlung in Anspruch nehmen, weil er nicht selbst die Kosten dafür trägt, sondern der Krankenversicherer. Das durch die Versicherung verschüttete Kostenbewusstsein führt zu einem Pareto-ineffizienten Therapieaufwand. Das zeigen wir wieder mit einer Marginalbedingung. Der Pareto-effiziente Therapieaufwand ist erreicht, wenn die Kosten, die durch zusätzliche Therapie entstehen, der Schadensreduktion aus der zusätzlichen Therapie gleichen. Übernimmt nun der Krankenversicherer die Kosten der Therapie, dann zieht der Versicherungsnehmer nur noch den Vorteil der Therapie ins Kalkül und dehnt die Therapie entsprechend über das effiziente Niveau hinaus aus.

Auch ex post Moral Hazard wird durch ein Informationsdefizit auf Seiten des Krankenversicherers verursacht. Er kann nämlich nicht den an die Krankheit gekoppelten Schaden beobachten, sondern nur den Aufwand, der betrieben wird, um die Krankheit zu behandeln. Entsprechend sind die Leistungen des Krankenversicherers an die in Anspruch genommene Therapie geknüpft und nicht an den durch die Krankheit ausgelösten Schaden. Wiederum wird der Krankenversicherer versuchen, durch die Einführung einer Selbstbeteiligung mehr Kostenbewusstsein beim Versicherungsnehmer zu wecken.

5.4 Die ökonomische Rolle des Staates

Adverse Selektion und Moral Hazard begründen beide ein Marktversagen. Der Logik der normativen Theorie der Staatstätigkeit folgend wollen wir nun untersuchen, inwiefern ein dem Effizienzziel verpflichteter Staat die an das Marktversagen gekoppelte Ineffizienz beseitigen kann.

Das Problem der adversen Selektion könnte der Staat dadurch versuchen zu beheben, dass er alle Personen zwingt, sich umfassend zu versichern. Allerdings entstehen dabei im Krankenversicherungsbereich mehr Probleme als gelöst werden. Erstens verschärft ein umfassender Versicherungsschutz sowohl das ex ante als auch das ex post Moral Hazard Problem, weil damit, wie wir gesehen haben, die Selbstverantwortung der Versicherten hinsichtlich der Gesundheitsvorsorge und der kostenbewussten Inanspruchnahme von Gesundheitsleistungen aufgeweicht wird. Entsprechend teuer werden die für einen umfassenden Versicherungsschutz zu zahlenden Prämien sein. Zweitens setzen sich im Krankenversicherungsmarkt keine gleichen Prämien für gute und schlechte Risiken durch. Wenn nämlich Versicherungsunternehmen Informationen über die Risikoeigenschaften ihrer Kunden gewinnen, können sie schlechte Risiken entweder mit sehr hohen Prämien belegen oder sogar versuchen, sie ganz von einer Versicherung auszuschließen. Die Tendenz von Versicherungsunternehmen möglichst nur mit guten Risiken Verträge zu schließen wird dabei gelegentlich als „cream-skimming", also als Sahne abschöpfen bezeichnet.

Der Staat könnte zwar versuchen, „cream-skimming" dadurch zu vermeiden, dass er den Versicherungszwang auf Seiten der Versicherungsnehmer durch einen Kontrahierungszwang auf Seiten der Versicherer ergänzt. Die hohen Prämien, die schlechte Risiken im Fall eines Vertragsabschlusses bezahlen müssten, wären aber möglicherweise für einige von ihnen aufgrund eines zu geringen Einkommens gar nicht finanzierbar. Das ist zwar kein Effizienzproblem. Wenn aber einkommensschwache Personen mit hohen Krankheitsrisiken keinen Krankenversicherungsschutz haben, weil sie ihn sich nicht leisten können, mag das aus anderen Gründen, etwa aufgrund von Gerechtigkeitsüberlegungen, über die wir uns noch unterhalten werden, als nicht erträglich empfunden werden. Dass der Staat den Versicherungsunternehmen Obergrenzen bei der Prämiengestaltung auferlegt, ist dabei übrigens kaum eine Lösung. Abgesehen von vielen anderen Problemen, die mit staatlich administrierten Preisen verbunden sind, verfügen Versicherer nämlich neben hohen Prämien noch über andere Möglichkeiten, schlechte Risiken loszuwerden. So lassen sich schlechte Risiken beispielsweise dadurch abschrecken, dass man den Vertragsabschluss mit ihnen systematisch verkompliziert oder die Leistungserbringung erheblich verzögert.

Statt den Krankenversicherungsmarkt in der beschriebenen Weise zu regulieren, übernimmt der Staat deshalb in vielen Volkswirtschaften selbst die Rolle eines Krankenversicherers. Damit löst er das Problem der adversen Selektion bzw. des cream-skimming. Ferner vermeidet er, dass einige Personen unversichert bleiben, indem er im Unterschied zu privaten Versicherern nicht risiko-, sondern einkommensabhängige Versicherungsprämien erhebt. Die mit ex ante und ex post Moral Hazard verbundenen Probleme kann der Staat aber genauso wenig lösen wie der private Sektor. Die Erfahrungen mit der gesetzlichen Krankenversicherung in Deutschland scheinen sogar anzuzeigen, dass Moral Hazard Probleme in der gesetzlichen Krankenversicherung noch viel virulenter sind als in der privaten Krankenversicherung. Ein Grund dafür ist, dass die gesetzliche Krankenversicherung bisher Selbstbeteiligungselemente viel weniger eingesetzt hat als private Versicherungsunternehmen. Aktuelle Reformbestrebungen setzen genau an der Stelle an. Wir werden darauf in Kapitel 13 zurückkommen, wo wir uns detaillierter mit der gesetzlichen Krankenversicherung in Deutschland beschäftigen.

5.5 Übungsaufgaben zu Kapitel 5

Von den angegebenen möglichen Antworten ist immer nur genau eine richtig. Treffen gleichzeitig mehrere Aussagen zu, so sind sie stets in einer Antwortmöglichkeit zusammengefasst, also z.B. in der Antwortmöglichkeit „Aussagen a) und c) sind richtig". Lösungen zu allen Aufgaben finden sich in einem Lösungsteil am Ende des Buches.

1. Welche Aussage ist richtig?
   a) Adverse Selektion im privaten Versicherungsmarkt kann durch staatlichen Zwang vermieden werden.
   b) Die Beobachtbarkeit des Krankheitsrisikos von Versicherten verletzt die Vertragsfreiheit.
   c) Adverse Selektion ist effizient, da schlechte Risiken sich voll versichern und gute Risiken eine Teilversicherung mit Eigenbeteiligung erwerben.
   d) Aussagen a) und c) sind richtig.

2. Wenn Haushalte eine private Versicherung gegen die Schäden von Hochwasser erwerben, dann entsteht die Gefahr von ...
   a) ex ante Moral Hazard, weil die Haushalte Maßnahmen zur Schadensbehebung über den erforderlichen Umfang hinaus in Anspruch nehmen.
   b) ex post Moral Hazard, weil die Haushalte keine ausreichenden Vorkehrungen gegen Hochwasserschäden treffen.
   c) adverser Selektion, weil sich zu viele Haushalte mit hohen Vermögenswerten und niedrigem Risiko versichern.

d) Alle Aussagen sind falsch.

3. Das Problem unvollständiger Informationen ...
   a) führt dann zwingend zu Marktversagen, wenn alle ökonomischen Agenten gleichermaßen durch Informationsdefizite beeinträchtigt sind.
   b) beinhaltet das Phänomen privater Informationen, die wiederum in zwei Arten (verborgene Eigenschaften, verborgene Handlungen) unterteilt werden können.
   c) kann beispielsweise auf dem Versicherungsmarkt beobachtet werden, wenn unter der Bedingung, dass sowohl die Individuen als auch die Versicherungsunternehmer Risiken genau abschätzen können, adverse Selektion auftritt.
   d) Antworten a) und c) sind richtig.

4. Welche Aussage ist richtig?
   a) Ex ante Moral Hazard tritt auf, wenn die Individuen vor Vertragsabschluss ihre Risiken verschleiern.
   b) Ex post Moral Hazard heisst, dass nach Abschluss eines Versicherungsvertrages der Anreiz fehlt, den Schadenseintritt zu vermeiden.
   c) Ex post Moral Hazard wird dadurch hervorgerufen, dass sich die Versicherungsleistung nicht am Schadensausmaß selbst, sondern am Schadensbehebungsaufwand des Individuums orientiert.
   d) Der Staat ist im Allgemeinen bei der Behebung von Moral Hazard dem privaten Sektor gegenüber im Vorteil.

5. Die Einführung von Selbstbeteiligungen in der Gesetzlichen Krankenversicherung ...
   a) ist eine Maßnahme zur Beseitigung von adverser Selektion.
   b) ist verteilungspolitisch unproblematisch, da von ihr alle Versicherten gleichermaßen profitieren.
   c) folgt aus der Beobachtbarkeit der individuellen Gesundheitsvorsorge.
   d) ist eine Maßnahme zur Eindämmung von Moral Hazard.

6. Ein privater Versicherer bietet für Haushalte eine Zusatzversicherung gegen Arbeitslosigkeit an. Welche Aussage ist richtig?
   a) Es besteht die Gefahr von ex post Moral Hazard, wenn versicherte Erwerbstätige Vorkehrungen gegen den Eintritt von Arbeitslosigkeit treffen.

b) Es kommt zu adverser Selektion, weil sich insbesondere Haushalte mit hohem Arbeitslosigkeitsrisiko zusatzversichern.

c) Da der private Versicherer Arbeitslose nicht zum Abschluss der Zusatzversicherung zwingen kann, kommt es zu ex ante Moral Hazard.

d) Es kommt zu adverser Selektion, da sich nur sehr wenige Haushalte mit hohem Risiko zusatzversichern.

7. Bei asymmetrischer Information über die Qualität eines Gutes ...
   a) kann es zu einem ineffizienten Marktergebnis infolge von Moral Hazard kommen.
   b) kann es zu einem ineffizienten Marktergebnis kommen, weil die zustande gekommenen Transaktionen einen Pareto-verschlechternden Handel darstellen.
   c) kann es zu einem ineffizienten Marktergebnis kommen, weil niedrige Qualitätsstufen nicht mehr gehandelt werden.
   d) kann es zu einem ineffizienten Marktergebnis kommen, weil prinzipiell Pareto-verbessernde Transaktionen möglich sind, aber nicht zustande kommen.

8. Nach einem Autounfall entscheiden Sie sich aufgrund einer Vollversicherung ohne Preisvergleich für eine beliebige Reparaturwerkstatt. Dieses Verhalten ...
   a) kann man als ex ante Moral Hazard interpretieren.
   b) ist auf Ihre verborgene Eigenschaft als unfallträchtiger Autofahrer zurückzuführen.
   c) kann man als ex post Moral Hazard interpretieren.
   d) ist auf adverse Selektion im KFZ-Versicherungsmarkt zurückzuführen.

9. Marktversagen aufgrund adverser Selektion ...
   a) ist auf einen Informationsvorsprung des Prinzipals zurückzuführen.
   b) ist auf einen Informationsvorsprung des Agenten zurückzuführen.
   c) kann ein Eingreifen des Staates niemals rechtfertigen.
   d) liegt darin begründet, dass der Prinzipal den Agenten nicht vertraglich auf eine bestimmte Handlungsweise festlegen kann.

10. Kontrahierungszwang sowohl für Versicherer als auch für Versicherungsnehmer ...
    a) führt zu allokativer Effizienz.

b) führt zu Verteilungsgerechtigkeit.

c) führt bei ex ante Moral Hazard zu einer Pareto-effizienten Allokation im Versicherungsmarkt.

d) Alle Aussagen sind falsch.

6

Natürliche Monopole

Der Staat spielt nicht nur eine Rolle bei der Bereitstellung von Gütern, gelegentlich übernimmt er auch deren Produktion. In Deutschland hatten öffentliche Unternehmen im Jahre 1998 einen Anteil von 10,9% an der Bruttowertschöpfung. Damit lag Deutschland über dem Durchschnitt in der Europäischen Union, der gut 9% betrug. Den geringsten Staatsanteil an der Bruttowertschöpfung innerhalb der Europäischen Union hatte Großbritannien mit 2,3% und den höchsten Griechenland mit 14,2%. Alle Mitglieder der Europäischen Union haben freilich in den vergangenen beiden Jahrzehnten Anstrengungen unternommen, den staatlichen Anteil durch die Privatisierung öffentlicher Unternehmen zu reduzieren. So lag der Durchschnitt in der Europäischen Union 1982 noch bei 16,6%. Dabei vollzog sich die Privatisierung mit Abstand am drastischsten in Großbritannien, wo die öffentlichen Unternehmen 1982 noch einen Anteil von 16,7% hatten.[1] In Deutschland kam es insbesondere nach 1990 zu umfassenden Privatisierungsmaßnahmen. Die

---

[1] Statistiken zur Bedeutung öffentlicher Unternehmen erstellt der Europäische Zentralverband der öffentlichen Wirtschaft (CEEP) in mehrjährigen Abständen. Schwierigkeiten bei der quantitativen Erfassung macht die Abgrenzung eines öffentlichen Unternehmens. In Europa wird mittlerweile meist die Definition der Europäischen Kommission verwendet, die in ihrer Richtlinie 80/723 vom 25. Juni 1980 von einem öffentlichen Unternehmen ausgeht, wenn „die öffentliche Hand aufgrund Eigentums, finanzieller Beteiligung, Satzung oder sonstiger Bestimmungen, die die Tätigkeit des Unternehmens regeln, unmittelbar oder mittelbar einen beherrschenden Einfluss ausüben kann." Der Richtlinie gemäß kann von einem beherrschenden Einfluss ausgegangen werden, „wenn die öffentliche Hand unmittelbar oder mittelbar die Mehrheit des gezeichneten Kapitals besitzt, über die Mehrheit der mit den Anteilen des Unternehmens verbundenen Stimmrechte verfügt oder mehr als die Hälfte der Mitglieder des Verwaltungs-, Leitungs- oder Aufsichtsorgans des Unternehmens bestellen kann."

hatten aber zunächst fast ausschließlich mit dem Verkauf bzw. der Abwicklung von Staatsbetrieben der ehemaligen DDR zu tun. Wichtige Privatisierungsschritte wurden dann seit 1995 im Bereich der Post und der Telekommunikation sowie der Stromversorgung eingeleitet.

Das dominierende Effizienzargument für eine staatliche Rolle in der Produktion von Gütern basiert auf der Theorie der natürlichen Monopole. Wir erläutern in diesem Kapitel zunächst, was ein natürliches Monopol ist und welche Effizienzprobleme sich damit verbinden. Anschließend untersuchen wir staatliche Regulierungsstrategien, wobei wir wie in den vorangegangenen Kapiteln wieder eine umfassende staatliche Rolle privatwirtschaftlichen Lösungen gegenüberstellen. Dabei kommen auch einige praktische Privatisierungserfahrungen zur Sprache.

6.1 Was ist ein natürliches Monopol?

Der Begriff des natürlichen Monopols hängt eng zusammen mit so genannten Größenvorteilen im Produktionsbereich. In manchen Sektoren fallen pro Einheit des dort produzierten Gutes um so geringere Kosten an, je mehr Einheiten von dem Gut insgesamt produziert werden. Man spricht dann von fallenden Durchschnittskosten. Ursächlich für fallende Durchschnittskosten sind oft hohe fixe Kosten in Verbindung mit geringen variablen Kosten. Das ist dann der Fall, wenn zunächst ein sehr hoher Aufwand betrieben werden muss, damit überhaupt produziert werden kann, weitere Produktionseinheiten aber keine nennenswerten zusätzlichen Kosten mehr hervorrufen. Besonders in netzabhängigen Industrien, etwa dem Schienenverkehr, sind solche Größenvorteile beobachtbar. Um Güter oder Personen auf Schienen bewegen zu können, muss zunächst ein Schienennetz geschaffen und eine Flotte von Zügen bereitgestellt werden. Gemessen an dem damit verbundenen Aufwand sind die Kosten, die durch zusätzliche Transporteinheiten auf der Schiene entstehen, unerheblich. Weitere Beispiele sind die Strom-, Gas- und Wasserversorgung sowie die festnetzgebundene Telekommunikation.

Fallende Durchschnittskosten bedingen, dass sich die Grenzkosten unterhalb der Durchschnittskosten bewegen. Das ist recht einfach nachzuvollziehen. Fallende Durchschnittskosten bedeuten ja, dass eine zusätzliche Produktionseinheit zu geringeren Kosten hergestellt werden kann als alle bereits produzierten Einheiten im Durchschnitt. Entsprechend sind die Kosten pro zusätzlicher Einheit geringer als die durchschnittlichen Kosten. Abbildung 6.1 stellt diesen Zusammenhang dar.

Um überhaupt eine Einheit produzieren zu können, müssen zunächst hohe fixe Kosten aufgewendet werden. Bei jeder weiteren produzierten Einheit werden die fixen Kosten auf eine immer größere Produktionsmenge verteilt, entsprechend fallen die Durchschnittskosten. Letztere bezeichnen wir mit DK. Genauso wie die bereits bekannten Grenzkosten haben sie die Dimension Euro pro Einheit. Auf die Grenzkosten werden die fixen Kosten nicht angerechnet. Von ihnen nehmen wir weiterhin an, dass sie gleich GK Euro pro zusätzlicher Einheit sind.

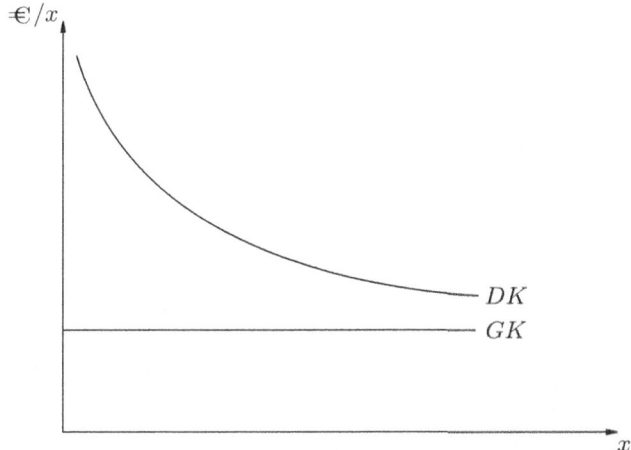

Abb. 6.1. Grenzkosten und Durchschnittskosten eines natürlichen Monopols

Aus Kapitel 2 wissen wir, dass das Bereitstellungsniveau eines (privaten) Gutes Pareto-effizient ist, wenn die Grenzkosten in der Produktion des Gutes der marginalen Zahlungsbereitschaft für das Gut gleichen. Um die Pareto-effiziente Menge zu bestimmen, ergänzen wir Abbildung 6.1 um die marginale Zahlungsbereitschaft eines repräsentativen Haushalts. Als Pareto-effizientes Produktionsniveau erhalten wir dann die Menge x^* in Abbildung 6.2, weil sich dort die MZ-Kurve und die GK-Kurve schneiden.

Nun gibt es allerdings ein Problem mit der Menge x^*. Wenn sie zum Grenzkostenpreis an den repräsentativen Haushalt abgegeben wird, machen die Unternehmen Verlust, weil die Grenzkosten geringer sind als die Durchschnittskosten. Der Verlust wird dabei bestimmt durch die Fläche des schraffierten Rechtecks (das ist die Differenz zwischen den Durchschnittskosten und dem Grenzkostenpreis an der Stelle x^* multipliziert mit der Menge x^*). Wegen des Verlusts kann das Marktgleich-

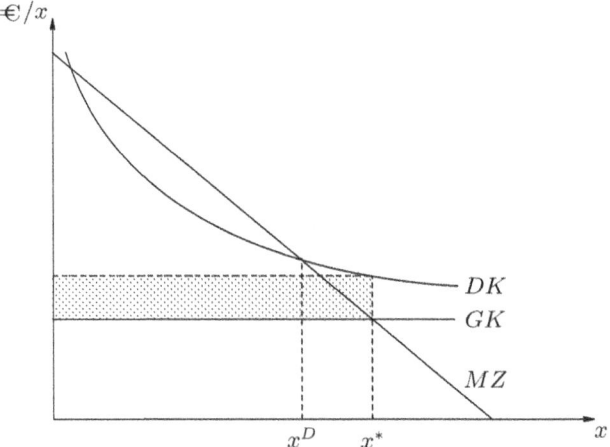

Abb. 6.2. Grenzkostenpreis im natürlichen Monopol

gewicht nicht durch eine Wettbewerbssituation gekennzeichnet sein, in
der die Unternehmen das betreffende Gut zum Grenzkostenpreis anbieten. Vielmehr wird sich nur ein Unternehmen im Markt behaupten,
und zwar jenes, dem es gelingt, die produktionsbedingten Größenvorteile am besten zum eigenen Vorteil und zum Nachteil der Wettbewerber
auszunutzen. Den resultierenden Zustand bezeichnen wir als natürliches Monopol. Monopol, weil das übrig gebliebene Unternehmen als
alleiniger Anbieter vielen Nachfragern gegenübersteht (die hier durch
einen Haushalt repräsentiert werden) und natürlich, weil der Zustand
in der Natur der produktionsbedingten Größenvorteile liegt.

Dass die gesamte Menge des betreffenden Gutes von nur einem Unternehmen produziert wird, ist an sich nicht schlecht. Nur so lassen
sich die produktionsbedingten Größenvorteile in Pareto-effizienter Weise ausschöpfen. Jede größere Anzahl von Unternehmen würde die gleiche Menge zu höheren Kosten produzieren. Das Problem ist vielmehr,
dass das übrig gebliebene Unternehmen nicht mehr im Wettbewerb zu
anderen Unternehmen steht und sich deshalb auch nicht so verhält.
Erstens wird es nicht die Pareto-effiziente Menge x^* produzieren, weil
es dann den beschriebenen Verlust machen würde. Zwischenbemerkt sei
in diesem Zusammenhang, dass die Menge x^* trotz des Verlusts Pareto-
effizient ist. Bei einer kleineren Menge sind nämlich die Kosten einer
zusätzlichen Einheit, sprich die Grenzkosten, kleiner als die marginale
Zahlungsbereitschaft des repräsentativen Haushalts. Entsprechend ist
er mehr für eine zusätzliche Einheit zu zahlen bereit als dafür in der

Produktion aufgewendet werden muss. Das Unternehmen wird zweitens nicht einmal die Menge x^D in Abbildung 6.2 produzieren. Bei dieser Menge würde es gerade weder Gewinn noch Verlust machen, weil es die Menge zu einem Preis an den repräsentativen Haushalt verkaufen könnte, der den Durchschnittskosten gleicht. Aufgrund seiner Monopolstellung wird das Unternehmen eine Menge anbieten, die kleiner ist als x^D. Bei einer kleineren Menge liegt nämlich die MZ-Kurve oberhalb der DK-Kurve und das Unternehmen kann seine Produktion zu einem Preis verkaufen, der strikt größer ist als seine Durchschnittskosten, und entsprechend Gewinn erzielen.

Das mit einem natürlichen Monopol verknüpfte Effizienzproblem ist demnach ein zweifaches. Erstens wird bei einer rein privatwirtschaftlichen Organisation der Bereitstellung des betreffenden Gutes auf keinen Fall die Pareto-effiziente Menge produziert, weil dabei Verluste entstehen, die privat niemand trägt. Zweitens führt der fehlende Wettbewerb dazu, dass im Marktgleichgewicht eine Menge angeboten wird, die sogar strikt kleiner ist als jene Menge, mit der Verluste gerade vermieden werden.

6.2 Regulierung natürlicher Monopole

6.2.1 Öffentliche Produktion

Eine Möglichkeit, die an das natürliche Monopol gekoppelten Effizienzprobleme zu beheben, besteht darin, dass der Staat selbst die Produktion übernimmt. Der Staat kann das Gut zum Durchschnittskostenpreis anbieten, dann kommt es zu dem in Abbildung 6.2 bezeichneten Bereitstellungsniveau x^D. Mit dieser Menge wird gerade weder Gewinn noch Verlust gemacht, sie ist aber – wie bereits erläutert – nicht Pareto-effizient. Wenn der Staat andererseits das Gut zum Grenzkostenpreis anbietet, realisiert er den in Abbildung 6.2 dargestellten Verlust, den er im Unterschied zu einem privaten Unternehmen mit Steuereinnahmen decken kann. Erzeugen die Steuereinnahmen ihrerseits keine Effizienzverluste, dann wird mit dem Bereitstellungsniveau x^* in der Tat ein Pareto-Optimum erzielt. Wir werden freilich in Kapitel 10 feststellen, dass Steuern meist von Effizienzverlusten begleitet werden. Deshalb ist es in der Regel nicht optimal, das Produktionsniveau bis zur Menge x^* auszudehnen. Vielmehr sind die Vorteile einer effizienzsteigernden

zusätzlichen Produktion abzuwägen gegen die Nachteile einer effizienzmindernden Besteuerung.[2]

Das Verlustproblem muss freilich nicht zwingend entstehen. Der
Staat kann es vermeiden, indem er das Gut zu einem in zwei Komponenten gespaltenen Tarif anbietet. Die erste Komponente ist dabei
mengenabhängig. Sie belegt jede konsumierte Einheit des betreffenden Gutes mit dem Grenzkostenpreis. Die zweite Komponente ist eine
mengenunabhängige Grundgebühr, mit der die bei Grenzkostenprei-
sen ansonsten entstehenden Verluste gedeckt werden.[3] Nachdem sie die
Grundgebühr entrichtet haben, zahlen die Haushalte dann für jede konsumierte Einheit des Gutes einen Preis in Höhe der Grenzkosten. Entsprechend dehnen die Haushalte die Nachfrage aus bis zu jener Menge,
bei der marginale Zahlungsbereitschaft und Grenzkosten miteinander
übereinstimmen. Gleichwohl ist auch mit einem gespaltenen Tarif nicht
sichergestellt, dass die Pareto-effiziente Menge x^* konsumiert wird. Die
mengenunabhängige Grundgebühr mag nämlich einigen Haushalten zu
hoch erscheinen, auch wenn ihre marginale Zahlungsbereitschaft den
Grenzkostenpreis des Gutes übertrifft. Nehmen wir als Beispiel einen
Haushalt, der für die erste Einheit des betreffenden Gutes 2 Euro und
für die zweite Einheit 1 Euro zu zahlen bereit ist. Wenn das Gut für 1
Euro pro zusätzlicher Einheit bereitgestellt werden kann, dann würde
der Haushalt für die erste Einheit einen Nettovorteil von 1 Euro und für
die zweite Einheit von 0 Euro realisieren. Muss der Haushalt aber eine
Grundgebühr in Höhe von 2 Euro zahlen, um überhaupt konsumieren
zu können, so reduziert sich sein Nettovorteil auf -1 Euro. Entsprechend
wird er darauf verzichten, etwas von dem Gut zu konsumieren, obwohl
er durch den Konsum von zwei Einheiten besser gestellt werden könnte,
ohne dass sonst jemand schlechter gestellt würde.

---

[2] Das optimale Austarieren dieser Vor- und Nachteile ist ein Beispiel für die Anwendung der so genannten Theorie des Zweitbesten. Deren zentrale Aussage ist, dass
in einer Welt, in der gewisse Abweichungen von den Pareto-Effizienz sichernden
Bedingungen unvermeidlich sind, Abweichungen auch an anderer Stelle zugelas-
sen werden sollten. In unserem Beispiel erzeugen die Steuern zur Deckung des
Verlusts eine Effizienzminderung. Deshalb sollte nicht mehr die Pareto-effiziente
Menge x^* bereitgestellt werden, sondern eine geringere Menge, um die zur Deckung des Verlusts notwendigen effizienzmindernden Steuern zu reduzieren.

[3] Die Deutsche Telekom beispielsweise verlangt für ihre Leistungen Tarife, die sich
in eine Grundgebühr und eine mengenabhängige Komponente aufspalten. Es soll
hier freilich nicht behauptet werden, dass es sich bei den mengenabhängigen Komponenten um Grenzkostenpreise handelt.

Neben den beschriebenen preisgestalterischen Problemen haben Unternehmen in öffentlicher Hand typischerweise ein massives Kostenproblem. In öffentlichen Unternehmen besteht aufgrund des in der Regel fehlenden Motivs der Gewinnerwirtschaftung kaum ein Interesse, die Produktion kostenminimal zu gestalten. Die Produktionsabläufe in öffentlichen Unternehmen sind vielmehr komplizierten, verwaltungsjuristisch motivierten Regelungen unterworfen, die den Aufwand von der Beschaffung bis zum Verkauf bei allen beteiligten Prozessen gewaltig aufblähen. In der Tat wurden die Privatisierungsanstrengungen zunächst in Großbritannien und schließlich auch in weiten Teilen Kontinentaleuropas maßgeblich durch die Beobachtung des fehlenden Kostenbewusstseins in öffentlichen Unternehmen motiviert. Das Problem überhöhter Kosten betrifft indessen nicht nur öffentliche Produktionsunternehmen, sondern auch die öffentliche Verwaltung. Das hat mit den spezifischen Anreizstrukturen im öffentlichen Sektor zu tun, mit denen wir uns in Kapitel 9 noch eingehender beschäftigen werden.

6.2.2 Private Produktion

Die Regulierung eines natürlichen Monopols, das sich in privaten Händen befindet, sieht in der Regel so aus, dass eine Behörde beauftragt wird, die Preispolitik des Unternehmens zu überwachen oder dem Unternehmen Preisvorgaben zu machen. Dabei geht es im Wesentlichen darum, dass das Unternehmen keine Monopolpreise setzt, sondern Preise erhebt, die sich den Durchschnittskosten annähern, oder mit gespaltenen Tarifen der oben beschriebenen Form arbeitet. Grundsätzlich verbindet sich mit der privaten Produktion der Vorteil eines dezidierten Anreizes, Produktionsabläufe kostenminimal zu gestalten. Typischerweise hat die Regulierungsbehörde aber ein Informationsproblem bei der Überwachung eines privaten Unternehmens, weil sie dessen Kostenstruktur nicht in den einzelnen Details kennt. Das Informationsdefizit eröffnet dem privaten Unternehmen einen gewissen Spielraum, seine Kosten falsch auszuweisen, höhere Preise gegenüber der Regulierungsbehörde durchzusetzen und die dabei realisierten Gewinne z.B. in Form überhöhter Managergehälter zu materialisieren.

Mittlerweile hat sich aber weitgehend die Auffassung durchgesetzt, dass das Informationsproblem der Regulierungsbehörde gegenüber einem privaten Unternehmen weit weniger nachteilig für die Gesellschaft ist als das Kostenproblem der öffentlichen Produktion. Entsprechend wurden in den letzten beiden Jahrzehnten in fast allen Ländern der

Europäischen Union Anstrengungen unternommen, öffentliche Unternehmen zu privatisieren. Eine weitreichende Privatisierungsmaßnahme in Deutschland war die Umwandlung des öffentlich-rechtlichen Unternehmens Deutsche Bundespost-Telekom in die beiden voneinander unabhängigen, mittlerweile an der Börse gehandelten Aktiengesellschaften Deutsche Post AG und Deutsche Telekom AG. Nach der Umwandlung im Jahre 1995 hat der Bund sukzessive seine Anteile an den beiden Unternehmen verkauft, die letzten Anteile im Juli 2005 an die Kreditanstalt für Wiederaufbau. Dabei sollte allerdings beachtet werden, dass die Kreditanstalt für Wiederaufbau ein staatseigenes Unternehmen ist, so dass der Bund immer noch indirekt an der Deutschen Post und der Deutschen Telekom beteiligt ist. Seit Juli 2005 hält die Kreditanstalt für Wiederaufbau 44,7% der Anteile der Deutschen Post und 22,1% der Anteile der Deutschen Telekom. Überwacht werden die Deutsche Post und die Deutsche Telekom, die beide in ihren Bereichen eine dominierende Marktstellung innehaben, von der zum Geschäftsbereich des Bundeswirtschaftsministeriums gehörenden Regulierungsbehörde für Telekommunikation und Post. Für die Wahrnehmung ihrer Regulierungsaufgabe ist die Behörde mit umfassenden Instrumenten ausgestattet, zu denen auch Untersuchungs- und Sanktionsrechte zählen.

Eine weitere, freilich längst noch nicht abgeschlossene Privatisierungsanstrengung in Deutschland betrifft die Eisenbahn. Im Jahre 1994 wurden die beiden ehemals in West- bzw. Ostdeutschland tätigen Staatsbetriebe Deutsche Bundesbahn und Deutsche Reichsbahn in eine Aktiengesellschaft mit der Bezeichnung Deutsche Bahn AG umgewandelt. Im Jahre 1999 wurde die Deutsche Bahn dann in fünf Unternehmensteile gegliedert. Einer dieser Teile ist die für das Schienennetz zuständige Deutsche Bahn Netz AG. Diese stellt grundsätzlich allen Eisenbahnunternehmen mit Sitz in Deutschland das deutsche Schienennetz zur Verfügung, wobei für die Schienennutzung Preise nach dem Kostendeckungsprinzip erhoben werden. Der Zugang zum Schienennetz hat mittlerweile vor allem im Güterverkehr und mit gewissen Einschränkungen auch im Personennahverkehr zu einem Wettbewerb der Deutschen Bahn mit anderen Eisenbahnunternehmen auf der Schiene geführt. Alle Unternehmensteile der Deutschen Bahn sind bisher freilich trotz der privaten Rechtsform noch rein öffentlich, weil der Bund alleiniger Aktionär ist. In Zukunft sollen die einzelnen Unternehmensteile aber an die Börse gebracht werden. Allein für die Deutsche Bahn Netz AG gilt, dass der Bund Mehrheitsaktionär bleiben muss.

Die Trennung des Unternehmens Eisenbahn in Schienennetz und Transport auf der Schiene ist vor dem Hintergrund unserer Ausführungen zum natürlichen Monopol besonders interessant. Damit scheint man für die Zukunft einen Weg gefunden zu haben, die Größenvorteile des Netzbetriebs mit den Vorteilen des Wettbewerbs zu verknüpfen. Einen ähnlichen Weg hatte man in Großbritannien bereits in den 1980er Jahren eingeschlagen. Im Unterschied zu der in Deutschland bisher in Teilen umgesetzten Strategie hatte man dort aber auch das Schienennetz mehr oder weniger vollständig privatisiert. Die britischen Erfahrungen scheinen indessen mittlerweile zu zeigen – und die Theorie der natürlichen Monopole liefert dafür eine entsprechende Erklärung –, dass private Netzbetreiber keinen ausreichenden Anreiz haben, für ein in Umfang und Qualität angemessenes Schienennetz zu sorgen. Insbesondere nach den Zugunglücken in den Londoner Bahnhöfen Southall im Jahre 1997 und Paddington im Jahre 1999, wo jeweils zwei Züge zusammengeprallt waren, hat dieser Zusammenhang eine breitere öffentliche Aufmerksamkeit erreicht.

6.3 Übungsaufgaben zu Kapitel 6

Von den angegebenen möglichen Antworten ist immer nur genau eine richtig. Treffen gleichzeitig mehrere Aussagen zu, so sind sie stets in einer Antwortmöglichkeit zusammengefasst, also z.B. in der Antwortmöglichkeit „Aussagen a) und c) sind richtig". Lösungen zu allen Aufgaben finden sich in einem Lösungsteil am Ende des Buches.

1. Ein natürliches Monopol ist dadurch gekennzeichnet, dass ...
   a) die Durchschnittskosten mit steigender Produktionsmenge fallen.
   b) die Grenzkosten mit steigender Produktionsmenge fallen.
   c) es einer Interessengruppe gelungen ist, Wettbewerbsbeschränkungen durchzusetzen.
   d) sich die Grenzkosten für jedes Produktionsniveau unterscheiden, da immer ein entsprechender Fixkostenanteil einkalkuliert werden muss.

2. Die Angebotsmenge eines natürlichen Monopols ...
   a) ist Pareto-effizient, weil die Größenvorteile der Produktion voll ausgeschöpft werden.

    b) bringt im Pareto-effizienten Fall Verluste für den Anbieter mit sich, da die Durchschnittskosten die Grenzkosten übersteigen.

    c) wird durch den Anbieter festgesetzt, ohne die marginale Zahlungsbereitschaft der Nachfrageseite ins Kalkül mit einzubeziehen.

    d) wird durch die Identität von marginaler Zahlungsbereitschaft und Durchschnittskosten determiniert.

3. Die Regulierung von natürlichen Monopolen ...

    a) durch die öffentliche Übernahme der Produktion führt grundsätzlich zu einer Pareto-effizienten Angebotsmenge, weil Verluste durch Steuern finanziert werden können.

    b) birgt bei privater Produktion die Gefahr mangelnden Kostenbewusstseins bezüglich der gewählten Produktionsabläufe.

    c) durch öffentliche Übernahme der Produktion garantiert mit der Einführung eines gespaltenen Tarifs eine effiziente Bereitstellungsmenge.

    d) bei privater Produktion wird durch das Auftreten von Informationsproblemen hinsichtlich der Ausweisung von betriebsnotwendigen Kosten erschwert.

4. Bei der öffentlichen Produktion von privaten Gütern, die bei allen Produktionsmengen fallende Durchschnittskosten aufweisen, ...

    a) ist die effiziente Produktionsmenge sichergestellt.

    b) kann es aufgrund von Anreizproblemen in öffentlichen Unternehmen besser sein, die Güter privat produzieren zu lassen und Preiskontrollen einzuführen.

    c) treten keine Probleme auf, da öffentliche Produktion und Kontrolle Hand in Hand gehen.

    d) wird die Pareto-effiziente Ausbringungsmenge bei minimalen Durchschnittskosten erreicht.

5. Im festnetzgebundenen Telekommunikationsbereich ...

    a) stellt die gesamte Wertschöpfungskette vom Telefonapparat über die Buchse bis hin zum Leitungsnetz ein natürliches Monopol dar.

    b) ist kein natürliches Monopol zu erkennen.

    c) wird es bei öffentlicher Produktion immer zur effizienten Bereitstellungsmenge kommen, wenn die auftretenden Verluste steuerfinanziert werden.

d) können Endgeräte bei privater Produktion und ausreichendem Wettbewerb effizient produziert werden.

6. Ein natürliches Monopol ...
   a) ist eine Bedingung des Konkurrenzgleichgewichts.
   b) stellt eine Kategorie des Marktversagens dar.
   c) entsteht durch die staatliche Regulierung des Wettbewerbs.
   d) Alle Aussagen sind falsch.

7. Fallende Durchschnittskosten bedeuten, dass ...
   a) eine zusätzliche Produktionseinheit zu geringeren Kosten hergestellt werden kann als alle bereits produzierten Einheiten im Durchschnitt.
   b) sich die Grenzkosten unterhalb der Durchschnittskosten bewegen.
   c) die Kosten pro zusätzlicher Einheit geringer sind als die durchschnittlichen Kosten.
   d) Alle Aussagen sind richtig.

8. In einem natürlichen Monopol führt die Marktlösung dazu, dass ...
   a) der Preis den Grenzkosten entspricht, wenn die Produktion privatwirtschaftlichen Unternehmen überlassen wird.
   b) der private Monopolist Preise oberhalb der Durchschnittskosten setzt.
   c) die effiziente Bereitstellungsmenge produziert wird.
   d) aufgrund von Marktversagen keine Güter bereitgestellt werden.

9. Die Existenz eines natürlichen Monopols ...
   a) erfordert zwingend die Produktion durch die öffentliche Hand.
   b) bedeutet, dass keine Marktlösung entsteht.
   c) führt dazu, dass sich nur ein Unternehmen am Markt behauptet.
   d) erhöht den Wettbewerb zwischen privaten und öffentlichen Unternehmen.

10. In einem natürlichen Monopol bei rein privatwirtschaftlicher Organisation ...
    a) entstehen Effizienzverluste durch die Nichtbereitstellung der Pareto-effizienten Menge.
    b) wird eine Menge angeboten, die strikt größer ist als jene Menge, bei der Verluste vermieden werden.

c) werden die Verluste der Unternehmen durch überhöhte Preise ausgeglichen.

d) passen sich Unternehmen an die Preise konkurrierender Unternehmen an.

7

Effizienz und Gerechtigkeit

In den vorangegangenen Kapiteln haben wir die ökonomische Rolle des Staates aus der Effizienzperspektive untersucht. Dabei reichte uns als normatives Maß das Pareto-Kriterium. Die Aufgabe des Staates war spätestens dann beendet, wenn niemand mehr besser gestellt werden konnte, ohne dass jemand anders schlechter gestellt werden musste; und nur wenn der Markt diesen Zustand nicht selbst herbeiführte, kam der Staat ins Spiel. Die Marktlösung mag freilich noch aus einer anderen als der Effizienzperspektive als unzureichend empfunden werden. Nichts schließt nämlich aus, dass der Marktmechanismus einen Zustand hervorbringt, der zwar Pareto-effizient ist, in dem es aber einigen Menschen absolut oder relativ zu anderen richtig schlecht geht und der deshalb als ungerecht empfunden wird.

In diesem Kapitel beschäftigen wir uns mit der Frage, ob der Staat auch bei der Durchsetzung eines gerechten Zustands eine Rolle spielen sollte. Diese Frage werden wir allerdings weder mit ja noch mit nein beantworten können. Wir werden nur einige der Schwierigkeiten aufzeigen, die sich in diesem Zusammenhang auftun. Zunächst setzen wir uns mit der Frage auseinander, was einen gerechten Zustand eigentlich ausmacht. Dabei stoßen wir auf das Problem, dass Gerechtigkeitsüberlegungen sehr schnell einen Vergleich der individuellen Wohlfahrts- oder Nutzenniveaus beinhalten. Nehmen wir etwa einen beliebigen Pareto-effizienten Zustand, bezeichnen ihn als ungerecht, und stellen ihn einem anderen Zustand gegenüber, in dem einige (vielleicht bisher recht schlecht gestellte) Haushalte besser gestellt werden und den wir als gerecht bezeichnen. Weil der ungerechte Zustand Pareto-effizient ist, wird durch einen Übergang zum gerechten Zustand notwendigerweise mindestens ein Haushalt schlechter gestellt. Aus der hier eingenommenen Gerechtigkeitsperspektive fällt dann offenbar dessen Nutzenverlust weniger stark ins Gewicht als der Nutzenzuwachs der Haushalte, die durch den Übergang besser gestellt werden. Implizit haben wir dabei einen interpersonellen Nutzenvergleich vorgenommen, d.h. wir haben die Nutzenniveaus verschiedener Haushalte und ihre Nutzenverluste und -gewinne miteinander verglichen. Solche interpersonellen Nutzenvergleiche erlauben die Konstruktion von so genannten sozialen Wohlfahrtsfunktionen. Damit lassen sich Gerechtigkeitsüberlegungen explizit machen und in eine operationale Form bringen. In diesem Kapitel beschäftigen wir uns zunächst mit sozialen Wohlfahrtsfunktionen und der zugrunde liegenden Annahme der interpersonellen Vergleichbarkeit von individuellen Nutzenniveaus. Anschließend untersuchen wir, ob eine Betrachtung von verschiedenen Zuständen überhaupt Aufschluss über Eigenschaften wie gerecht oder ungerecht liefern kann. Schließlich untersuchen wir, inwiefern zwischen den hier formulierten Gerechtigkeitszielen und dem bisher im Vordergrund stehenden Effizienzziel ein Konflikt herrscht.

7.1 Soziale Wohlfahrtsfunktionen

Ist man bereit, interpersonelle Nutzenvergleiche zuzulassen, dann lassen sich gesellschaftliche Rangordnungskriterien entwickeln, die Vorstellungen von einer gerechten Gesellschaft einschließen und die entsprechend exklusiver sind als das Pareto-Kriterium. In der Volkswirtschaftslehre werden Normen, die über das Pareto-Kriterium hinausgehen, mit Hilfe von sozialen Wohlfahrtsfunktionen explizit gemacht. Soziale Wohlfahrtsfunktionen stellen eine Verbindung her zwischen dem Nutzen oder der Wohlfahrt der einzelnen Mitglieder einer Gesellschaft und der Wohlfahrt der Gesellschaft insgesamt. Betrachten wir eine Gesellschaft mit n Mitgliedern und sei u_i mit $i = 1, 2, \ldots, n$ der Nutzen, den das i-te Mitglied in einem bestimmten gesellschaftlichen Zustand erzielt. Die soziale Wohlfahrt in dem Zustand wird dann durch die soziale Wohlfahrtsfunktion

$$W = W(u_1, u_2, \ldots, u_n)$$

gemessen. Ein Zustand A heißt besser als ein Zustand B, wenn der Wohlfahrtsindex W in A einen höheren Wert annimmt als in B. In der Volkswirtschaftslehre werden üblicherweise drei Anforderungen an eine soziale Wohlfahrtsfunktion gestellt. Erstens soll eine soziale Wohlfahrtsfunktion individualistisch sein. Das bedeutet, dass der Wohlfahrtsindex

W nur von den individuellen Nutzenniveaus der Mitglieder der Gesellschaft abhängt und dass Änderungen der ökonomischen Rahmenbedingungen nur auf dem Umweg über die individuellen Nutzenempfindungen einen Effekt auf die Höhe der gesellschaftlichen Wohlfahrt auslösen. Zweitens soll eine soziale Wohlfahrtsfunktion dem Pareto-Kriterium genügen. Wenn ein Zustand A Pareto-besser ist als ein Zustand B, dann soll der Wohlfahrtsindex W in A einen höheren Wert annehmen als in B. Formal bedeutet das, dass die soziale Wohlfahrtsfunktion W in jedem ihrer n Argumente u_1 bis u_n streng monoton steigt.[1] Drittens soll eine soziale Wohlfahrtsfunktion Ungleichheitsaversion zum Ausdruck bringen, d.h. weniger Ungleichheit soll zu höherer sozialer Wohlfahrt führen. Ungleichheit bezieht sich dabei in der Regel auf die individuellen Einkommen oder Konsummöglichkeiten oder ganz allgemein auf die individuellen Nutzenempfindungen. Ein Transfer von einem in diesem Sinne reicheren an einen ärmeren Haushalt soll entsprechend zu einer Wohlfahrtsverbesserung führen. Das bedeutet, dass der umverteilungsbedingte Nutzenentgang der reicheren Haushalte weniger stark ins Gewicht fällt als der entsprechende Nutzenzuwachs der ärmeren Haushalte.

Das individualistische Kriterium und das Pareto-Kriterium sind innerhalb und (zumindest was die westlichen, demokratisch geprägten Gesellschaften anbelangt) wohl auch außerhalb der Volkswirtschaftslehre weitgehend unstrittig. In der Tat basierte unsere bisherige normative Analyse auf diesen beiden Kriterien, denn wenn wir nach einer Pareto-Verbesserung gefragt haben, dann war das individualistische Kriterium stets mit vertreten. Das dritte Kriterium ist freilich erheblich problematischer. Zum einen ist unklar, welches Ausmaß an Ungleichheitsaversion sich in der sozialen Wohlfahrtsfunktion widerspiegeln soll. Zum anderen bedingt die Aussage, ein Zustand, den man durch Umverteilung gewinnt, sei besser als der Ausgangszustand, dass man individuelle Nutzenniveaus nicht nur quantifizieren, sondern auch interpersonell vergleichen kann. Gerade gegen die Annahme der interpersonellen Vergleichbarkeit sind jedoch von jeher starke Bedenken formuliert worden. Gleichwohl sind viele volkswirtschaftliche Probleme ohne einen zumindest impliziten Vergleich der Nutzenniveaus verschiedener Personen gar nicht sinnvoll zu behandeln. Selbst die vermutlich unstrittige Ansicht,

---

[1] Gelegentlich wird nur ein schwaches Pareto-Kriterium gefordert, was bedeutet, dass die Funktion W in jedem ihrer n Argumente monoton, nicht aber unbedingt streng monoton steigt.

dass man eher einem Verhungernden öffentliche Hilfe zukommen lassen sollte als einem Multimilliardär, fußt in der Regel bereits auf einem interpersonellen Nutzenvergleich.

Mit der Bereitschaft, Nutzendifferenzen zu bestimmen und interpersonell zu vergleichen, sind aber noch nicht alle Hürden genommen. Ein objektiv messbares und überdies interpersonell vergleichbares Nutzenkonzept existiert nämlich nicht. Die Wahl des Nutzenkonzepts und erst recht die Abbildung der einzelnen Nutzenniveaus auf so etwas wie die soziale Wohlfahrt müssen deshalb notwendigerweise in den subjektiven Bereich des jeweiligen Betrachters fallen. In diesem Problem offenbart sich aber zugleich die Stärke sozialer Wohlfahrtsfunktionen. Sie machen nämlich explizit, welche subjektiven Wertmaßstäbe der jeweiligen Analyse zugrunde liegen.

Es hat nicht an Versuchen gefehlt, sozialen Wohlfahrtsfunktionen formale Gestalt zu verleihen. Die gebräuchlichste und vielleicht am einfachsten zu handhabende ist die so genannte utilitaristische Wohlfahrtsfunktion. Sie hat die Form

$$W = u_1 + u_2 + \cdots + u_n,$$

d.h. sie bildet sich aus der Summe der individuellen Nutzenniveaus. Die utilitaristische Wohlfahrtsfunktion geht zurück auf einige britische Nationalökonomen des 18. und 19. Jahrhunderts wie Jeremy Bentham (1789) und John Stuart Mill (1848), die den gesamten wirtschaftlichen Wohlstand als Summe der Nutzenniveaus aller Mitglieder einer Gesellschaft auffassten und die gelegentlich als Utilitaristen bezeichnet werden.[2]

---

[2] In der Tat waren die Utilitaristen der Überzeugung, dass der individuelle Nutzen ebenso physikalisch messbar sei wie die Länge, die Masse oder die Temperatur einer materiellen Größe. Es hat sich bis heute aber kein Weg für eine solche Messung gefunden und es besteht wohl auch kaum noch der Glaube, dass sich daran in näherer Zukunft etwas ändert. Wenn in der modernen Volkswirtschaftslehre gleichwohl permanent von Nutzenniveaus die Rede ist, dann spiegelt das die Tatsache wider, dass die Volkswirtschaftslehre eine an menschlichen Bedürfnissen orientierte Entscheidungswissenschaft ist. In vielen ökonomischen Zusammenhängen, so auch in jenen, die wir in den Kapiteln 2 bis 6 des vorliegenden Buches behandelt haben, dienen die theoretisch bestimmbaren Nutzenniveaus nur dazu, Zustände oder Alternativen in subjektive Rangordnungen zu bringen. So ist die Aussage „Alternative A liefert Haushalt 1 ein höheres Nutzenniveau als Alternative B" äquivalent zu der Aussage „Haushalt 1 findet Alternative A besser als Alternative B". Nutzenniveaus, die wir in eine soziale Wohlfahrtsfunktion hineinschreiben, sollen freilich einiges mehr an Information enthalten. Wir unter-

In jüngerer Zeit wurde die utilitaristische Wohlfahrtsfunktion von John C. Harsanyi (1955) mit Hilfe eines einfachen gedanklichen Experiments rationalisiert, das später als Schleier der Ungewissheit bekannt werden sollte. Harsanyi fragt, für welchen gesellschaftlichen Zustand sich eine beliebige Person entscheiden würde unter der Voraussetzung, dass die Person nicht weiß, welche Position sie selbst in der Gesellschaft einnehmen wird. Harsanyi argumentiert, dass sich die Person am durchschnittlichen Nutzenniveau orientieren und entsprechend jenen gesellschaftlichen Zustand auswählen würde, in dem das durchschnittliche Nutzenniveau am höchsten ist. Bei einer fixen Anzahl von Gesellschaftsmitgliedern ist freilich das durchschnittliche Nutzenniveau dann am höchstens, wenn die Summe der Nutzenniveaus aller Gesellschaftsmitglieder am höchsten ist. Daher würde nach Harsanyi eine Person hinter dem Schleier der Ungewissheit eine utilitaristische Wohlfahrtsfunktion maximieren.

Mit dem gleichen gedanklichen Experiment lassen sich aber auch andere soziale Wohlfahrtsfunktionen begründen. So argumentiert John Rawls (1971), dass sich eine Person hinter dem Schleier der Ungewissheit allein an der Position des im jeweiligen Zustand am schlechtesten gestellten Individuums orientieren würde. Die Person würde sich deshalb für jenen gesellschaftlichen Zustand entscheiden, in dem das am schlechtesten gestellte Individuum im Vergleich zu allen anderen Zuständen am besten gestellt ist.

Logisch lässt sich nicht bestimmen, ob das utilitaristische oder das Rawlssche oder ein drittes Konzept verwendet werden sollte; empirisch erst recht nicht, weil soziale Wohlfahrtsfunktionen keine Modelle sind, die sich mit Beobachtungen füttern lassen. Das mag zwar zunächst etwas unbefriedigend erscheinen, ist aber bei näherer Betrachtung nicht wirklich problematisch. Versucht man z.B. auf der Grundlage einer sozialen Wohlfahrtsfunktion eine optimale staatliche Umverteilungspolitik abzuleiten, dann unterscheiden sich die gewonnenen Ergebnisse auf der konzeptionellen Ebene kaum, ob man nun eine utilitaristische oder eine Rawlssche Wohlfahrtsfunktion unterstellt.[3] Und viel mehr als konzeptionelle Einsichten lassen sich angesichts ihres fehlenden empirischen Gehalts mit sozialen Wohlfahrtsfunktionen ohnehin nicht gewinnen.

---

scheiden nicht nur höhere und geringere Nutzenniveaus, sondern berücksichtigen auch deren Differenzen. Ferner vergleichen wir sogar die individuellen Nutzenniveaus verschiedener Personen.

[3] Das hat sich insbesondere in der Theorie der optimalen Besteuerung gezeigt, die wir in Kapitel 10 behandeln.

7.2 Zustands- versus Prozessgerechtigkeit

Wir haben bereits darauf hingewiesen, dass mit Hilfe von sozialen Wohlfahrtsfunktionen Gerechtigkeitsüberlegungen explizit gemacht werden können bzw. dass sich damit gerechtere von weniger gerechten gesellschaftlichen Zuständen unterscheiden lassen. Gegen das Konzept der sozialen Wohlfahrtsfunktionen ist besonders von Robert Nozick (1974) eingewendet worden, dass der Fokus auf gesellschaftliche Zustände konzeptionell verfehlt sei, weil die Werte, die soziale Wohlfahrtsfunktionen gesellschaftlichen Zuständen zuweisen, nichts darüber aussagen, wie die Zustände erreicht worden sind. Der dem gesellschaftlichen Zustand vorangegangene Prozess kann aber seinerseits Ungerechtigkeiten aufweisen. So mag ein Zustand nur dadurch erreicht worden sein, dass einige Mitglieder der Gesellschaft von anderen ausgeraubt wurden, was sicherlich mit herkömmlichen Gerechtigkeitsvorstellungen schwer zu vereinen ist.

Nach Nozick sollte Gerechtigkeit deshalb nicht an Zuständen, sondern ausschließlich an Prozessen festgemacht werden. Gerechte Prozesse sind dabei jene, in die alle beteiligten Personen freiwillig eintreten. Wir erinnern uns, dass dazu marktwirtschaftliche Prozesse gehören, weil Interaktionen in Märkten stets wechselseitige Freiwilligkeit voraussetzen. Dem Staat kommt im Nozickschen Konzept nur eine entsprechend geringe Rolle zu. Die Aufgabe des Nozickschen Staates besteht im Wesentlichen darin, einen Rechtsrahmen anzubieten und individuelle Eigentumsrechte zu schützen, damit überhaupt nur Prozesse auf der Basis von wechselseitiger Freiwilligkeit entstehen können. Deshalb wird der Nozicksche Staat auch als „minimaler Staat" bezeichnet. Zwar räumt Nozick ein, dass manche gesellschaftlichen Zustände das Ergebnis ungerechter Prozesse in der Vergangenheit sind, und diskutiert, inwiefern hier staatliche, auf Zwang basierende Korrekturen gerechtfertigt sind. Er argumentiert aber, dass die Korrektur vergangener ungerechter Prozesse ein viel zu kompliziertes Bemühen sei und lehnt deshalb eine entsprechende Korrekturfunktion des Staates ab.

Die Frage, ob man ein Konzept der Zustands- oder der Prozessgerechtigkeit zugrunde legen sollte, ist freilich ebenso wenig logisch zu beantworten wie die Frage nach der richtigen sozialen Wohlfahrtsfunktion. Während Nozick den Marktprozess als immanent gerecht empfindet und damit eine gerechte Gesellschaft verbindet, werden andere auf der Basis von Gerechtigkeitsüberlegungen den Nozickschen minimalen Staat als völlig unzureichend ansehen. Wir werden hier das Problem der Zustands- versus Prozessgerechtigkeit nicht weiter vertiefen; lösen können wir es ohnehin nicht. Statt dessen werden wir uns den Problemen zuwenden, die sich ergeben, wenn der Staat tatsächlich einen Zustand durchzusetzen versucht, der aus der Perspektive einer sozialen Wohlfahrtsfunktion als der beste erscheint.

7.3 Der Konflikt zwischen Effizienz und Gerechtigkeit

Nehmen wir an, der Staat sei ein Utilitarist; er strebe also nach einem Zustand, in dem die Summe der individuellen Nutzenniveaus der Gesellschaftsmitglieder ein Maximum annimmt.[4] Vor dem Hintergrund des in Kapitel 2 eingeführten zweiten Hauptsatzes der Wohlfahrtsökonomik sind wir vielleicht versucht zu sagen: Kein Problem, soll er doch einfach die individuellen Anfangsausstattungen entsprechend umverteilen und den Rest dem privaten Sektor überlassen. Gemäß dem zweiten Hauptsatz kann ja unter gewissen Bedingungen jede mögliche Paretoeffiziente Allokation – also auch die aus utilitaristischer Perspektive beste – durch geeignete Umverteilung der Anfangsausstattungen auf dem Marktwege erreicht werden.

Wie das mit der Umverteilung der Anfangsausstattungen funktioniert, untersuchen wir zunächst an einem denkbar einfachen Beispiel. Wir betrachten wieder eine Gesellschaft mit den beiden Haushalten 1 und 2 und nehmen an, dass beide Haushalte nur Bananen konsumieren, wobei jeder Haushalt mit einer Anfangsausstattung an Bananen ausgerüstet sei. Die Anfangsausstattung an Bananen sieht so aus, dass Haushalt 1 eine ganze Staude und Haushalt 2 gar keine Bananen hat. Die beiden Haushalte interessieren sich jeweils nur für ihren eigenen Nutzen. Haushalt 1 sieht sich deshalb in keiner Weise veranlasst, Haushalt 2 etwas von seinen Bananen abzugeben. Zwar würde Haushalt 1 auch dann noch satt werden, wenn er nicht alle seine Bananen äße. Aber auch die letzte Banane an seiner Staude steigert noch seinen Nutzen, während ihn eine Banane in den Händen von Haushalt 2 gleichgültig lassen würde. Jene letzte Banane würde indes bei dem ansonsten verhungernden Haushalt 2 eine viel stärkere Steigerung des

---

[4] Die Annahme, der Staat sei ein Utilitarist, zeigt noch einmal in aller Deutlichkeit, dass wir uns nach wie vor im normativen Teil der ökonomischen Analyse der Staatstätigkeit bewegen. Offenbar fragen wir uns, wie die Staatstätigkeit ausgestaltet werden sollte, um der utilitaristischen Norm bestmöglich gerecht zu werden.

Nutzens bewirken als bei Haushalt 1. Haushalt 2 steht aber vor dem Problem, dass er Haushalt 1 nicht dazu bewegen kann, ihm eine Banane zu geben, weil er ihm nichts dafür zurückgeben kann. Da aber die letzte Banane bei Haushalt 2 eine stärkere Nutzensteigerung bewirkt als bei Haushalt 1, würde die Summe der Nutzenniveaus der beiden Haushalte zunehmen, wenn die letzte Banane nicht von Haushalt 1, sondern von Haushalt 2 gegessen würde. Aus utilitaristischer Perspektive sollte also Haushalt 1 etwas von seiner Bananenausstattung weggenommen und Haushalt 2 gegeben werden. Die optimale Bananenverteilung lässt sich übrigens wieder mit einer Marginalbedingung beschreiben. Sie ist dann erreicht, wenn beide Haushalte für die letzte jeweils konsumierte Banane die gleiche Nutzensteigerung erfahren.

Ebenso wie der Ausgangszustand ist auch der nach Umverteilung erreichte Endzustand Pareto-effizient, denn keiner der beiden Haushalte kann im Endzustand besser gestellt werden, ohne dass der andere Haushalt schlechter gestellt wird. Mit der Umverteilung der Anfangsausstattungen haben wir einen neuen Pareto-effizienten Zustand erreicht und dabei aus utilitaristischer Sicht eine Verbesserung erzielt.

In unserer einfachen Zwei-Haushalte-Bananen-Welt herrscht offenbar zwischen Effizienz und Gerechtigkeit kein Konflikt. Um einen aus utilitaristischer Sicht besseren Zustand durchzusetzen, braucht auf Effizienz nicht verzichtet zu werden. Das hat allerdings sehr viel mit der extrem einfachen Gestalt der Anfangsausstattungen zu tun. Ein realistischeres Modell müsste berücksichtigen, dass Anfangsausstattungen ein vieldimensionales Gebilde darstellen, zu dem nicht nur Erstbestände an Gütern und Produktionsfaktoren gehören, sondern auch angeborene Begabungen. Die Begabungen ihrerseits sind wiederum vieldimensional. Dazu gehören handwerkliche, unternehmerische, künstlerische, erfinderische und wissenschaftliche Anlagen ebenso wie sportliche oder emotionale Fähigkeiten. Vor dem Hintergrund der Vieldimensionalität der Anfangsausstattungen erscheint deren Umverteilung freilich viel schwieriger. Das Problem dabei ist nicht einmal so sehr, dass schwer vorstellbar ist, wie angeborene Begabungen umverteilt werden können. Das ließe sich dadurch lösen, dass man den angeborenen Begabungen geldwerte Größen zuordnet und die Umverteilung dann mit Hilfe von Geldtransfers durchführt. Das eigentliche Problem ist vielmehr, dass viele angeborene Begabungen von außen nicht beobachtet werden können. Der umverteilende Staat steht deshalb vor einem Informati-

onsproblem, wenn er versucht Umverteilung an individuelle Anfangsausstattungen zu koppeln.

Wir wollen auch das Informationsproblem an einem Beispiel erläutern. Wir betrachten eine Gesellschaft mit zwei Typen von Haushalten, begabte und weniger begabte. Die begabten Haushalte können
ein hohes Einkommen erzielen, weil sie über eine hohe Ausstattung an
angeborenen Begabungen verfügen, und die weniger begabten Haushalte können entsprechend nur ein geringes Einkommen erzielen, weil sie
über eine geringe Ausstattung an angeborenen Begabungen verfügen.
Der Staat beabsichtige – z.B. aufgrund eines utilitaristischen Motivs –
Einkommen von den begabten an die weniger begabten Haushalte um-
zuverteilen. Der Staat kann aber nur die Einkommen der Haushalte beobachten und nicht deren Begabungen. Entsprechend kann er seine Umverteilungsmaßnahmen nicht von den Begabungen abhängig machen,
sondern nur von den erzielten Einkommen. Die begabten Haushalte
können dann freilich ihren Begabungstyp verschleiern und der Umverteilung ausweichen, indem sie weniger beobachtbares Einkommen erzielen. Das mag dadurch geschehen, dass sie weniger arbeiten, ihr Bega-
bungspotenzial nicht voll ausschöpfen oder einen Teil ihrer Arbeitszeit
in der Schattenwirtschaft verbringen. Diese Verhaltensveränderungen
führen zu Effizienzverlusten, weil den begabten Haushalten der Anreiz genommen wird, ihre Anfangsausstattungen optimal zu nutzen. Es
entsteht dann offenbar ein Konflikt zwischen Effizienz und (Umvertei-
lungs-)Gerechtigkeit, denn die gerechtere Einkommensverteilung wird
mit Effizienzverlusten erkauft.

In Abbildung 7.1 ist die Pareto-Grenze der Gesellschaft mit den beiden Typen von Haushalten eingezeichnet. u_1 misst das Nutzenniveau
der begabten und u_2 das der weniger begabten Haushalte. Punkt A
bezeichnet den Ausgangszustand. Darin realisieren die begabten Haushalte ein hohes und die weniger begabten ein geringes Nutzenniveau.
Punkt B bezeichnet den Zustand, den die zugrunde gelegte soziale
Wohlfahrtsfunktion als den besten ausweist. Er wäre erreichbar, wenn
die Umverteilungsmaßnahmen an die Anfangsausstattungen anknüpfen
könnten. Wegen der Nichtbeobachtbarkeit der Anfangsausstattungen
ist das freilich nicht möglich. Weil die Umverteilungmaßnahmen bei den
Einkommen ansetzen müssen, ist nur der Zustand C erreichbar. Darin
geht es den weniger begabten Haushalten zwar besser als in Zustand
A. Der Zustand C ist aber nicht Pareto-effizient. Die Verbesserung der
weniger begabten Haushalte erfordert vielmehr einen Effizienzverlust.

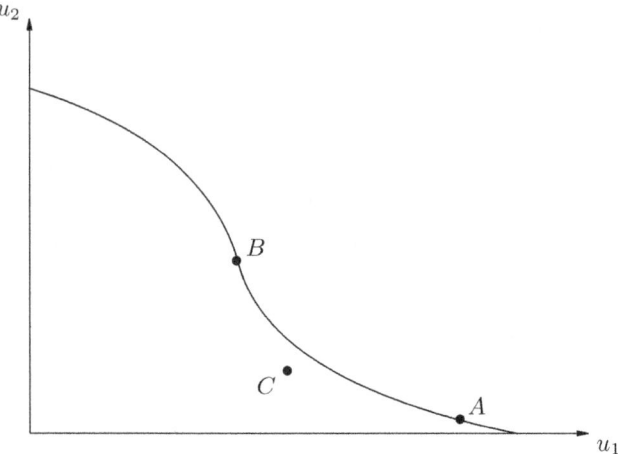

Abb. 7.1. Effizienz versus Gerechtigkeit

Der Konflikt zwischen Effizienz und Gerechtigkeit wird uns im weiteren Verlauf der Analyse noch häufiger begegnen. Eine zentrale Rolle spielt er in der Theorie der optimalen Besteuerung, deren Grundzüge wir in Kapitel 10 besprechen. Von großer Bedeutung ist der Konflikt ferner im Kontext der sozialen Sicherung. Bedingt durch Veränderungen der ökonomischen Rahmenbedingungen zeigt sich dort immer deutlicher ein Spannungsverhältnis zwischen Effizienz- und Umverteilungszielen. Damit beschäftigen wir uns in Kapitel 13.

7.4 Übungsaufgaben zu Kapitel 7

Von den angegebenen möglichen Antworten ist immer nur genau eine richtig. Treffen gleichzeitig mehrere Aussagen zu, so sind sie stets in einer Antwortmöglichkeit zusammengefasst, also z.B. in der Antwortmöglichkeit „Aussagen a) und c) sind richtig". Lösungen zu allen Aufgaben finden sich in einem Lösungsteil am Ende des Buches.

1. Welche Aussage ist richtig?
   a) Eine soziale Wohlfahrtsfunktion verknüpft die Wohlfahrt der Gesellschaft mit der Wohlfahrt einzelner Individuen.
   b) Ausgehend vom Pareto-Prinzip steigt die soziale Wohlfahrt, wenn die Wohlfahrt eines Individuums steigt und die Wohlfahrt der anderen Individuen nicht sinkt.

c) Die utilitaristische Wohlfahrtsfunktion ist die Summe der individuellen Nutzenniveaus einer Gesellschaft.

d) Alle Aussagen sind richtig.

2. Ein Konflikt zwischen Effizienz und Gerechtigkeit ...

   a) tritt unter den Bedingungen der beiden Hauptsätze der Wohlfahrtsökonomik auf.

   b) kann durch Umverteilung der Anfangsausstattungen behoben werden, weil die Individuen diese aus Gründen der kollektiven Rationalität wahrheitsgemäß offenbaren.

   c) tritt auf, wenn der Staat die individuellen Anfangsausstattungen nicht beobachten kann und umverteilende Maßnahmen vom Verhalten der Individuen abhängig macht.

   d) Aussagen a) und b) sind richtig.

3. Gerechtigkeit ...

   a) wird im Konzept der sozialen Wohlfahrtsfunktionen als Prozessgerechtigkeit interpretiert.

   b) impliziert nach Nozick Prozesse, die auf wechselseitiger Freiwilligkeit beruhen.

   c) wird nach Nozick genau dann erreicht, wenn durch freiwillige private Prozesse staatliche Maßnahmen neutralisiert werden.

   d) Aussagen b) und c) sind richtig.

4. Nozicks Kritik an dem Konzept sozialer Wohlfahrtsfunktionen ...

   a) richtet sich gegen die Orientierung an Zuständen.

   b) beruht auf der Unbeobachtbarkeit der individuellen Anfangsausstattungen.

   c) richtet sich gegen die Verwendung der utilitaristischen sozialen Wohlfahrtsfunktion, da individuelle Interessen hier gegenüber gesellschaftlichen Belangen ein zu hohes Gewicht haben.

   d) gilt nicht unter den Bedingungen der wohlfahrtsökonomischen Hauptsätze.

5. Gerechtigkeit ...

   a) ist prinzipiell auf verschiedene Weise definierbar.

   b) kann mit dem Konzept der sozialen Wohlfahrtsfunktion nicht erfasst werden.

   c) wird nach Nozick mit einem minimalen Staat erreicht.

   d) Aussagen a) und c) sind richtig.

6. Welche Aussage ist richtig?
   a) Soziale Wohlfahrtsfunktionen gewichten die Nutzenniveaus aller Individuen immer gleich.
   b) Die utilitaristische soziale Wohlfahrtsfunktion vernachlässigt nach Rawls den Nutzen des jeweils am schlechtesten gestellten Individuums.
   c) Ein idealtypisches Konkurrenzgleichgewicht ist mit Nozicks Gerechtigkeitsbegriff kompatibel.
   d) Alle Aussagen sind falsch.

7. Welche Aussage ist richtig?
   a) Die Gerechtigkeitsperspektive bei der normativen Untersuchung staatlichen ökonomischen Handelns stellt allein auf das Pareto-Kriterium ab.
   b) Das Pareto-Kriterium beinhaltet einen Ausgleich von Nutzengewinnen und -verlusten.
   c) Das Pareto-Kriterium vereinbart grundsätzlich Effizienz- und Gerechtigkeitsziele.
   d) Alle Aussagen sind falsch.

8. Eine soziale Wohlfahrtsfunktion sollte folgenden Kriterien genügen:
   a) Individualistisches Kriterium, Pareto-Kriterium, Nichttrivialität.
   b) Pareto-Kriterium, Nichttrivialität, Ungleichheitsaversion.
   c) Individualistisches Kriterium, Pareto-Kriterium, Ungleichheitsaversion.
   d) Individualistisches Kriterium, Nichttrivialität, Ungleichheitsaversion.

9. Welche Aussage ist richtig?
   a) Die Rawlssche soziale Wohlfahrtsfunktion bemisst den gesellschaftlich optimalen Zustand am Durchschnittsnutzen.
   b) Die utilitaristische soziale Wohlfahrtsfunktion setzt interpersonelle Nutzenvergleiche voraus.
   c) Die Rawlssche soziale Wohlfahrtsfunktion bemisst den gesellschaftlich optimalen Zustand am Nutzen des am besten gestellten Individuums.
   d) Beide sozialen Wohlfahrtsfunktionen führen immer zu den gleichen Umverteilungsempfehlungen.

10. Der Schleier der Ungewissheit ...

a) verbildlicht die Informationsprobleme auf dem Versicherungsmarkt.
b) ist ein Gedankenexperiment zur Überprüfung der Markteffizienz.
c) beschreibt die Prämisse, dass ein beliebiges Individuum seine
   künftige Stellung im gesellschaftlichen Nutzenspektrum nicht
   kennt.
d) Aussagen b) und c) sind richtig.

Teil II

Positive Theorie der Staatstätigkeit

8
Kollektive Willensbildung

Nachdem wir uns im ersten Teil dieses Buches damit beschäftigt haben, wie die Staatstätigkeit gestaltet werden sollte, versuchen wir im vorliegenden zweiten Teil – der positiven Theorie der Staatstätigkeit – herauszufinden, warum die Staatstätigkeit so ist wie sie ist. Eine besondere Rolle spielen dabei die dem staatlichen Handeln zugrunde liegenden Entscheidungen. Im Unterschied zu privatem Handeln basiert staatliches Handeln in der Regel nicht auf Entscheidungen einzelner Individuen, sondern auf Entscheidungen von Kollektiven. Natürlich reflektieren auch kollektive Entscheidungen letztlich in irgendeiner Weise die individuellen Präferenzen der Personen, die dem Kollektiv angehören. Deshalb ist die Frage von zentraler Bedeutung, wie sich individuelle Präferenzen zu kollektiven Präferenzen verbinden, sprich wie sich aus individuellen Wünschen ein kollektiver Wille bildet. Das vorliegende Kapitel widmet sich im Wesentlichen diesem Problem. Zwar teilt sich das Kapitel in zwei Abschnitte – direkte Demokratie und repräsentative Demokratie. Die Einteilung ist aber in gewisser Hinsicht willkürlich, weil viele der im ersten Abschnitt gewonnenen Resultate für die eine wie auch für die andere demokratische Organisationsform gelten. Drei Fragen leiten den Gang der Untersuchung in diesem Kapitel, nämlich erstens nach welcher Regel individuelle Präferenzen zu kollektiven Präferenzen verbunden werden, ob zweitens die kollektiv getroffenen Entscheidungen – in einem noch zu definierenden Sinne – konsistent sind und ob schließlich drittens kollektive Entscheidungen Zustände herbeiführen, die sich mit dem Kriterium der Pareto-Effizienz vereinbaren lassen.

8.1 Direkte Demokratie

In der direkten Demokratie stimmen die Bürger bzw. die Wahlberechtigten direkt über die zur Verfügung stehenden politischen Alternativen ab. Damit verbinden sich für uns gleich mehrere Fragen. Zunächst wollen wir untersuchen, welches Quorum, d.h. welche Anzahl von Stimmen, für eine kollektive Entscheidung überhaupt notwendig sein soll. Nachdem das Quorum festgelegt ist, stellt sich weiterhin die Frage, von welcher Qualität die Entscheidung ist, die mit dem abgeleiteten Quorum zustande kommt. Wir werden uns dabei besonders mit den Konsistenzeigenschaften der durch Abstimmung gewonnenen kollektiven Entscheidungen auseinandersetzen. Schließlich betrachten wir eine Abstimmung über das Bereitstellungsniveau eines öffentlichen Gutes und untersuchen, ob das Bereitstellungsniveau kompatibel ist mit der Effizienzbedingung, die wir im vorangegangenen normativen Teil der Analyse kennen gelernt haben.

8.1.1 Optimale Anzahl der Stimmen

Knut Wicksell (1896) hatte vorgeschlagen, kollektive Entscheidungen einstimmig zu treffen, sprich für kollektive Entscheidungen ein Quorum von 100% der Stimmen zu verlangen. Daran knüpft sich der Vorteil, dass kollektiv nur Pareto-verbessernde Maßnahmen ergriffen werden, weil sich in Abstimmungen ausschließlich jene politischen Alternativen durchsetzen können, die niemanden schlechter stellen. Allerdings war sich Wicksell auch der mit der Einstimmigkeitsregel verbundenen Probleme bewusst. Einstimmig zu treffende Entscheidungen machen im Vorfeld sehr intensive Verhandlungen zwischen den an der Entscheidung betroffenen Haushalten notwendig. Man gelangt ja erst dann zu einer Entscheidung, wenn nicht nur die Gewinner der betreffenden politischen Maßnahme feststehen, sondern auch die Zustimmung aller potenziellen Verlierer durch entsprechende Kompensationsleistungen gesichert ist. In der Tat sind die so genannten Entscheidungskosten, also die Kosten, die für die Herbeiführung einer Entscheidung aufgewendet werden müssen, bei einstimmigen Entscheidungen äußerst hoch. Dabei spielt auch eine Rolle, dass je nach Kontext manche Haushalte einen Vorteil darin sehen, ihre wahren Präferenzen zu verschleiern, um für sich höhere Kompensationsleistungen herauszuschlagen. Im Ergebnis macht die Einstimmigkeitsbedingung kollektive Entscheidungen sehr teuer und sie begünstigt ein Beharren auf dem Status Quo, da ja jeder

der an der Abstimmung beteiligten Haushalte eine kollektive Entscheidung mit seinem Veto verhindern kann. Umverteilungsmaßnahmen, wie
wir sie in Kapitel 7 kennen gelernt haben, sind damit praktisch gar nicht
durchsetzbar.

Geht man von der Einstimmigkeitsregel weg und verlangt für eine kollektive Entscheidung ein Quorum von weniger als 100%, dann
sinken die Entscheidungskosten. Gleichzeitig entstehen aber Kosten in
einer anderen Form. Weil einzelne Haushalte jetzt überstimmt werden
können, hinterlassen kollektive Entscheidungen neben Gewinnern in
der Regel auch Verlierer. Die Kosten der Verlierer werden als externe
Kosten kollektiver Entscheidungen bezeichnet. Sie sind um so höher,
je kleiner das für eine kollektive Entscheidung notwendige Quorum,
weil die Anzahl der Verlierer mit fallendem Quorum steigt. James M.
Buchanan und Gordon Tullock (1962) haben gezeigt, dass die Berücksichtigung von externen und Entscheidungskosten die Bestimmung eines optimalen Quorums erlaubt. Letzteres ist dadurch bestimmt, dass
es die gesamten Kosten der kollektiven Entscheidung, also die Summe
aus den externen und den Entscheidungskosten, minimiert.

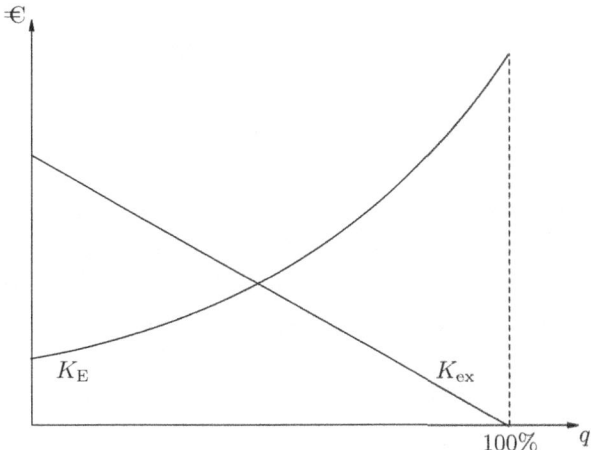

Abb. 8.1. Entscheidungs- versus externe Kosten

Der Ansatz von Buchanan und Tullock lässt sich einfach graphisch
darstellen. In Abbildung 8.1 sind die externen Kosten K_{ex} und die Entscheidungskosten K_E in Abhängigkeit des Quorums q abgetragen. Beide
Kostenkategorien haben die Dimension Euro und während die externen Kosten fallen, steigen die Entscheidungskosten mit einer Zunahme

des Quorums q. Die externen Kosten verschwinden für $q = 100\%$ der Stimmen, weil bei Einstimmigkeit keine Verlierer durch eine kollektive Entscheidung entstehen.

Durch Aufsummierung der beiden Kostenkategorien erhalten wir eine weitere Kurve, die die gesamten Kosten der kollektiven Entscheidung, $K = K_{ex} + K_E$, misst. Letztere ist in Abbildung 8.2 fett eingezeichnet. Das optimale Quorum q^* ist dann dort erreicht, wo die gesamten Kosten K ein Minimum annehmen.

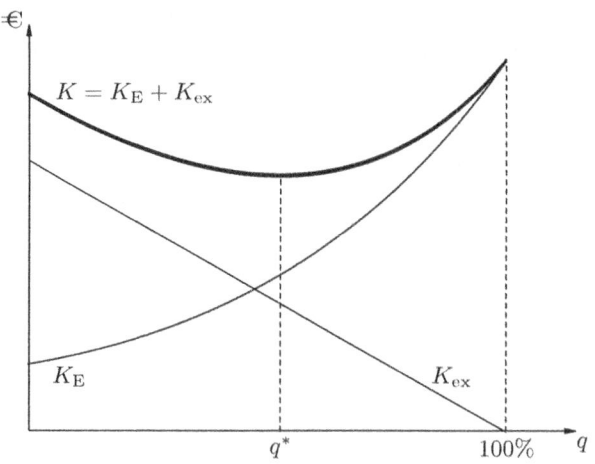

Abb. 8.2. Optimales Quorum

Mit Hilfe des dargestellten Kostenansatzes lässt sich begründen, warum für manche kollektiven Entscheidungen ein höheres Quorum verlangt wird als für andere. In vielen Demokratien sind für Verfassungsänderungen nicht 50% der abgegebenen Stimmen notwendig, sondern 66% oder sogar 75%. Buchanan und Tullock argumentieren, dass bei Entscheidungen, die die Verfassung betreffen, die externen Kosten viel höher sind als bei isolierten Sachentscheidungen und dass deshalb das optimale Quorum bei Verfassungsänderungen größer ist. Graphisch bedeuten höhere externe Kosten, dass die K_{ex}-Kurve steiler verläuft. Wir können uns dann einfach vergegenwärtigen, dass das Minimum der gesamten Kosten nach rechts wandert und das optimale Quorum entsprechend steigt.

Mit dem bisherigen Kostenansatz der optimalen Stimmenzahl gibt es allerdings ein Problem. Nichts schließt nämlich aus, dass das optimale Quorum q^* kleiner als 50% ist. Dieser Mangel lässt sich mit einer einfachen Erweiterung des Modells beseitigen. Damit gewinnen wir zugleich ein Argument dafür, dass in vielen Entscheidungssituationen 50%, sprich die absolute Mehrheit, das optimale Quorum ist. Unterstellen wir für einen Moment, es gelte $q^* < 50\%$. Dann lässt sich doch offenbar mit ein und demselben Quorum eine zur Entscheidung stehende politische Alternative sowohl annehmen als auch ablehnen. Die Gesellschaft befindet sich dann offenbar in einer Patt-Situation und kommt zu gar keiner Entscheidung. Das bedeutet aber, dass die Entscheidungskosten für $q < 50\%$ sehr hoch sind. Sobald q freilich 50% erreicht hat, verschwinden das Patt-Problem und die daran gekoppelten hohen Entscheidungskosten.

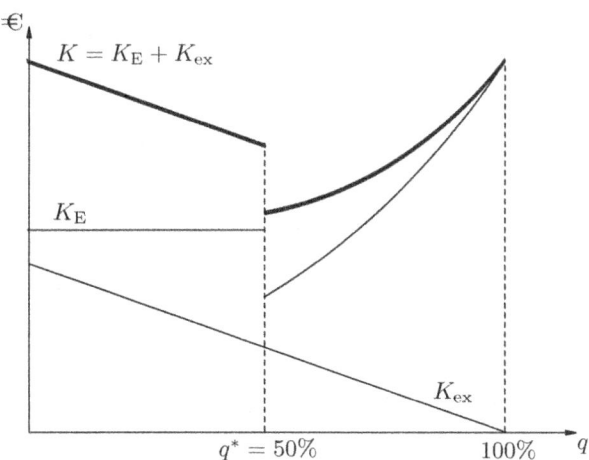

Abb. 8.3. Optimalität der absoluten Mehrheit

In Abbildung 8.3 haben wir diese Modellerweiterung berücksichtigt. Für $q < 50\%$ bewegen sich die Entscheidungskosten auf einem hohen Niveau. An der Stelle $q = 50\%$ fallen die Entscheidungskosten sprunghaft und steigen dann wieder an, weil mit zunehmendem Quorum Entscheidungen schwieriger werden. Die gesamten Kosten fallen dann ebenfalls sprunghaft an der Stelle $q = 50\%$. So wie die Entscheidungskosten und die externen Kosten in Abbildung 8.3 spezifiziert sind, nehmen die gesamten Kosten an der Sprungstelle ihr Minimum an und die absolute Mehrheit stellt das optimale Quorum dar.[1]

---

[1] Beachte, dass das optimale Quorum auch in dem erweiterten Modell größer als 50% sein kann. Das ist dann der Fall, wenn die K_{ex}-Kurve für ein q, das wenig größer ist als 50%, stärker fällt als die K_{E}-Kurve steigt; mit anderen Worten,

8.1.2 Zyklische Mehrheiten

Die absolute Mehrheitsregel ist die dominante Entscheidungsregel in demokratischen Abstimmungen und wir haben gesehen, dass sie sich mit Hilfe eines Kostenansatzes rationalisieren lässt. Wir wollen nun untersuchen, zu welchen Entscheidungen die absolute Mehrheitsregel führt. Dazu betrachten wir eine Gesellschaft bestehend aus den Personen 1, 2 und 3, die über die politischen Alternativen A, B und C entscheiden. Die individuellen Präferenzen aller drei Personen hinsichtlich der zur Auswahl stehenden Alternativen sind in Tabelle 8.1 dargestellt. Darin bedeutet $A \succ B$, dass die betreffende Person die Alternative A besser findet als die Alternative B.

Tabelle 8.1. Zyklische Mehrheiten

1	A	$\succ$	B	$\succ$	C
2	B	$\succ$	C	$\succ$	A
3	C	$\succ$	A	$\succ$	B

Eine der drei Alternativen soll ausgewählt werden, wobei die absolute Mehrheit entscheidet und die Abstimmung paarweise erfolgt. Zunächst wird über die Alternativen A und B abgestimmt. Die Personen 1 und 3 stimmen dann für A und Person 2 stimmt für B. A setzt sich demnach in einer Mehrheitsabstimmung gegen B durch. Der Gewinner A tritt als nächstes gegen C an. Person 1 stimmt dann für A und die Personen 2 und 3 stimmen für C, so dass C gewinnt. Die durch Mehrheitsabstimmung gewonnene kollektive Präferenz beinhaltet demnach $C \succ A$ und $A \succ B$, d.h. das Kollektiv findet C besser als A und A besser als B. Wenn eine einzelne Person angibt, sie finde C besser als A und A besser als B, dann erwarten wir, dass die betreffende Person auch C besser findet als B; etwas anderes würden wir als logisch inkonsistent empfinden. Wie sieht es aber mit der logischen Konsistenz der durch Mehrheitswahl entstandenen Präferenz unserer Drei-Personen-Gesellschaft aus? Zur Beantwortung dieser Frage lassen wir C noch gegen B antreten. Die Personen 1 und 2 stimmen dann für B und Person 3 stimmt für C, es gewinnt also B. Das Kollektiv findet demnach A besser als B, B besser als C und C besser als A, d.h. die

---

wenn an dieser Stelle die zusätzlichen vermiedenen Kosten eines höheren Quorums größer sind als die zusätzlichen Entscheidungskosten.

kollektive Präferenz erfüllt nicht jene Konsistenzeigenschaft, die wir auf der individuellen Ebene als recht selbstverständlich unterstellen.

In unserem obigen Beispiel erzeugt die auf der Mehrheitsregel basierende kollektive Präferenz keine transitive Rangordnung zwischen den Alternativen A, B und C. Transitivität erfordert nämlich, dass aus $A \succ B$ und $B \succ C$ stets $A \succ C$ folgt. Dass Mehrheitsentscheidungen gegebenenfalls nicht zu transitiven Rangordnungen führen, hatte bereits der Marquis de Condorcet (1785) erkannt, weshalb das Phänomen auch als Condorcet-Paradoxon bezeichnet wird. Die fehlende Transitivität führt zu so genannten zyklischen Mehrheiten, weil die Mehrheitswahl keinen eindeutigen Sieger hervorbringt, sondern jede Alternative stets von einer anderen Alternative geschlagen werden kann mit der Konsequenz, dass sich die Wahl über die zur Verfügung stehenden Alternativen in Form eines Zyklusses ad infinitum fortsetzen lässt.

Dem Phänomen zyklischer Mehrheiten begegnet man regelmäßig zu Semesterbeginn an der Universität, und zwar dann, wenn es darum geht, die im Vorlesungsverzeichnis angegebenen Vorlesungszeiten zu verändern. Betrachten wir als Beispiel eine Vorlesung, die planmäßig montags stattfindet. Mit einiger Sicherheit kommt in der ersten Vorlesungsstunde von studentischer Seite der Vorschlag, die Vorlesung auf Dienstag zu verlegen, weil das besser in den ohnehin sehr vollen studentischen Terminplan passe. Man lässt abstimmen und es zeigt sich, dass eine Mehrheit der Studenten die Vorlesung tatsächlich lieber dienstags als montags besuchen möchte. Bevor man sich freilich auf Dienstag als neuen Vorlesungstag einigt, bringen einige weitere Studenten vor, ihnen sei Mittwoch noch lieber als Dienstag, und eine erneute Abstimmung zeigt, dass eine Mehrheit Mittwoch tatsächlich besser findet als Dienstag. Bevor aber Mittwoch als endgültiger Vorlesungstag festgelegt wird, wenden wiederum einige Studenten ein, dass ihnen mit einer Verlegung der Vorlesung auf Mittwoch gar nicht geholfen sei, und dass sie es besser finden, wenn es bei Montag bleibe. Eine abermalige Abstimmung zeigt, dass eine Mehrheit Montag in der Tat besser findet als Mittwoch.[2] Die Abstimmungen offenbaren, dass die Studenten Mittwoch besser finden als Dienstag, Dienstag besser als Montag und Montag besser als Mittwoch und es zeigt sich, dass die kollektive Präferenz der Studenten intransitiv ist.

---

[2] Als Dozent bricht man den Zyklus an dieser Stelle ab und ist froh darüber, dass die Studenten erstens das Condorcet-Paradoxon an einem praktischen Beispiel kennen gelernt haben und dass einem zweitens die mit einer Verlegung der Vorlesung verbundenen Scherereien erspart bleiben.

Die fehlende Transitivität der kollektiven Entscheidung in den beiden obigen Beispielen kommt dadurch zustande, dass sich für die zur Wahl stehenden Alternativen jeweils neu zusammengesetzte Mehrheiten bilden. Am Beispiel unserer obigen Drei-Personen-Gesellschaft wird das sehr einfach sichtbar. Bei der Abstimmung A gegen B bilden die Personen 1 und 3 eine Mehrheit, bei der Abstimmung A gegen C die Personen 2 und 3 und bei der Abstimmung B gegen C die Personen 1 und 2. Alle drei Personen können zwar individuell transitive Rangordnungen zwischen den drei Alternativen herstellen. Kollektiv setzt sich aber keine transitive Rangordnung durch, weil in den verschiedenen Abstimmungen stets neue Mehrheiten entstehen.

8.1.3 Arrows Unmöglichkeitstheorem

Wir haben gesehen, dass Mehrheitsentscheidungen zu logisch inkonsistenten Rangordnungen führen können. Gibt es kollektive Entscheidungsregeln, die solche Konsistenzprobleme nicht aufweisen und die die individuellen Präferenzen gleichwohl in einer wünschenswerten demokratischen Form zu kollektiven Präferenzen verbinden? Kenneth J. Arrow (1953) ist dieser Frage nachgegangen. Dazu hat er fünf Bedingungen formuliert und untersucht, ob es eine kollektive Entscheidungsregel gibt, die allen fünf Bedingungen genügt. Arrows Bedingungen an eine kollektive Entscheidungsregel lauten:

1. *Pareto-Prinzip.* Wenn alle Individuen die Alternative A mindestens so gut finden wie die Alternative B und mindestens ein Individuum die Alternative A der Alternative B vorzieht, dann soll auch das Kollektiv die Alternative A der Alternative B vorziehen.

2. *Demokratie-Prinzip.* Es gibt kein Individuum, das volle Kontrolle über den Entscheidungsprozess selbst dann hat, wenn alle anderen Individuen eine andere als die von dem betreffenden Individuum bevorzugte Alternative wollen.

3. *Unbeschränkter Definitionsbereich.* Für alle möglichen Kombinationen logisch konsistenter individueller Präferenzen soll eine kollektive Entscheidung möglich sein.

4. *Unabhängigkeit von irrelevanten Alternativen.* Die kollektive Rangordnung zwischen den Alternativen A und B soll nur abhängen von den individuellen Rangordnungen zwischen A und B und nicht von den individuellen Rangordnungen hinsichtlich anderer Alternativen.

5. *Rationalität.* Die kollektive Entscheidungsregel soll zwischen allen
   zur Auswahl stehenden Alternativen eine Rangordnung herstellen
   können, d.h. für je zwei Alternativen A und B soll eine der Aussagen
   „A ist besser als B", „A ist so gut wie B" oder „B ist besser als A"
   möglich sein. Ferner soll die kollektive Entscheidungsregel transitive
   Rangordnungen hervorbringen, d.h. aus A besser als B und B besser
   als C soll stets A besser als C und aus A so gut wie B und B so
   gut wie C soll stets A so gut wie C folgen.

Die erste Bedingung soll ausschließen, dass die kollektive Rangordnung gewissermaßen von außen auferlegt wird und damit losgelöst von
den individuellen Rangordnungen ist. Damit wird vermieden, dass das
Kollektiv eine Alternative wählt, obwohl auch Pareto-bessere Alternativen zur Auswahl stehen.

Die zweite Bedingung fordert, dass es keinen Diktator gibt, der
allein die Entscheidungen für das Kollektiv trifft. An der kollektiven
Entscheidung sollen vielmehr stets mehrere Personen beteiligt sein. Im
Englischen wird diese Bedingung entsprechend als Non-Dictatorship
bezeichnet.

Die dritte Bedingung besagt, dass keinerlei logisch konsistente individuelle Rangordnungen zwischen den zur Auswahl stehenden Alternativen ausgeschlossen sein sollen. Bezogen auf unsere Drei-Personen-
Gesellschaft des vergangenen Abschnitts bedeutet die Bedingung, dass
die Präferenzen aller drei Personen hinsichtlich der Alternativen A, B
und C zulässig sein sollen. Auf die Bedeutung dieser Bedingung werden
wir noch zurückkommen.

Die vierte Bedingung fordert, dass die kollektive Rangordnung zwischen zwei Alternativen unverändert bleibt, so lange sich die individuellen Rangordnungen zwischen diesen beiden Alternativen nicht
verändern. Das soll unabhängig von den individuellen Rangordnungen
zwischen anderen Alternativenpaaren gelten. Die Bedingung ist weniger
unverfänglich als es zunächst scheinen mag. In vielen Ländern werden
politische Ämter durch direkte Wahl eines Kandidaten vergeben. Dabei
gilt oft die Regel, dass die beiden Kandidaten, die im ersten Wahlgang
die meisten Stimmen erhalten haben, in einer Stichwahl gegeneinander
antreten, wenn im ersten Wahlgang keiner der Kandidaten mehr als
50% der Stimmen erhalten hat. Im zweiten Wahlgang kann es dann
durchaus passieren, dass der Kandidat, der im ersten Wahlgang die
meisten Stimmen erhalten hat, dem Kandidaten mit den zweitmeisten
Stimmen unterliegt. Betrachten wir eine direkte Wahl zwischen den

Kandidaten A, B und C. Kandidat A erhält im ersten Wahlgang 40% der Stimmen, Kandidat B 35% und Kandidat C 25%. Die kollektive Rangfolge beinhaltet also $A \succ B$. Im zweiten Wahlgang treten nur noch die Kandidaten A und B gegeneinander an. Wenn Kandidat A ein Fünftel und Kandidat B vier Fünftel jener Stimmen auf sich zieht, die im ersten Wahlgang auf Kandidat C entfielen, dann erhält A 45% und B 55% der Stimmen und B gewinnt die Wahl. Dadurch, dass C nicht mehr zur Verfügung steht, hat sich offenbar die kollektive Rangfolge zwischen A und B umgedreht, ohne dass sich die individuellen Rangfolgen zwischen A und B verändert haben. Die vierte Bedingung schließt eine solche Umkehrung der kollektiven Rangordnung aus, sie kann aber durchaus einer logisch konsistenten Präferenzstruktur der Wähler entsprechen.

Die fünfte Bedingung schließlich fordert, dass die mit der kollektiven Entscheidungsregel gewonnene Rangordnung logisch konsistent sein soll. Im Einzelnen sollen kollektive Entscheidungen erstens überhaupt möglich sein und sie sollen zweitens die Bedingung der Transitivität erfüllen. Arrows fundamentales Result können wir nun folgendermaßen zusammenfassen.[3]

Arrows Unmöglichkeitstheorem. Es existiert keine kollektive Entscheidungsregel, die die fünf Bedingungen Pareto-Prinzip, Demokratie-Prinzip, unbeschränkter Definitionsbereich, Unabhängigkeit von irrelevanten Alternativen und Rationalität gleichzeitig erfüllt.

8.1.4 Eingipfligkeit der individuellen Präferenzen

Die logische Inkonsistenz der kollektiven Entscheidung ist offenbar kein exklusives Problem der Mehrheitsregel. Arrows Unmöglichkeitstheorem besagt vielmehr, dass es überhaupt keine kollektive Entscheidungsregel gibt, die logisch konsistente Entscheidungen hervorbringt und gleichzeitig weitere wünschenswerte Eigenschaften aufweist. Nun ist aber in der direkten Demokratie die absolute Mehrheitsregel die bei weitem dominante Form, individuelle Präferenzen zu einer kollektiven Präferenz zu verbinden. Lassen sich Bedingungen formulieren, unter denen die absolute Mehrheitsregel doch logisch konsistente kollektive Entscheidungen hervorbringt?

---

[3] Das Theorem ist zwar fundamental. Sein Beweis erfordert aber keine tieferen Kenntnisse der höheren Mathematik, sondern nur eine gewisse Offenheit für aussagenlogische Verknüpfungen. Ein Beweis findet sich z.B. bei Inman (1987, S. 685).

Eine Möglichkeit, das Inkonsistenzproblem zu überwinden, liegt darin, von Arrows dritter Bedingung – dem unbeschränkten Definitionsbereich – abzuweichen und die individuellen Präferenzen bestimmten Einschränkungen zu unterwerfen. Eine triviale Einschränkung wäre die Annahme völlig identischer individueller Präferenzen hinsichtlich der zur Wahl stehenden politischen Alternativen. Die durch Mehrheitswahl gewonnene kollektive Rangordnung wäre dann identisch mit allen individuellen Rangordnungen und das Konsistenzproblem träte nicht auf. Diese Einschränkung ist aber für eine positive Betrachtung der Staatstätigkeit völlig unbrauchbar, weil viele politische Entscheidungen ja gerade vor dem Hintergrund divergierender individueller Interessen getroffen werden. Die individuellen Präferenzen lassen sich freilich in subtilerer Weise einschränken. Bevor wir die Einschränkung präzise definieren, betrachten wir zunächst noch einmal unsere in Abschnitt 8.1.2 eingeführte Drei-Personen-Gesellschaft, wobei wir die Person 3 durch eine Person 3' ersetzen, die etwas andere Präferenzen hinsichtlich der zur Wahl stehenden Alternativen A, B und C hat.

Die Präferenzen der Personen 1, 2 und 3' sind in Tabelle 8.1.4 dargestellt. Wird nun erneut paarweise zwischen den drei Alternativen abgestimmt, zeigt sich, dass B sowohl gegen A als auch gegen C und dass ferner C gegen A die Mehrheit der Stimmen gewinnt. Die durch Mehrheitswahl erzeugte kollektive Rangordnung beinhaltet demnach $B \succ C$, $C \succ A$ und $B \succ A$, d.h. sie ist transitiv.

Tabelle 8.2. Eingipflige Präferenzen

1	A	$\succ$	B	$\succ$	C
2	B	$\succ$	C	$\succ$	A
3'	C	$\succ$	B	$\succ$	A

Offenbar hat der Austausch von Person 3 durch Person 3' das Konsistenzproblem beseitigt. Ursächlich dafür ist, dass die individuellen Präferenzen in Tabelle 8.1.4 alle eingipflig sind, während die Präferenzen von Person 3 in Tabelle 8.1 zwei Gipfel haben. Diesen Zusammenhang wollen wir mit Hilfe von Abbildung 8.4 erläutern. Auf den Abszissen in den beiden Diagrammen von Abbildung 8.4 sind die zur Auswahl stehenden Alternativen abgetragen und auf den Ordinaten die Rangordnungen, wobei n niedriger Rang heißt, m mittlerer Rang und h

hoher Rang. Die individuellen Präferenzen der Personen 1, 2 und 3 sind im linken Diagramm und die der Personen 1, 2 und 3' im rechten Diagramm abgetragen. Die Präferenzen von Person 1 sind fein gestrichelt, die von Person 2 grob gestrichelt und die von Person 3 bzw. 3' durchgezogen dargestellt. Person 1 schätzt A mehr als B und B mehr als C, entsprechend erhält A den Wert h, B den Wert m und C den Wert n. Nach dem gleichen Verfahren sind die Präferenzen der beiden anderen Personen eingezeichnet. Wir sehen, dass die Präferenzen der Personen 1 und 2 im linken Diagramm einen Gipfel haben und die Präferenzen der Person 3 zwei Gipfel, und zwar bei A und bei C (Gipfel heißt dabei lokale Erhebung der jeweiligen graphisch dargestellten Präferenzen). Im rechten Diagramm haben dagegen auch die Präferenzen von 3' nur einen Gipfel.

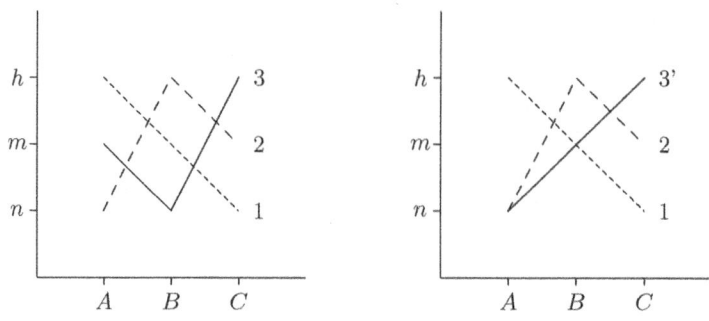

Abb. 8.4. Individuelle Präferenzen

In der Tat ist es die Anzahl der Gipfel, die darüber entscheidet, ob bei einer Mehrheitswahl zyklische Mehrheiten entstehen oder nicht. Duncan Black (1948a,b) hat folgenden Zusammenhang aufgedeckt: Wenn die Präferenzen aller an einer Mehrheitswahl beteiligten Personen entlang einer eindimensionalen Skala so abgetragen werden können, dass jede Präferenz nur einen Gipfel hat, dann treten keine zyklischen Mehrheiten auf. Wir werden hier den Beweis von Duncan Black nicht besprechen. Wir wollen vielmehr versuchen, einen intuitiven Zugang zu seinem Resultat zu gewinnen. Dazu nehmen wir an, dass die Alternativen A, B und C Politiker sind, die sich anhand der eindimensionalen Skala von politisch links bis politisch rechts anordnen lassen. A sei der linke Politiker, C der rechte und B vertrete eine mittlere Position. Person 1 findet den linken Politiker besser als den mittleren und den mittleren besser als den rechten. Person 2 findet den mittleren besser als den rechten und den rechten besser als den linken. In beiden Fällen können wir sagen, dass die Wertschätzung der Personen für die Politiker ausgehend von ihrer am meisten geschätzten Alternative nach welcher politischen Richtung auch immer monoton abnimmt. Bei Person 3 ist das anders. Person 3 findet den rechten Politiker besser als den linken und den linken besser als den mittleren. Person 3 neigt in einem gewissen Sinne zu Extremen, weil sie die Politiker an beiden politischen Rändern mehr schätzt als den mittleren Politiker. Sie stimmt deshalb bei paarweisen Abstimmungen immer gegen letzteren, wodurch er nicht mehrheitsfähig wird und als Kompromisskandidat ausfällt. Person 3' hat dagegen wie die Personen 1 und 2 eingipflige Präferenzen. Sie schätzt den rechten Politiker am meisten, sie stimmt aber bei einer Wahl zwischen dem linken und dem mittleren Politiker für den mittleren und dieser setzt sich dann in einer Mehrheitswahl durch.

8.1.5 Das Medianwählertheorem

Unter den oben dargestellten Eingipfligkeitsbedingungen bringt die Mehrheitsregel nicht nur eine eindeutige Entscheidung hervor. Es lässt sich auch bestimmen, wofür sich die Mehrheit entscheidet. Das ebenfalls von Duncan Black (1948a,b) abgeleitete Medianwählertheorem liefert uns darüber Aufschluss.

Medianwählertheorem. Sind alle individuellen Präferenzen in einem Alternativenraum, der sich durch eine eindimensionale Skala darstellen lässt, eingipflig, dann setzt sich in einer Mehrheitswahl jene Alternative durch, die vom Medianwähler bevorzugt wird.

Der Medianwähler ist dabei jene Person, dessen am meisten präferierte Alternative die Wählerschaft entlang der eindimensionalen Skala in genau zwei gleiche Hälften teilt. Betrachten wir fünf Studenten, die eine Party feiern wollen. Hinsichtlich des Partybudgets haben die Studenten unterschiedliche Präferenzen. Die Studenten 1 und 2 bevorzugen ein Budget von 100 Euro, Student 3 ein Budget von 400 Euro und die Studenten 4 und 5 ein Budget von 500 Euro, wobei alle Studenten eingipflige Präferenzen haben. Das Partybudget soll durch Mehrheitsentscheidung bestimmt werden. Offenbar sind alle Studenten dafür, dass mindestens 100 Euro ausgegeben werden. Drei von fünf Studenten wollen sogar mindestens 400 Euro ausgeben. Aber nur noch eine Minderheit von zwei Studenten ist dafür, dass mehr als 400 Euro ausgegeben werden. In einer Mehrheitswahl setzt sich deshalb das von Student 3 am meisten präferierte Budget durch und in der Tat ist Student 3 der Medianwähler.

Das Medianwählertheorem ist in vielen ökonomischen Kontexten angewendet worden. Es basiert aber auf zwei einschränkenden Annahmen und es stellt sich die Frage, ob diese Einschränkungen für die finanzwissenschaftliche Analyse akzeptabel sind. Beginnen wir mit der Eingipfligkeit aller individuellen Präferenzen hinsichtlich der zur Wahl stehenden politischen Alternativen. In manchen finanzwissenschaftlichen Zusammenhängen ist die Annahme der Eingipfligkeit durchaus sinnvoll. Denken wir etwa an die öffentliche Kreditaufnahme. Wenn eine Person ein geringes Kreditaufnahmeniveau bevorzugt, dann dürfen wir erwarten, dass es die öffentliche Kreditaufnahme um so schlechter beurteilt, je höher diese ist. Umgekehrt, wenn eine Person ein hohes Kreditaufnahmeniveau bevorzugt, dann wird sie ein davon nach unten abweichendes Kreditaufnahmeniveau um so schlechter beurteilen, je geringer es ist. In anderen finanzwissenschaftlichen Zusammenhängen ist die Annahme der Eingipfligkeit allerdings weniger akzeptabel. Beispielsweise ist leicht vorstellbar, dass manche Individuen mehrgipflige Präferenzen hinsichtlich des öffentlichen Verteidigungsbudgets haben. So kann eine Person ein hohes Verteidigungsbudget bevorzugen, weil sie eine schlagkräftige Armee wünscht. Gleichwohl mag sie gar keine Ausgaben für die Verteidigung besser finden als wenige Ausgaben, weil sie der Auffassung ist, dass sich mit einem kleinen Verteidigungsbudget keine schlagkräftige Armee unterhalten lasse und für eine nicht schlagkräftige Armee kein Geld ausgegeben werden sollte.

Die zweite Einschränkung des Medianwählertheorems, die Eindimensionalität des Alternativenraums, ist für die finanzwissenschaftliche Analyse bei weitem problematischer als die Annahme der Eingipfligkeit. Viele finanzpolitische Entscheidungen werden nämlich nicht in ein-, sondern in mehrdimensionalen Alternativenräumen getroffen und nicht immer lassen sich komplexe politische Probleme in ein einfaches Links-rechts-Schema pressen, wie wir es in dem obigen Beispiel der Kandidatenwahl getan haben. Die Steuerpolitik etwa beinhaltet in der Regel Entscheidungen über Kombinationen von verschiedenen Steuersätzen, Steuerbemessungsgrundlagen, Steuervergünstigungen, Freibeträgen und anderem mehr und lässt sich kaum mit Hilfe einer eindimensionalen Skala darstellen. Wird indessen die Annahme der Eindimensionalität aufgegeben, dann steht sofort wieder die Konsistenz der Mehrheitsentscheidung auf dem Spiel. In der Tat sind selbst in zweidimensionalen Alternativenräumen zyklische Mehrheiten bei weitem eher die Regel als die Ausnahme.[4]

8.1.6 Mehrheitswahl und Pareto-Effizienz

Wir versuchen nun die Frage zu beantworten, ob eine durch Mehrheits-wahl getroffene kollektive Entscheidung einen Zustand herbeiführt, der effizient im Sinne des in Kapitel 2 eingeführten Pareto-Kriteriums ist. Dazu betrachten wir eine kollektive Entscheidung über das Bereitstel-lungsniveau eines öffentlichen Gutes. Wir nehmen an, dass das öffent-liche Gut zu konstanten Grenzkosten in Höhe von GK bereitgestellt werden kann und dass bei der Produktion des öffentlichen Gutes kei-ne fixen Kosten anfallen. Die Gesellschaft bestehe aus $i = 1, \ldots, n$ Mitgliedern und die marginale Zahlungsbereitschaft des i-ten Gesell-schaftsmitglieds für das öffentliche Gut betrage MZ_i. Wie wir in Kapitel 3 gezeigt haben, ist das Pareto-effiziente Bereitstellungsni-veau des öffentlichen Gutes dann erreicht, wenn es die Samuelson-Bedingung $MZ_1 + MZ_2 + \cdots + MZ_n = GK$ erfüllt, d.h. wenn die Summe der marginalen Zahlungsbereitschaften der Nutzer des Gu-tes den Grenzkosten gleicht. Die Summe der marginalen Zahlungs-bereitschaften können wir auch in der Form $n\,\overline{MZ}$ schreiben, wobei $\overline{MZ} = (MZ_1 + MZ_2 + \cdots + MZ_n)/n$ die durchschnittliche marginale Zahlungsbereitschaft misst. Die Samuelson-Bedingung lautet dann

$$\overline{MZ} = \frac{GK}{n}. \tag{8.1}$$

Das öffentliche Gut wird mit einer Steuer finanziert, die proportio-nal zum Einkommen erhoben wird. Sei y_i das Einkommen des i-ten Gesellschaftsmitglieds und t der proportionale Einkommensteuersatz, dann beträgt die Steuerlast für das i-te Gesellschaftsmitglied $t\,y_i$. Die gesamten Bereitstellungskosten für das öffentliche Gut belaufen sich bei einer Bereitstellungsmenge von x Einheiten auf $GK\,x$ Euro. Da diese durch Einkommensteuern gedeckt werden, lautet die Budgetbe-schränkung des Staates $t\,(y_1 + y_2 + \cdots + y_n) = GK\,x$. Wir können die Budgetbeschränkung nach dem Steuersatz t auflösen und erhalten dann

---

[4] Das Problem der Mehrdimensionalität von Alternativenräumen werden wir hier nicht weiter erörtern. Wer sich dafür interessiert, dem empfehle ich als Literatur Mueller (2003). Dort finden sich auch Konzepte, mit denen sich demokratische Entscheidungen in vieldimensionalen Alternativenräumen abbilden lassen, wie z.B. der Probabilistic-Voting-Ansatz.

$$t = \frac{GK}{n\,\overline{y}}\, x, \qquad (8.2)$$

worin $\overline{y} = (y_1 + y_2 + \cdots + y_n)/n$ das durchschnittliche Einkommen bezeichnet. Nun betrachten wir das i-te Gesellschaftsmitglied und überlegen, welche zusätzlichen Kosten diesem Individuum entstehen, wenn die Bereitstellungsmenge des öffentlichen Gutes um eine Einheit erhöht wird. Die zusätzlichen Kosten schlagen sich bei dem i-ten Individuum in einer höheren Steuerlast nieder – Gleichung (8.2) impliziert, dass der Steuersatz um $\Delta t = GK/n\,\overline{y}$ zunimmt, wenn x um eine Einheit steigt. Die zusätzlichen Kosten einer weiteren Bereitstellungseinheit lauten dann für das i-te Gesellschaftsmitglied

$$\Delta t\, y_i = \frac{GK}{n}\, \frac{y_i}{\overline{y}}. \qquad (8.3)$$

Welche Bereitstellungsmenge wünscht dieses Individuum? Wir können seine bevorzugte Bereitstellungsmenge mit Hilfe einer Spielart jener Marginalbedingung bestimmen, die wir bereits in Kapitel 2 kennen gelernt haben. Die marginale Zahlungsbereitschaft des i-ten Gesellschaftsmitglieds für das öffentliche Gut lautet MZ_i und seine zusätzlichen Kosten für eine weitere Bereitstellungseinheit $\Delta t\, y_i$. Das i-te Gesellschaftsmitglied wünscht daher jene Menge des öffentlichen Gutes, für die gilt $MZ_i = \Delta t\, y_i$. Ersetzen wir $\Delta t\, y_i$ mit Hilfe von Gleichung (8.3), dann folgt

$$MZ_i = \frac{GK}{n}\, \frac{y_i}{\overline{y}}. \qquad (8.4)$$

Nun beobachten wir, dass sich die individuellen Präferenzen hinsichtlich des öffentlichen Gutes entlang einer eindimensionalen Skala anordnen lassen, und zwar entlang der Steuersatzskala. In der Tat ist der Steuersatz die einzige Größe über die kollektiv entschieden werden muss. Die Bereitstellungsmenge des öffentlichen Gutes wird dann automatisch über die staatliche Budgetbeschränkung (8.2) determiniert. Um das Medianwählertheorem anwenden zu können, müssen wir noch annehmen, dass alle individuellen Präferenzen eingipflig sind. Jedes Gesellschaftsmitglied findet also das zu realisierende Bereitstellungsniveau um so besser, je näher es seinem am meisten präferierten Niveau kommt. Das Medianwählertheorem sagt uns dann, dass sich in einer Mehrheitswahl das vom Medianwähler bevorzugte Bereitstellungsniveau durchsetzt. Unter Berücksichtigung von Gleichung (8.4) lautet das durch Mehrheitswahl bestimmte Bereitstellungsniveau demnach

$$MZ_M = \frac{GK}{n} \frac{y_M}{\overline{y}}, \tag{8.5}$$

worin MZ_M und y_M die marginale Zahlungsbereitschaft und das Einkommen des Medianwählers bezeichnen. Ein Vergleich dieser Bedingung mit der Optimalitätsbedingung (8.1) zeigt, dass sich in einer Mehrheitswahl die Pareto-effiziente Bereitstellungsmenge durchsetzt, wenn $y_M = \overline{y}$ gilt, d.h. wenn das Einkommen des Medianwählers dem Durchschnittseinkommen gleicht. Für $y_M < \overline{y}$ kommt es dagegen zu einer Überbereitstellung und für $y_M > \overline{y}$ zu einer Unterbereitstellung.

Offenbar hängt es von der Verteilung der individuellen Einkommen ab, ob es durch Mehrheitswahl zu einer effizienten Lösung kommt oder nicht. Empirisch gestützte Verteilungen der individuellen Einkommen zeigen typischerweise einen rechtsschiefen (=linkssteilen) Verlauf wie in Abbildung 8.5. Darin bezeichnet f die Dichtefunktion der Einkommensverteilung. Das Medianeinkommen y_M teilt die Fläche unter der Dichtefunktion f definitionsgemäß in zwei genau gleiche Hälften. Bei einem rechtsschiefen Verlauf der Einkommensverteilung ist das Medianeinkommen y_M kleiner als das Durchschnittseinkommen $\overline{y}$. In unserem Zusammenhang bedeutet das, dass eine Mehrheitsentscheidung nicht das Pareto-effiziente Bereitstellungsniveau herbeiführt, sondern ein Überangebot an öffentlichen Gütern.

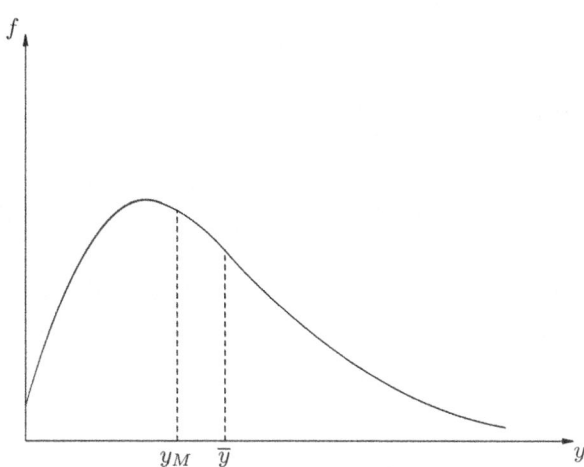

Abb. 8.5. Einkommensverteilung

8.2 Repräsentative Demokratie

In der repräsentativen oder indirekten Demokratie stimmen die Wahlbürger nicht direkt über die zur Auswahl stehenden politischen Alternativen ab. Sie wählen vielmehr Repräsentanten, die dann die eigentlichen kollektiven Entscheidungen in Form von Parlamentsbeschlüssen treffen. Meist organisieren sich die Repräsentanten in Form von politischen Parteien. Zwar bedingt die repräsentative Demokratie keine Parteien. Tatsächlich ist das Parteiensystem aber die dominante Organisationsform der repräsentativen Demokratie.

Wir werden in diesem Abschnitt zunächst ein einfaches Parteienmodell besprechen und dabei feststellen, dass viele der Überlegungen, die wir für die direkte Demokratie angestellt haben, auch auf die repräsentative Demokratie zutreffen. Anschließend untersuchen wir die ökonomischen Konsequenzen der für die repräsentative Demokratie bedeutsamen Bildung von Koalitionen.

8.2.1 Parteienwettbewerb

Wir betrachten ein System, in dem politische Parteien um die Gunst der Wähler konkurrieren. Wir beziehen uns dabei auf ein Parteienwettbewerbsmodell, das zurückgeht auf Arbeiten von Harold Hotelling (1929) und Anthony Downs (1957). Das Modell basiert auf folgenden Annahmen: Es gibt zwei Parteien. Beide Parteien stehen zueinander im Wettbewerb. Dabei orientieren sich beide ausschließlich am Wahlerfolg. Es gibt also keine Partei mit ideologischen Prädispositionen. Jene Partei, die gewählt wird, führt das Programm durch, das sie im Wahlkampf angekündigt hat. Die Wähler sind damit vollständig über die Politik der jeweiligen Partei informiert. Die Programme beider Parteien lassen sich entlang einer eindimensionalen Skala anordnen, z.B. von politisch links bis politisch rechts; der politische Alternativenraum ist also wiederum eindimensional. Die Präferenzen der Wähler hinsichtlich der politischen Programme sind eingipflig und die Wahlbeteiligung beträgt 100%.

Welche politischen Programme werden die Parteien in diesem Modell anbieten und welches Programm wird sich bei einer Wahl durchsetzen? Betrachten wir dazu Abbildung 8.6. An der Abszisse ist die Parteiposition abgetragen, die von politisch links bis politisch rechts reicht, und an der Ordinate die Häufigkeit der Wähler. An einer beliebigen Stelle auf der Abszisse misst die Fläche, die unterhalb der

Wählerhäufigkeitskurve und links von der betreffenden Stelle liegt, die Häufigkeit der Wähler, die diese oder eine weiter links positionierte Politik bevorzugen. Entsprechend misst die Fläche rechts von der Stelle die Häufigkeit der Wähler, die diese oder eine weiter rechts positionierte Politik bevorzugen. Die Stelle M bezeichnet die Medianposition; definitionsgemäß teilt sie die Wählermasse in zwei genau gleiche Hälften.

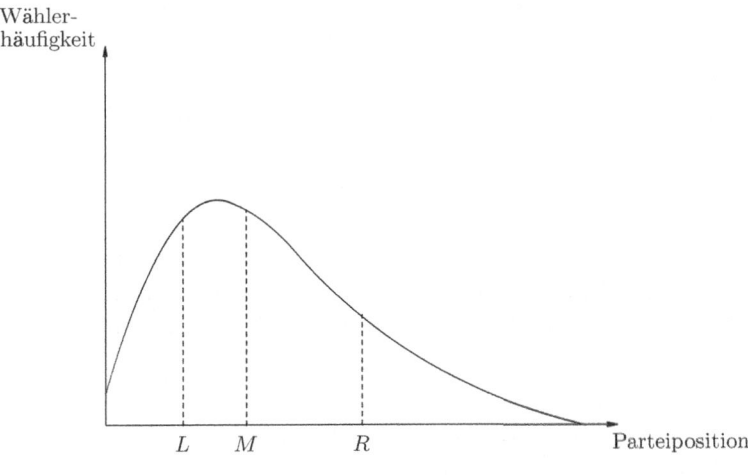

Abb. 8.6. Parteienwettbewerb

Unterstellen wir zunächst, dass eine Partei die Position L und die andere Partei die Position R einnimmt; relativ zum Median bietet die eine Partei also ein linkes und die andere ein rechtes Programm an. Sind die Parteien mit ihren jeweiligen Programmen gut beraten? Betrachten wir die L-Partei. Wenn diese Partei bei gegebener Position der R-Partei ihr Programm weiter zur Mitte hin orientiert, dann gewinnt sie auf der rechten Seite Wähler hinzu, ohne auf der linken Seite Wähler zu verlieren. Alle Wähler haben ja eingipflige Präferenzen. Die Wähler, deren bevorzugtes politisches Programm links vom Programm der L-Partei liegt, werden deshalb so lange weiterhin die L-Partei wählen, so lange deren Programm links vom Programm der R-Partei liegt. Die L-Partei sollte deshalb mit ihrem Programm dem der R-Partei von links möglichst nahe kommen. Für die R-Partei gilt natürlich die gleiche Logik. Wenn sie ihr Programm von rechts kommend dem Programm der L-Partei annähert, gewinnt sie auf der linken Seite Wähler, ohne auf der rechten Seite Wähler zu verlieren. Im Wettbewerbsgleichgewicht werden deshalb beide Parteien die Medianposition M besetzen. Wie in

der direkten Demokratie behauptet sich dann auch in der repräsentativen Demokratie die vom Medianwähler bevorzugte politische Alternative. Dabei sollte beachtet werden, dass das Medianwählerresultat
unabhängig von der Verteilung der individuellen Präferenzen ist, d.h.
unabhängig von der Gestalt der Kurve, die die Wählerhäufigkeit misst.
Worauf es allein ankommt, ist, dass die wie auch immer verteilten individuellen Präferenzen eingipflig sind.

Natürlich hängt das abgeleitete Ergebnis von einigen zum Teil recht
starken Annahmen ab. Über die Annahmen der Eindimensionalität des
Alternativenraums und der Eingipfligkeit der individuellen Präferenzen brauchen wir uns hier nicht mehr zu unterhalten. Das haben wir
ausführlich in Abschnitt 8.1 getan. Wir wollen uns hier mit zwei weiteren nicht ganz selbstverständlichen Annahmen beschäftigen, und zwar
mit der unterstellten Wahlbeteiligung von 100% und der Existenz von
nur zwei Parteien. Wir können uns nämlich vorstellen, dass eine Partei,
die sich auf die politische Mitte zubewegt, am linken oder am rechten
Rand Wähler verliert; sei es, weil diese Wähler nicht mehr zur Wahl
gehen oder weil neue Parteien entstehen, die die politischen Ränder
besetzen. In diesen Fällen ist es für die beiden Parteien nicht mehr notwendigerweise optimal, die Medianposition einzunehmen. Es lohnt sich
dann vielmehr, sich der Modusposition anzunähern, d.h. jener politischen Position, an der die Kurve der Wählerhäufigkeiten ein Maximum
annimmt. In der Umgebung unterhalb des Modus befindet sich nämlich
die meiste Wählermasse, so dass sich bei einer Bewegung hin zum Modus mehr Wähler gewinnen lassen, als an den Rändern verloren gehen.
Hat die Kurve der Wählerhäufigkeiten mehrere Modi, dann bilden sich
im politischen Gleichgewicht dezidierte Links- und Rechtsparteien heraus.

Ein weiteres Problem betrifft die Frage, wie das Progamm einer
Partei zustande kommt. Typischerweise wird über Parteiprogramme
und Parteikandidaten zunächst innerparteilich entschieden bevor sie
zur allgemeinen Wahl gestellt werden. Deshalb repräsentieren Programme und Kandidaten oft eher den Median der Parteimitglieder als den
der Gesellschaft. Es lässt sich freilich beobachten, dass nach Abschluss
der innerparteilichen Kandidatenkür die ausgewählten Kandidaten versuchen, sich auf den gesellschaftlichen Median zuzubewegen, so dass
sich im Parteienwettbewerb schließlich wieder die Position des Medianwählers durchsetzt.

8.2.2 Stimmentausch

Ein typisches Merkmal repräsentativer Demokratien ist der Tausch von Stimmen in Koalitionen nach dem Prinzip „du stimmst für mein Anliegen und ich stimme für deins". Durch die Bildung von Koalitionen erlangen Parteien, die isoliert jeweils nur über eine Minderheit der Stimmen im Parlament verfügen, eine Mehrheit. Mit dem Tausch von Stimmen in Koalitionen wird es deshalb möglich, ein ganzes Bündel von öffentlichen Projekten durchzusetzen, obwohl jedes einzelne Projekt nicht mehrheitsfähig ist.[5]

Mit den Effekten, die der Stimmentausch auf die öffentlichen Ausgaben auslöst, hat sich zuerst Gordon Tullock (1959) systematisch auseinandergesetzt. Wir wollen die von ihm abgeleiteten Effekte an einem Beispiel aus der Kommunalpolitik demonstrieren. In einem Gemeinderat stehen zwei öffentliche Projekte zur Abstimmung, ein Schwimmbad und ein Theater. Beide Projekte weisen zumindest bis zu einem gewissen Grad die Eigenschaft eines öffentlichen Gutes auf und sollten deshalb bereitgestellt werden, wenn die Summe der individuellen Nettovorteile, die die Bürger aus dem Gut ziehen, positiv ist. Das Schwimmbad wird von der Partei der Sportsfreunde (PSF) favorisiert und das Theater von der Partei der Kulturfreunde (PKF). Die dritte im Gemeinderat vertretene Partei, die Sport- und Kulturverweigerer (SKV), favorisiert keines der beiden Projekte. Alle drei Parteien vertreten ein Drittel der Bürgerschaft und verfügen entsprechend über ein Drittel der Stimmen im Gemeinderat. In Tabelle 8.3 sind die jeweiligen in Euro gemessenen Nettovorteile eingetragen, die die von den einzelnen Parteien vertretenen Bürger realisieren, wenn das betreffende Projekt durchgeführt wird.

Bei getrennter Abstimmung über die Projekte erhält keines eine Mehrheit. Die PKF und die SKV würden gegen das Schwimmbad stimmen und die PSF und die SKV gegen das Theater. Aus Effizienzperspektive sollten aber beide Projekte realisiert werden, weil sich in beiden Fällen die gesellschaftlichen Nettovorteile zu 100 Euro summieren. Die PSF und die PKF können freilich eine Koalition bilden und dann beide

---

[5] Im Englischen wird der Stimmentausch gelegentlich als „log-rolling" bezeichnet. Dahinter verbirgt sich die Vorstellung, dass zwar kein einzelner Mensch, wohl aber mehrere einen Baumstamm (englisch: log) vorwärts rollen können. Im übertragenen Sinne heißt log-rolling aber auch Kuhhandel und wir werden sehen, dass log-rolling in der Tat zu erfreulichen, aber auch zu weniger erfreulichen Ergebnissen führen kann.

Tabelle 8.3. Stimmentausch I

Partei	Schwimmbad	Theater	kein Projekt
PSF	500	-200	0
PKF	-200	500	0
SKV	-200	-200	0

sowohl für das Schwimmbad als auch für das Theater stimmen. Eine solche Koalition wird auch zustande kommen, weil beide Parteien dann jeweils für die Bürger, die sie vertreten, einen Nettovorteil in Höhe von 300 Euro realisieren.

In dem obigen Beispiel führt der Stimmentausch zu einem effizienten Ergebnis, das ohne Stimmentausch nicht zustande kommen würde. Stimmentausch kann aber auch ineffiziente Ergebnisse befördern, wie das in Tabelle 8.4 angegebene zweite Beispiel verdeutlicht. Es unterscheidet sich von dem ersten Beispiel darin, dass die nicht favorisierten Projekte für die jeweiligen Parteien bzw. für die von ihnen vertretenen Bürger zu höheren Nettonachteilen führen und sich deshalb die gesamten Nettovorteile für jedes der beiden Projekte zu -300 Euro summieren.

Tabelle 8.4. Stimmentausch II

Partei	Schwimmbad	Theater	kein Projekt
PSF	500	-400	0
PKF	-400	500	0
SKV	-400	-400	0

Beides, Schwimmbad und Theater, findet bei einer getrennten Abstimmung keine Mehrheit und aus Effizienzperspektive sollte auch keines der beiden Projekte realisiert werden. Wiederum haben aber die PSF und die PKF einen Anreiz, eine Koalition zu bilden und beide Projekte durchzusetzen. Sie erzielen dann nämlich jeweils noch einen Nettovorteil in Höhe von 100 Euro.

Der an die Koalitionsbildung gekoppelte Stimmentausch beinhaltet offenbar die Gefahr, dass die öffentlichen Ausgaben in ineffiziente Höhen getrieben werden. In der Tat lässt sich beobachten, dass Koalitionsregierungen ausgabenfreudiger sind als Einparteienregierungen und dass die Ausgabenfreude um so größer ist, je mehr Parteien an der Koalition beteiligt sind.

8.3 Übungsaufgaben zu Kapitel 8

Von den angegebenen möglichen Antworten ist immer nur genau eine richtig. Treffen gleichzeitig mehrere Aussagen zu, so sind sie stets in einer Antwortmöglichkeit zusammengefasst, also z.B. in der Antwortmöglichkeit „Aussagen a) und c) sind richtig". Lösungen zu allen Aufgaben finden sich in einem Lösungsteil am Ende des Buches.

1. Bei paarweiser Abstimmung über drei Alternativen und Anwendung der Mehrheitsregel ...
   a) kommt es immer zu Marktversagen.
   b) können zyklische Mehrheiten auftreten.
   c) treten immer zyklische Mehrheiten auf.
   d) Alle Aussagen sind falsch.

2. Beim log-rolling ...
   a) ist die Summierung der geldwerten Nettovorteile zur Bestimmung der gesellschaftlichen Wertschätzung zulässig, wenn über ein öffentliches Gut abgestimmt wird.
   b) entsteht die Gefahr eines ineffizienten Bereitstellungsniveaus öffentlicher Güter durch Mehrheitsentscheidungen.
   c) werden politische Tauschgeschäfte durch Koalitionsbildung ermöglicht.
   d) Alle Aussagen sind richtig.

3. Eine Gesellschaft bestehend aus den drei Personen 1, 2, und 3 entscheidet über die Alternativen politischen A, B und C durch Mehrheitsentscheidung. Die individuellen Präferenzen der Personen 2 und 3 sind in nachstehender Tabelle eingetragen.

2	A	$\succ$	B	$\succ$	C
3	B	$\succ$	C	$\succ$	A

   Zyklische Mehrheiten ...
   a) kommen durch inkonsistente individuelle Präferenzen zustande.
   b) entstehen bei transitiven kollektiven Präferenzen.

c) treten im vorliegenden Beispiel auf, wenn Person 1 die Präferenzen $C \succ A \succ B$ hat.

d) treten im vorliegenden Beispiel auf, wenn Person 1 die Präferenzen $A \succ C \succ B$ hat.

4. Drei Sportfunktionäre 1, 2 und 3 stimmen über den Austragungsort des Fußball-WM-Finalspiels 2006 ab. Die Funktionäre 1 und 3 haben folgende individuelle Präferenzen.

| 1 | Berlin | $\succ$ | München | $\succ$ | Dortmund |
| 3 | München | $\succ$ | Dortmund | $\succ$ | Berlin |

a) Hat Funktionär 2 die Präferenzen Dortmund $\succ$ Berlin $\succ$ München, so ergibt sich eine zyklische Mehrheit.

b) Hat Funktionär 2 die Präferenzen München $\succ$ Berlin $\succ$ Dortmund, so einigen sich die Funktionäre auf München als Austragungsort.

c) Funktionär 1 versucht mit Funktionär 3 Stimmen zu tauschen, um seinen am meisten präferierten Austragungsort durchzusetzen.

d) Aussagen a) und b) sind richtig.

5. Drei Parteien 1, 2 und 3 verfügen jeweils über ein Drittel der Stimmen im Stadtrat. Die nachstehende Tabelle zeigt die Wertschätzung der Parteien für die zur Abstimmung stehenden Projekte.

Partei	Transrapid	Flughafen	kein Projekt
1	100	-80	0
2	-40	-40	0
3	-80	100	0

a) Trotz der Möglichkeit des Stimmentausches wird kein Projekt verwirklicht, da die Durchführung beider Projekte ineffizient ist.

b) Bilden die Parteien 1 und 3 eine Koalition, so werden der Transrapid und der Flughafen bereitgestellt, obwohl die Bereitstellung ineffizient ist.

c) Bilden die Parteien 2 und 3 eine Koalition, so führt Stimmentausch nur zur Bereitstellung des Transrapids und das ist effizient.

d) Aussagen a) und c) sind richtig.

6. Die Anwendung der Mehrheitsregel im Rahmen paarweiser Abstimmungen über mindestens drei zur Wahl stehende Alternativen ...

   a) führt zur Zementierung des status quo.

   b) hat immer eine Pareto-Verbesserung zur Folge.

   c) ermöglicht das Auftreten intransitiver gesellschaftlicher Rangordnungen und inkonsistenter Ergebnisse.

   d) Alle obigen Aussagen sind falsch.

7. Beim Logrolling ...

   a) kommt es nur zur Durchsetzung von Projekten, für die jedes Mitglied der Koalition eine positive Netto-Zahlungsbereitschaft hat.

   b) kommt es stets zu effizienten Bereitstellungsniveaus öffentlicher Güter durch die Anwendung der Mehrheitsregel.

   c) nimmt die Zahl der politischen Tauschgeschäfte mit der Anzahl der Koalitionsmitglieder ab.

   d) Alle obigen Aussagen sind falsch.

8. Bei der Abstimmung über den Bau eines Museums und eines Fußballstadions im Gemeinderat besitzt Fraktion A eine positive Zahlungsbereitschaft für das Museum und Fraktion B eine positive Zahlungsbereitschaft für das Stadion. Fraktion C hat eine negative Zahlungsbereitschaft für beide Projekte. Welche Aussage ist richtig?

   a) Die Bildung einer Koalition von A und B führt zur Bereitstellung beider Projekte und damit in jedem Fall zu einem effizienten Bereitstellungsniveau.

   b) Sind die kumulierten gesellschaftlichen Nettowertschätzungen positiv, kann eine Koalition von A und B zu effizienten Ergebnissen führen.

   c) Unabhängig von der gesellschaftlichen Nettowertschätzung führt Stimmentausch immer ineffizienten Bereitstellungsniveaus.

   d) Die Ausgabenfreude nimmt bei Stimmentausch im Allgemeinen mit der Anzahl der Koalitionsmitglieder ab.

9. Stimmentausch ...

a) ist bei Entscheidungen nach der Einstimmigkeitsregel nicht ausgeschlossen.

b) ist aus Effizienzperspektive nicht eindeutig zu bewerten.

c) führt zwingend zu einem ineffizient hohen Angebot an öffentlichen Gütern.

d) Aussagen a) und b) sind richtig.

10. Der Trade-Off von externen Kosten und Entscheidungskosten einer Abstimmung ...

a) führt zu einem optimalen Quorum.

b) rechtfertigt die Anwendung der Einstimmigkeitsregel.

c) entfällt bei exakter Definition von Eigentumsrechten.

d) entfällt, sobald das Quorum 50% übersteigt.

9
Staatsversagen

Im ersten Teil des vorliegenden Buches – der normativen Theorie der Staatstätigkeit – haben wir uns mit Marktversagen auseinandergesetzt und damit eine Situation gemeint, in der der Marktmechanismus einen Pareto-ineffizienten Zustand hervorbringt. Analog sprechen wir von Staatsversagen, wenn staatliches Handeln zu einem Pareto-ineffizienten Zustand führt. Grundsätzlich speist sich Staatsversagen aus zwei Quellen. Eine davon haben wir bereits kennen gelernt. Das vorangegangene Kapitel hat gezeigt, dass die konstitutionell festgelegten Regeln des demokratischen Prozesses Pareto-ineffiziente Zustände hervorbringen können. Das haben wir am Beispiel der Mehrheitsentscheidung über die Bereitstellung eines öffentlichen Gutes sowie am Beispiel des Stimmentausches in Koalitionen erläutert. Die zweite Staatsversagensquelle entspringt aus den spezifischen Formen der Machtausübung in Demokratien. Eine besondere Rolle spielt in diesem Zusammenhang die Delegation von Aufgaben innerhalb des Staatsapparates. Von Bedeutung ist ferner die Einflussnahme von Interessengruppen auf die staatlichen Entscheidungsträger.

Wir besprechen in diesem Kapitel zunächst die ökonomischen Probleme, die mit der Delegation von staatlichen Aufgaben verbunden sind. Besonderes Augenmerk legen wir dabei auf die Vertragsbeziehungen zwischen staatlichen Institutionen und privaten Unternehmen sowie auf die spezifischen Anreizstrukturen in staatlichen Bürokratien. Anschließend untersuchen wir, welche Strategien Interessengruppen verfolgen, um ihre Anliegen im demokratischen Prozess durchzusetzen, und welche Effizienzprobleme sich daraus ergeben.

9.1 Agenturprobleme

Die an kollektive Entscheidungen geknüpften Aufgaben werden in modernen Gesellschaften in vielschichtiger Weise delegiert. Die dabei entstehenden Auftraggeber-Auftragnehmer-Beziehungen führen in der Regel zu so genannten Agenturproblemen, weil der Auftragnehmer oder Agent nicht notwendigerweise die gleichen Ziele verfolgt wie der Auftraggeber oder Prinzipal und der Auftraggeber den Auftragnehmer nicht bindend (zum Beispiel durch einen entsprechend definierten Vertrag) auf ein gewünschtes Verhalten festlegen kann. Meist sind asymmetrisch verteilte Informationen zwischen dem Auftraggeber und dem Auftragnehmer ursächlich für das Entstehen von Agenturproblemen. Bereits in Kapitel 5 haben wir uns ja über asymmetrisch verteilte Informationen und die daran gekoppelten Effizienzprobleme unterhalten.

Im Zusammenhang mit der Staatstätigkeit existiert eine ganze Reihe von Auftraggeber-Auftragnehmer- oder Prinzipal-Agenten-Beziehungen. Einige davon sind in Tabelle 9.1 aufgelistet.

Tabelle 9.1. Prinzipal-Agenten-Beziehungen

Prinzipal	Agent
Wähler	Regierung
Parteimitglieder	Parteipolitiker
Regierung	Bürokratie
Minister	Ministerium
Bürokratie	privater Sektor

Die wohl bedeutendste Prinzipal-Agenten-Beziehung in demokratischen Gesellschaften besteht zwischen den Wählern und der von ihnen gewählten Regierung. Mit ihrem Votum beauftragen die Wähler die Regierenden mit den Regierungsgeschäften. Sie binden die Regierenden damit aber nicht an ein genau definiertes Regierungsverhalten. Es entsteht vielmehr in der Regel ein Agenturproblem, weil die Wähler weder die Glaubwürdigkeit noch die Kompetenz der von ihnen Gewählten beobachten können und die Regierung damit Raum gewinnt, ein von den Wählerwünschen abweichendes Eigenleben zu entfalten. In Parteiendemokratien entsteht bereits auf vorgelagerter Ebene ein ähnliches Agenturproblem zwischen Parteimitgliedern und den von ihnen beauftragten

Parteipolitikern. Weiterhin entsteht ein Agenturproblem zwischen der Regierung und der staatlichen Bürokratie. Die Regierung setzt ja in der Regel ihre Entscheidungen nicht selbst in die Tat um, sondern beauftragt damit einen staatlichen Verwaltungsapparat, dessen Interessen sich freilich durchaus von den Interessen der Regierenden unterscheiden können. Ein konkretes Beispiel für die Auftraggeber-Auftragnehmer-Beziehung zwischen Regierung und Bürokratie ist das Verhältnis eines Ministers zu dem von ihm geführten Ministerium. Schließlich kommt es zwischen der staatlichen Bürokratie und dem privaten Sektor zu Agenturproblemen, und zwar beispielsweise dann, wenn die staatliche Bürokratie private Unternehmen mit der Produktion von Gütern beauftragt.

Wir haben bereits angedeutet, dass Agenturprobleme dort entstehen, wo ein Auftraggeber einen Auftragnehmer nicht vollständig an ein gewünschtes Verhalten binden kann. Wir sagen dann auch, dass der Vertrag zwischen dem Auftraggeber und dem Auftragnehmer – sei dieser nun explizit, wie zwischen der staatlichen Bürokratie und privaten Unternehmen regelmäßig der Fall, oder implizit, wie zwischen den Wählern und der Regierung – unvollständig sei. Die vertraglichen Lücken erlauben es dem Auftragnehmer, ein Verhalten zu entfalten, das sich von den Wünschen des Auftraggebers unterscheidet. Nun kann der Auftraggeber freilich versuchen, dem Auftragnehmer Anreize zu geben, aus einem wohlverstandenen Eigeninteresse heraus im Sinne des Auftraggebers zu handeln.

Wir wollen die angesprochene Anreizproblematik anhand eines Beispiels aus dem Bereich der öffentlichen Beschaffung erläutern. Das Verteidigungsministerium beauftrage ein privates Rüstungsunternehmen damit, ein neues Waffensystem zu liefern. Zum Zeitpunkt des Vertragsabschlusses zwischen dem Verteidigungsministerium und dem Rüstungsunternehmen sind freilich die Kosten, die bei der Produktion des Waffensystems entstehen, noch nicht vollständig überschaubar und es stellt sich daher das Problem, welcher Preis für das Waffensystem vereinbart werden soll. Eine Möglichkeit der Preisvereinbarung ist der so genannte Festpreisvertrag. Darin verpflichtet sich das Rüstungsunternehmen, das Waffensystem zu einem im vorhinein festgelegten Preis, also ohne spätere Preisaufschläge, zu liefern. Für das Verteidigungsministerium verbindet sich damit der Vorteil, dass es über den festgelegten Preis hinaus keine weiteren Zahlungen leisten muss. Entstehen in der Produktion des Waffensystems unerwartete Mehrkosten, dann müssen

sie gänzlich vom Rüstungsunternehmen getragen werden. Das löst bei
dem Unternehmen zwar einen starken Anreiz aus, Mehrkosten zu vermeiden. Gesellschaftlich sind damit aber zwei Nachteile verbunden.
Erstens hat das Unternehmen einen Anreiz, die Kosten zu Lasten der
Qualität des Waffensystems zu senken. Zweitens wird das Unternehmen
bereits bei Vertragsabschluss eine entsprechende Prämie für die volle
Übernahme des Mehrkostenrisikos verlangen. Die Risikoprämie wird
dabei um so höher sein, je risikoscheuer oder -averser das Unternehmen ist. Für das Verteidigungsministerium kann es deshalb sehr teuer
sein, dem Rüstungsunternehmen das volle Risiko aufzubürden. Wenn
wir davon ausgehen, dass das Rüstungsunternehmen risikoaverser ist
als das Verteidigungsministerium bzw. die Gesellschaft, in dessen Auf-
trag das Ministerium handelt, dann ist es in der Tat Pareto-ineffizient,
wenn das Rüstungsunternehmen das volle Mehrkostenrisiko trägt. Das
Rüstungsunternehmen verlangt dann nämlich für die Übernahme des
Risikos eine höhere Prämie als die Gesellschaft insgesamt dafür verlangen würde. Folglich wäre es besser, wenn das Risiko beim Ministerium
und damit bei der Gesellschaft bliebe.

Eine zweite Möglichkeit der Preisvereinbarung ist der so genannte
Kosten-Plus-Vertrag. Danach erhält das Rüstungsunternehmen alle mit
der Produktion des Waffensystems verbundenen Kosten voll erstattet
und außerdem einen wie auch immer ausgehandelten Gewinnzuschlag.
Beim Kosten-Plus-Vertrag trägt das Rüstungsunternehmen überhaupt
kein Mehrkostenrisiko und entsprechend gering ist sein Anreiz, die Kosten niedrig zu halten. Ist der Gewinnzuschlag auch noch als Prozentsatz der Produktionskosten definiert, dann wird sogar ein zusätzlicher
Anreiz ausgelöst, die Kosten in die Höhe zu treiben. Bei Kosten-Plus-
Verträgen kommt es deshalb regelmäßig zu weit höheren Kosten als
zunächst veranschlagt und dementsprechend Pareto-ineffizient ist wiederum das Gesamtresultat.

Offenbar führt weder ein Festpreisvertrag noch ein Kosten-Plus-
Vertrag zu einer befriedigenden Lösung. Wie so oft ist auch hier
der Mittelweg besser. Bei einem optimalen Anreizvertrag erhält das
Rüstungsunternehmen einen im vorhinein fixierten Festpreis und ihm
wird ferner ein prozentualer Anteil seiner Kosten erstattet. Das Rüstungsunternehmen und das Verteidigungsministerium teilen sich also
das Mehrkostenrisiko. Damit wird erreicht, dass das Rüstungsunternehmen einen Anreiz hat, die Kosten für das Waffensystem in Grenzen
zu halten, und dass außerdem zumindest ein Teil des Mehrkostenrisikos

von jener Vertragspartei – dem Verteidigungsministerium – getragen wird, die dafür eine geringere Risikoprämie verlangt.

9.2 Die Rolle der staatlichen Bürokratie

Der Soziologe Max Weber (1922) sah in der staatlichen Bürokratie eine Organisation von Staatsdienern, die mit hoher Kompetenz, kühler Sachlichkeit und ohne private Interessen ihre Aufgaben wahrnehmen und sich dabei verlässlich und präzise für die Belange des Dienstherrn und der Bürger einsetzen. Aus einer tief empfundenen Amtstreuepflicht gewinnt der Staatsdiener die Motivation für sein Verhalten und wird dafür von seinem Dienstherrn mit einer gesicherten und sozial geachteten Existenz belohnt. Zwar funktionieren staatliche Bürokratien in der Weberschen Konzeption nicht wie perfekte Automaten. Die entstehenden Friktionen haben aber vor allem mit den aufwendigen – allerdings auch notwendigen – verwaltungsjuristischen Vorschriften und Instanzenwegen zu tun. Agenturprobleme dagegen, wie wir sie im vorangegangenen Abschnitt kennen gelernt haben, treten in der Weberschen Bürokratie nicht auf.

Die moderne ökonomische Theorie der Bürokratie geht indessen mittlerweile von einer anderen Grundprämisse aus als der Webersche Ansatz. Sie wendet auch auf die Berufsgruppe der Staatsdiener das Paradigma des eigeninteressierten Individuums an, das systematisch alle ihm zur Verfügung stehenden Mittel einsetzt, um seinen Nutzen zu maximieren.

Die zur Verfügung stehenden Mittel werden dabei im Falle des Staatsdieners durch die spezifischen Charakteristika des bürokratischen Apparates definiert. Zu letzteren gehört, dass die Leistungen, die die staatliche Bürokratie erbringt, regelmäßig nicht direkt bewertet werden können, weil dafür keine Marktpreise existieren. Vielmehr muss die Leistung aus dem Aufwand abgeleitet werden müssen, den die Bürokratie dafür betreibt.

Das Verteidigungsministerium und die ihm unterstellten Streitkräfte beispielsweise haben die Aufgabe, das Gut „äußere Sicherheit" bereitzustellen. Die bereitgestellte Menge dieses Gutes lässt sich aber kaum in irgendeiner Maß- oder Werteinheit ausdrücken und entsprechend taucht das Gut etwa im Budget des Verteidigungsministeriums gar nicht auf. Die Aktivitäten des Verteidigungsministeriums und der Streitkräfte werden vielmehr daran bemessen, wie viele Soldaten unter

Waffen stehen, wie groß die Panzer- und die Flugzeugflotte sind und welche sonstigen Waffensysteme eingesetzt werden können.

Mit der nicht messbaren Leistung der Streitkräfte und der daraus resultierenden bloßen Orientierung am Aufwand entsteht aber das Problem, dass nur sehr schwer zu kontrollieren ist, ob die Streitkräfte die ihnen übertragene Aufgabe tatsächlich im Sinne der Gesellschaft wahrnehmen. Das Kontrollproblem wird noch dadurch verschärft, dass das Verteidigungsministerium und die Streitkräfte wie auch die anderen staatlichen Bürokratien keinerlei Wettbewerb ausgesetzt sind, der sie zu einem effizienten Verhalten zwingt. Die Monopolstellung und die fehlende Kontrollierbarkeit erlauben es den Mitgliedern der Bürokratie vielmehr, den staatlichen Apparat in einem noch zu präzisierenden Umfang in den Dienst eigener Ziele zu stellen.

Welche Ziele verfolgen freilich die Mitglieder einer staatlichen Bürokratie? Da sie viel weniger als die Mitglieder privater Organisationen von effizienten Produktionsabläufen profitieren, hat die Minimierung von Kosten in staatlichen Bürokratien keinen besonderen Stellenwert. Nach William Niskanen (1971) sind die Mitglieder einer Bürokratie vielmehr daran interessiert, den Leistungsumfang bzw. das Budget der Bürokratie zu maximieren. Die Überlegung dabei ist, dass in einer größeren Bürokratie bessere Aufstiegschancen herrschen, höhere Besoldungsstufen erreicht werden können, mehr Annehmlichkeiten wie repräsentative Arbeitsräume, Dienstwagen und Chauffeure zur Verfügung stehen und prestigeträchtigere und machtvollere Positionen zu besetzen sind. So ist etwa ein größeres Heer für die Mitglieder der Streitkräfte schon deshalb attraktiv, weil dann mehr Generäle und Obersten gebraucht werden.

Nun können staatliche Bürokratien allerdings ihr Budget nicht beliebig ausdehnen. Sie werden vielmehr ihren Dienstherrn bzw. die Gesellschaft von der Notwendigkeit eines größeren Budgets überzeugen müssen. Die Mitglieder der Streitkräfte beispielsweise müssen besondere Bedrohungsszenarien entwerfen, auf die man nur mit einem großen Heer und modernsten Waffensystemen antworten kann. Dabei hilft den Bürokratien die mangelnde Kontrollmöglichkeit durch den Dienstherrn ebenso wie ihre Monopolstellung. Nach Niskanen (1971) wird es der Bürokratie gelingen, jenes Budget durchzusetzen, bei dem der gesamte geldwerte Nutzen, den die Gesellschaft von der Tätigkeit der Bürokratie hat, deren Kosten soeben noch übersteigt. In dem Fall sieht die Gesellschaft nämlich gerade noch eine Existenzberechtigung in der Bürokratie und ist bereit, sie fortbestehen zu lassen.

Die Crux ist nun, dass die budgetmaximierende Bürokratie sich den gesamten Nettovorteil oder die gesamte Konsumentenrente aneignet, die mit ihrer Tätigkeit überhaupt möglich ist.[1] Abbildung 9.1 erläutert diesen Zusammenhang. Die MZ-Kurve misst die marginale Zahlungsbereitschaft der Gesellschaft für die Leistungen der Bürokratie und die GK-Kurve deren Grenzkosten. Der effiziente Leistungsumfang der Bürokratie ist gegeben durch x^*. An dieser Stelle gleicht die marginale Zahlungsbereitschaft der Gesellschaft den Grenzkosten der Bürokratie, so dass die Konsumentenrente, bezeichnet durch das hell schraffierte Dreieck, ein Maximum annimmt.

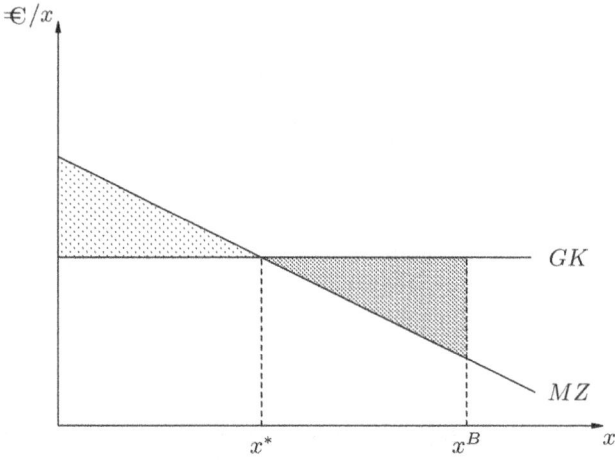

Abb. 9.1. Bürokratiemodell

Die Bürokratie wird freilich ihr Leistungsniveau ausdehnen und zwar soweit, bis der gesamte geldwerte Nutzen der Gesellschaft, gemessen durch die Fläche unterhalb der MZ-Kurve, den gesamten Kosten der Bürokratie, gemessen durch die Fläche unterhalb der GK-Kurve, gleicht. Letzteres ist genau dann der Fall, wenn der Leistungsumfang der Bürokratie x^B beträgt. An dieser Stelle sind die Flächen unterhalb der MZ- und der GK-Kurve einander gleich, weil die dunkel schraffierte Fläche oberhalb der MZ- und unterhalb der GK-Kurve genauso groß ist wie die hell schraffierte Fläche oberhalb der GK- und unterhalb der MZ-Kurve. Ökonomisch heißt das, dass die gesamte durch

---

[1] Das Konzept der Konsumentenrente haben wir in Kapitel 4 eingeführt.

die Tätigkeit der Bürokratie an sich mögliche Konsumentenrente in
den Kosten der Bürokratie verschwindet. Die Konsumentenrente fließt
also nicht der Gesellschaft zu, sondern geht in überhöhten Personal-
und Sachmitteln der Bürokratie unter.

9.3 Einflussnahme durch Interessengruppen

In modernen Demokratien nehmen Bürger nicht nur als Wähler Einfluss auf kollektive Entscheidungen. Durch die Bildung von so genannten Interessengruppen können sie vielmehr einen politischen Einfluss
gewinnen, der weit über die Anzahl der in dieser Gruppe versammel-
ten Wählerstimmen hinausreicht. Das Recht zur Bildung einer Interessengruppe wird in Deutschland durch die Verfassung ausdrücklich
verbürgt. In Artikel 9, Absatz 3 des Grundgesetzes heißt es nämlich:
„Das Recht, zur Wahrung und Förderung der Arbeits- und Wirtschafts-
bedingungen Vereinigungen zu bilden, ist für jedermann und für alle
Berufe gewährleistet." Politischen Einfluss gewinnen Interessengruppen
beispielsweise, indem sie Wähler für ihre Anliegen durch entsprechende
Informationsangebote mobilisieren, oder indem sie Parteien, die ihnen
politisch nahe stehen, finanziell und organisatorisch unterstützen.

Die Einflussnahme von Interessengruppen auf die kollektive Willensbildung muss dabei nicht notwendigerweise gesellschaftlich nachteilig sein. So kann es etwa durch den Einfluss von Interessengruppen
zu einem verbesserten Angebot an öffentlichen Gütern oder einer Reduktion negativer externer Effekte kommen. In der Regel werden Interessengruppen aber versuchen, exklusive Vorteile für ihre Mitglieder zu
erzielen und die damit verbundenen finanziellen Lasten auf die gesamte
Gesellschaft abzuwälzen.

Dass Interessengruppen zwar grundsätzlich für die Gesellschaft von
Nutzen sein können, dass sie in der Regel aber zuvorderst Partikularinteressen verfolgen, hat mit ihrer spezifischen Funktionsweise zu tun.
Die auf Arbeiten von Mancur Olson (1965) und Gary Becker (1983)
zurückgehende ökonomische Theorie der Interessengruppen argumentiert, dass eine erfolgreiche Interessengruppe zwei Eigenschaften auf-
zuweisen hat: Sie sollte erstens stabil und sie sollte zweitens politisch
attraktiv sein, d.h. sie sollte sowohl in der Lage sein, ihre Mitglieder zu
binden, als auch die Öffentlichkeit davon zu überzeugen, dass ihre Interessen in der Tat durchsetzenswert sind. Die Stabilität ist notwendig,
um in dem mitunter lang andauernden Prozess der Einflussnahme auf

die kollektive Willensbildung zu überleben. Die politische Attraktivität andererseits ist notwendig, um politische Parteien dazu zu bewegen, die Anliegen der Interessengruppe tatsächlich auf die politische Agenda zu setzen.

Folgende Eigenschaften tragen zur Stabilität einer Interessengruppe bei:

– Die Anzahl ihrer Mitglieder sollte klein sein, weil sie dann geringe Organisationskosten hat und die soziale Kontrolle zur Vermeidung von Trittbrettfahrerverhalten innerhalb der Gruppe erleichtert wird.

– Sie sollte ihren Mitgliedern exklusive Vorteile anbieten, weil sie damit Trittbrettfahrerverhalten außerhalb der Gruppe vermeidet.

– Sie sollte in sich homogen sein, weil dadurch die Definition von Gruppeninteressen erleichtert wird.

– Die in Aussicht stehenden wirtschaftlichen Vorteile für die Mitglieder sollten groß sein, weil das nicht nur die Mitglieder bindet, sondern auch deren Bereitschaft erhöht, Ressourcen für die Interessengruppe bereitzustellen.

Andererseits tragen folgende Eigenschaften zur politischen Attraktivität einer Interessengruppe bei:

– Die von ihr vertretenen Interessen sollten große Teile der Gesellschaft begünstigen.

– Gegenläufige politische Interessen sollten schwach sein.

Offenbar besteht ein Spannungsverhältnis zwischen den Erfordernissen der Stabilität und der politischen Attraktivität. Aus diesem Spannungsverhältnis ergeben sich spezifische Verhaltensweisen. So wird etwa eine Interessengruppe, die die Anliegen von Fahrschulbetreibern vertritt, nicht versuchen, direkte monetäre Vorteile für ihre Klientel durchzusetzen, weil sie damit im politischen Prozess kaum eine Chance hätte. Sie wird vielmehr darauf hinweisen, dass mehr Pflichtstunden für den Führerscheinerwerb gesellschaftlich wünschenswert sind, weil damit die Verkehrssicherheit erhöht wird. Von der zusätzlichen Nachfrage nach Fahrstunden profitieren dann natürlich besonders die Betreiber von Fahrschulen. Ähnlich wird eine Vereinigung von Schullehrern nicht direkt höhere Lehrergehälter fordern. Sie wird vielmehr auf die gesellschaftliche Bedeutung einer guten Schulausbildung und die dafür notwendigen zusätzlichen Lehrerstellen aufmerksam machen. Die zusätzlichen Lehrerstellen begünstigen aber auch die sich bereits im Amt befindenden Lehrer, weil sich dadurch deren Aufstiegschancen und Einkommensmöglichkeiten verbessern. In der Tat liefert die Interessengruppentheorie eine Erklärung für die Beobachtung, dass politischer Einfluss typischerweise nicht direkt in monetäre Transfers umgemünzt wird. Er wird vielmehr indirekt durch die Einflussnahme auf Vorschriften und staatlich bereitgestellte Güter und Dienste, die zwar der Gesellschaft zu nutzen scheinen, besonders aber partikulären Interessen dienen, in individuelle wirtschaftliche Vorteile umgewandelt.

9.4 Übungsaufgaben zu Kapitel 9

Von den angegebenen möglichen Antworten ist immer nur genau eine richtig. Treffen gleichzeitig mehrere Aussagen zu, so sind sie stets in einer Antwortmöglichkeit zusammengefasst, also z.B. in der Antwortmöglichkeit „Aussagen a) und c) sind richtig". Lösungen zu allen Aufgaben finden sich in einem Lösungsteil am Ende des Buches.

1. Welche Aussage ist richtig?
   a) In der direkten Demokratie sind die Abgeordneten Agent der Wähler.
   b) In der indirekten Demokratie ist die staatliche Bürokratie Agent der Regierung.
   c) Der Parteipolitiker ist Prinzipal der Regierung.
   d) Alle Aussagen sind falsch.

2. Staatsversagen wird verursacht durch ...
   a) Agenturprobleme im öffentlichen Sektor.
   b) externe Effekte im Dienstleistungssektor.
   c) private Informationen staatlicher Bürokratien.
   d) Aussagen a) und c) sind richtig.

3. In Niskanens Bürokratiemodell ...
   a) strebt die Bürokratie nach Maximierung der Differenz zwischen Nutzen und Kosten ihrer Tätigkeit.
   b) strebt die Bürokratie danach, das Budget so weit auszudehnen, dass die marginale Zahlungsbereitschaft der Gesellschaft für die Bürokratietätigkeit den Grenzkosten der Bürokratie gleicht.

c) strebt die Bürokratie danach, das Budget so weit auszudehnen, dass der geldwerte Vorteil der Gesellschaft aus der Bürokratietätigkeit den Gesamtkosten der Bürokratie gleicht.

d) Antworten a) und b) sind richtig.

4. Welche Aussage ist richtig?

   a) In Niskanens Bürokratiemodell orientiert sich die Bürokratie an der Samuelson-Bedingung.

   b) Unter Monopolmacht strebt die Bürokratie ein Budget an, bei dem der Preis für öffentliche Leistungen gleich deren Grenzkosten ist.

   c) In Niskanens Bürokratiemodell eignet sich die Bürokratie den gesamten gesellschaftlichen Vorteil ihrer Tätigkeit an.

   d) Aussagen b) und c) sind richtig.

5. Die Stabilität von Interessengruppen ...

   a) steigt mit der Mitgliederzahl.

   b) wird durch die Vielfalt möglicher Gruppeninteressen gefördert.

   c) wächst mit der Höhe der in Aussicht stehenden Renten.

   d) Alle Aussagen sind richtig.

6. In Demokratien kommt es zu Agenturproblemen, wenn ...

   a) Agent und Prinzipal identische Ziele verfolgen.

   b) Verträge zwischen Prinzipal und Agent aufgrund von Informationsasymmetrien unvollständig sind.

   c) Agenten den Prinzipal vertraglich an ihre Ziele zu binden versuchen.

   d) Alle Aussagen sind falsch.

7. Interessengruppen ...

   a) versuchen, ihren Mitgliedern exklusive Vorteile zu verschaffen.

   b) stellen ihre Ziele möglichst transparent dar, um die Durchsetzung ihrer Interessen zu befördern.

   c) versuchen, durch politische Attraktivität möglichst viele Mitglieder an sich zu binden.

   d) Aussagen b) und c) sind richtig.

8. Interpretiert man den Allgemeinen Deutschen Automobil-Club (AD-AC) als politische Interessengruppe, so ...

a) besteht zwischen dem hohen Anteil von Autofahrern an der Gesellschaft, die dem ADAC angehören, und der Stabilität des AD-
AC ein potentieller Konflikt.

b) wird dieser auf direkte monetäre Transfers seitens des Staates
als Ausgleich für die verringerte Kilometerpauschale drängen.

c) erhöhen Preisrabatte von Hotels für seine Mitglieder die Stabilität des ADAC.

d) Aussagen a) und c) sind richtig.

9. Welche Aussage ist richtig?

a) Die Bürokratie wird in Niskanens Bürokratiemodell als Budget-
maximierer gesehen.

b) Als Agent der Politiker bzw. der Gesellschaft besitzt die Bürokratie ein Monopol und kann deshalb ihr Budget so weit ausdehnen, dass die letzte Einheit der öffentlichen Leistung gerade
noch zu Nutzen gleich Kosten angeboten wird.

c) Die Gesellschaft ist in Niskanens Modell genau dann indifferent
bezüglich der Existenz der Bürokratie, wenn diese den Gesamt-
nutzen erzeugt, der gerade den gesamten Kosten der Bürokratie
entspricht.

d) Aussagen a) und c) sind richtig.

10. Staatsversagen ...

a) ist ausgeschlossen, wenn keine zyklischen Mehrheiten vorliegen.

b) ist die Folge von Marktversagen.

c) muss mit dem gegebenen Ausmaß an Marktversagen abgewogen
werden, bevor der Staat eine Intervention in den Marktmechanismus vornehmen sollte.

d) Alle Aussagen sind richtig.

Teil III

Öffentliche Einnahmen

10

Besteuerung

Steuern sind nicht nur die wichtigsten öffentlichen Einnahmen, ihnen ist auch zu fast jeder Zeit das wohl mit Abstand meiste finanzwissenschaftliche Interesse entgegengebracht worden. Entsprechend komplex und feinverästelt ist das moderne steuerwirtschaftliche Theoriengebäude. Wir können naturgemäß in den vorliegenden Grundzügen der Finanzwissenschaft nur einen kleinen Einblick in dieses Gebäude geben und werden dabei noch nicht einmal besonders ins Detail gehen. Insbesondere werden wir uns nicht mit den institutionellen Aspekten der Besteuerung und der Steuertariflehre, also mit den Tarifverläufen einzelner Steuerarten auseinandersetzen. Wir werden uns weiterhin nicht mit Fragen der internationalen Besteuerung, der politischen Ökonomie der Besteuerung und der Unternehmensbesteuerung befassen. Auch zur spezifischen Gestalt des Steuersystems in Deutschland oder in anderen Ländern werden wir wenig sagen. Wer sich intensiver mit diesen Themen beschäftigen möchte, dem empfehle ich als Einführung das Steuerlehrbuch von Stefan Homburg (2005). Dort werden einige institutionelle Aspekte des deutschen Steuersystems behandelt und die Grundzüge der theoretischen Steuerlehre entwickelt. Detailliertere Ausführungen insbesondere zu den institutionellen Aspekten der Unternehmensbesteuerung finden sich bei Wolfram Scheffler (2004). Weiterführende Darstellungen der Steuertheorie liefern Anthony B. Atkinson und Joseph E. Stiglitz (1980) sowie Gareth D. Myles (1995).

Wir beschäftigen uns in dem vorliegenden Kapitel nur mit drei – allerdings sehr elementaren – steuerlichen Problemen. Erstens versuchen wir, die gesellschaftlichen Kosten der Besteuerung zu bestimmen. Wir werden dabei sehen, dass diese Kosten eng mit der Effizienz der Besteuerung verbunden sind. Zweitens entwickeln wir die Grundzüge der

Theorie der optimalen Besteuerung. Deren Gegenstand sind Steuersysteme, die sowohl Effizienz- als auch Umverteilungszielen bestmöglich Rechnung tragen, wobei Informationsprobleme eine besondere Rolle spielen. Die Theorie der optimalen Besteuerung liefert insbesondere eine Erklärung dafür, warum Steuern fast notwendigerweise Effizienzprobleme verursachen. Drittens schließlich untersuchen wir, wer eigentlich die finanzielle Last einer Steuer effektiv tragen muss. Dabei werden wir sehen, dass marktgestützte Überwälzungsmechanismen von zentraler Bedeutung sind.

10.1 Die Kosten der Besteuerung

Welche zusätzlichen Kosten entstehen der Gesellschaft bzw. dem privaten Sektor, wenn der Staat einen zusätzlichen Euro an Steuern erhebt? Man wäre wohl zunächst versucht zu antworten: zusätzliche Kosten in Höhe von einem Euro. Wenn der Staat nämlich einen zusätzlichen Euro an Steuern einnimmt, dann ist es ja der private Sektor, der einen zusätzlichen Euro an den Staat zahlt. Tatsächlich sind aber die so genannten „marginal costs of public funds", also die marginalen Kosten öffentlicher (Steuer-)Mittel in der Regel größer als eins, was heißt, dass ein zusätzlicher Euro an Steuereinnahmen die Gesellschaft mehr als einen Euro kostet. Das hat damit zu tun, dass die meisten Steuern Effizienzverluste auslösen, die als zusätzliche Kosten zur eigentlichen Steuerlast hinzukommen. In diesem Abschnitt beschäftigen wir uns mit den Effizienzverlusten und den daran gekoppelten zusätzlichen Kosten der Besteuerung, wobei wir mit der Besteuerung von Gütern beginnen wollen.

10.1.1 Gütersteuern

Wir betrachten die Entscheidung eines repräsentativen Haushalts hinsichtlich des Konsums eines privaten Gutes, das zu einem Preis in Höhe von p Euro angeboten wird. In Kapitel 2 haben wir erläutert, dass der Haushalt jene Menge des Gutes konsumiert, für die seine marginale Zahlungsbereitschaft MZ dem Preis des Gutes gleicht. Das Gut lasse sich wieder zu konstanten Grenzkosten in Höhe von GK produzieren. Bei vollständigem Wettbewerb wird es dann zu einem Preis in Höhe von $p = GK$ Euro angeboten und die konsumierte Menge des Gutes erfüllt die Effizienzbedingung $MZ = GK$. Abbildung 10.1 stellt diesen

Zusammenhang graphisch dar. Darin bezeichnet x^* die Pareto-effiziente Konsummenge und die Fläche des schraffierten Dreiecks misst die in Kapitel 4 eingeführte Konsumentenrente, d.h. den gesamten geldwerten Nettovorteil, den der Haushalt realisiert, wenn er x^* Einheiten des Gutes konsumiert und dafür pro Einheit den Preis $p = GK$ Euro bezahlt.

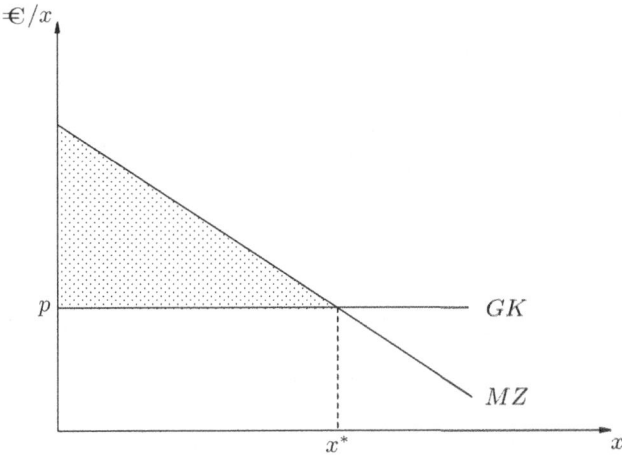

Abb. 10.1. Konsumentenrente

Nun erhebe der Staat eine Ad-Valorem- oder Wertsteuer auf das Gut. Die Steuer wird in Form eines prozentualen Preisaufschlags erhoben und treibt daher einen Keil zwischen den Preis, den ein Produzent für das Gut erhält, und jenen, den ein Konsument für das Gut bezahlt. Bei vollständiger Konkurrenz werden die Unternehmen das Gut weiterhin zum Preis $p = GK$ anbieten. Die Konsumenten zahlen dagegen nun den Preis $(1 + \tau)\, p$ Euro pro Einheit des Gutes, wobei τ den Wertsteuersatz bezeichnet. Wegen des steuerbedingt höheren Preises wird der repräsentative Haushalt eine geringere Menge nachfragen, und zwar jene, für die $MZ = (1 + \tau)\, p$ gilt. In Abbildung 10.2 ist das an der Stelle x^τ der Fall. Die Konsumentenrente, die der Haushalt realisiert, verringert sich steuerbedingt auf die Fläche des oberen hell schraffierten Dreiecks. Ein Teil der bisherigen Konsumentenrente fließt als Steuereinnahme an den Staat. Die Steuereinnahme beträgt $\tau\, p\, x^\tau$ Euro und wird in Abbildung 10.2 durch die Fläche des mit S bezeichneten Rechtecks gemessen. Ein weiterer Teil der bisherigen Konsumentenrente, und zwar der durch die Fläche des unteren dunkel schraffierten Dreiecks gemessene, geht indessen dem Haushalt verloren, ohne beim Staat oder sonst wo zu landen. Dieser Teil der Konsumentenrente verpufft gewissermaßen und stellt deshalb einen reinen Effizienzverlust dar.

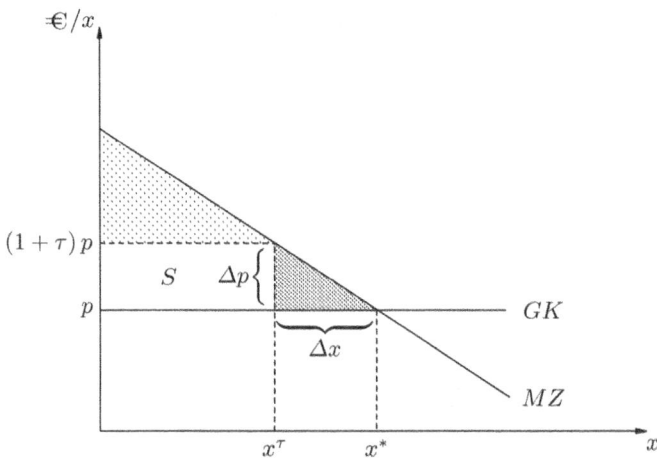

Abb. 10.2. Zusatzlast

In der Besteuerungsliteratur wird der Effizienzverlust meist Zusatzlast der Besteuerung genannt, weil er zu der eigentlichen Steuerlast S als weitere Last hinzukommt.[1] Bevor wir uns genauer mit der Höhe der Zusatzlast beschäftigen, wollen wir zunächst versuchen, uns ein intuitives Verständnis von ihrem Wesen zu verschaffen. Dazu nehmen wir an, dass es sich bei dem besteuerten Gut um Bier handelt, das zu 1 Euro pro zusätzlichem Liter produziert werden kann und bei vollständigem Wettbewerb entsprechend zu einem Preis von 1 Euro pro Liter angeboten wird. Wir nehmen ferner an, dass der repräsentative Haushalt für den ersten Liter Bier maximal 3 Euro, für den zweiten maximal 2 Euro und für den dritten maximal 1 Euro auszugeben bereit ist. Ohne Steuern wird der Haushalt deshalb 3 Liter Bier konsumieren und dabei einen geldwerten Nettovorteil in Höhe von 2 Euro für den ersten, 1 Euro für den zweiten und 0 Euro für den dritten Liter, also insgesamt 3 Euro realisieren. Nun erhebe der Staat eine Wertsteuer auf Bier in Höhe von 300%, so dass der Preis pro Liter Bier inklusive Steuern auf 4 Euro steigt. Der Haushalt wird dann kein Bier mehr trinken, weil der Bierpreis bereits für den ersten Liter jenen Betrag übersteigt,

---

[1] In der englischsprachigen Literatur wird die Zusatzlast als „excess burden" oder „dead weight loss" bezeichnet.

den er maximal dafür zu zahlen bereit wäre. Der Staat erhält konsequenterweise keine Biersteuereinnahmen von dem Haushalt und dessen direkte Biersteuerlasten belaufen sich entsprechend auf 0 Euro. Gleichwohl wird der Haushalt durch die Steuer belastet, denn er verliert den bisher aus dem Bierkonsum realisierten Nettovorteil in Höhe von 3 Euro. Diese Belastung ist die Zusatzlast der Biersteuer und das Beispiel macht deutlich, dass die Zusatzlast eine geldwerte Größe ist, die der Gesellschaft – hier repräsentiert durch einen Haushalt – verloren geht.[2]

Die dunkel schraffierte Fläche in Abbildung 10.2 und damit die Höhe der Zusatzlast können wir mit Hilfe der Dreiecksformel berechnen. Offenbar ist die Zusatzlast, die wir mit ZS bezeichnen, bestimmt durch

$$ZS = \frac{1}{2}\,\Delta x\,\Delta p,$$

worin $\Delta x = x^* - x^\tau$ die steuerbedingte Reduktion der konsumierten Menge des betreffenden Gutes misst und $\Delta p = \tau\,p$ den steuerbedingten Anstieg des Preises, den der Haushalt zu zahlen hat. Nach einigen Umformungen gewinnen wir für die Zusatzlast den Ausdruck

$$ZS = \frac{1}{2}\,\varepsilon_x\,p\,x\,\tau^2, \tag{10.1}$$

der nach Arnold C. Harberger (1974) auch Harbergersche Formel genannt wird. Darin bezeichnet

$$\varepsilon_x = \frac{\dfrac{\Delta x}{x}}{\dfrac{\Delta p}{p}} = \frac{\Delta x}{\Delta p}\,\frac{p}{x}$$

die Preiselastizität der Nachfrage nach dem besteuerten Gut.[3] Die Preiselastizität enthält im Zähler die prozentuale Reduktion der konsumierten Menge, $\Delta x/x$, und im Nenner den prozentualen Anstieg des

---

[2] Besonders augenfällig wird die Zusatzlast auch am Beispiel der früher in einigen europäischen Ländern erhobenen Fenstersteuer. Jene bemaß die Steuerschuld nach der Anzahl der Fenster von Wohnhäusern. Ausweichen konnten die Bürger der Steuer, indem sie die Fenster ihrer Häuser zumauerten. Damit konnten sie zwar die direkte Steuerschuld vermeiden. Eine Last hinterließ die Steuer aber trotzdem, denn die Bürger saßen fortan im Dunkeln.

[3] Für die Herleitung von (10.1) wurden im Einzelnen folgende Umformungsschritte gemacht:

$$ZS = \frac{1}{2}\,\Delta x\,\Delta p = \frac{1}{2}\,\frac{\Delta x}{\Delta p}\,(\Delta p)^2 = \frac{1}{2}\,\frac{\Delta x}{\Delta p}\,(\tau\,p)^2 = \frac{1}{2}\,\frac{\Delta x}{\Delta p}\,\frac{p}{x}\,p\,x\,\tau^2.$$

Preises, $\Delta p/p$. Sie gibt deshalb an, um wie viel Prozent die konsumierte Menge zurückgeht, wenn der Preis des betreffenden Gutes um ein
Prozent steigt.[4] Gemäß Gleichung (10.1) wächst die Zusatzlast proportional mit der Preiselastizität der Nachfrage ε sowie der Steuerbemessungsgrundlage $p\,x$ und quadratisch mit dem Steuersatz τ. Die
Zusatzlast ist also um so größer, je preiselastischer die Nachfrage nach
dem besteuerten Gut, je größer die Bemessungsgrundlage, auf die die
Steuer zugreift, und je höher der angewendete Steuersatz.

Aus der Harbergerschen Formel lassen sich einige steuerpolitische
Schlussfolgerungen ableiten. Um steuerbedingte Effizienzverluste gering zu halten, sollte der Staat möglichst solche Güter besteuern, die
unelastisch nachgefragt werden. Dazu rechnen z.B. Güter des täglichen
Bedarfs wie etwa Waschpulver, denn kaum jemand wird die Nachfrage
nach Waschpulver nennenswert reduzieren, wenn der Preis für Waschpulver in gewissen Grenzen steigt (indes werden wir später noch sehen,
dass gerade diese steuerpolitische Empfehlung mit Umverteilungszielen in Konflikt gerät). Die Harbergersche Formel legt weiterhin nahe, die Steuerbemessungsgrundlage $p\,x$ möglichst breit zu gestalten.
Dann kann nämlich ein gegebenes Steueraufkommen bereits mit einem
kleinen Steuersatz realisiert werden und das ist aus Effizienzperspektive vorteilhaft, weil die Zusatzlast proportional mit der Bemessungsgrundlage, aber quadratisch mit dem Steuersatz steigt. Die gelegentliche Forderung an die Steuerpolitik, die Steuersätze zu senken und
mit der Beseitigung steuervergünstigender Ausnahmetatbestände ge-
genzufinanzieren, findet demnach im Konzept der Zusatzlasten eine
effizienzorientierte Rechtfertigung.

10.1.2 Einkommensteuern

Zusatzlasten entstehen auch durch andere Steuern wie z.B. Kapitalein-
kommen- und Lohnsteuern. Wir wollen das anhand der Lohnsteuer

---

[4] Genau genommen muss zur Quantifizierung der Zusatzlast die so genannte einkommenskompensierte Preiselastizität der Nachfrage herangezogen werden. Dahinter steckt die Überlegung, dass ein Teil der preisinduzierten Nachfrageverände-
rung darauf zurückzuführen ist, dass mit einem höheren Preis das reale Einkommen des Haushalts gemessen in Einheiten des teurer gewordenen Gutes sinkt und
dass der Haushalt auch aufgrund dieser Einkommensreduktion seine Nachfrage
nach dem Gut verändert, wobei der Einkommenseffekt sowohl positiv als auch negativ auf die Nachfrage wirken kann. Dieser so genannte Einkommenseffekt löst
keinen Effizienzverlust aus und sollte daher durch eine Einkommenskompensation
gewissermaßen herausgerechnet werden. Wir wollen hier der einfacheren Darstellung halber annehmen, dass der Einkommenseffekt quantitativ unbedeutend sei.

demonstrieren. Dabei können wir im Wesentlichen auf das Modell des vorangegangenen Abschnitts zurückgreifen, wir müssen nur einigen Begriffen einen anderen Inhalt geben. Statt des Konzepts der marginalen Zahlungsbereitschaft für ein Konsumgut, verwenden wir nun das Konzept der marginalen Angebotsbereitschaft für den Produktionsfaktor Arbeit. In Abbildung 10.3 ist die marginale Angebotsbereitschaft MA eines repräsentativen Haushalts dargestellt; sie hat die Dimension Euro pro (Zeit-)Einheit Arbeit, wobei die Arbeitseinheiten durch A gemessen werden. Auf jedem Punkt der MA-Kurve können wir ablesen, wie viel Euro der Haushalt mindestens dafür haben will, dass er eine weitere Einheit Arbeit anbietet. Offenbar wird der Haushalt so viele Arbeitseinheiten anbieten, bis er für die letzte noch angebotene Einheit gerade den Lohnsatz l erhält. Für jede vorangegangene Arbeitseinheit ist ja der Lohnsatz höher als das, was der Haushalt mindestens dafür haben will, dass er die Einheit anbietet. Die Marginalbedingung bezüglich des optimalen Arbeitsangebotes A^* lautet demnach $MA = l$. Bei einem Lohnsatz in Höhe von l und einem entsprechenden Arbeitsangebot in Höhe von A^* realisiert der Haushalt eine Arbeitsangebotsrente im Umfang der schraffierten Fläche zwischen der Lohngeraden und der MA-Kurve. Konzeptionell ist die Arbeitsangebotsrente das angebotsseitige Pendant zur Konsumentenrente. Sie misst den gesamten Nettovorteil, den der Haushalt dadurch realisiert, dass er A^* Arbeitseinheiten zum Lohnsatz l anbietet.

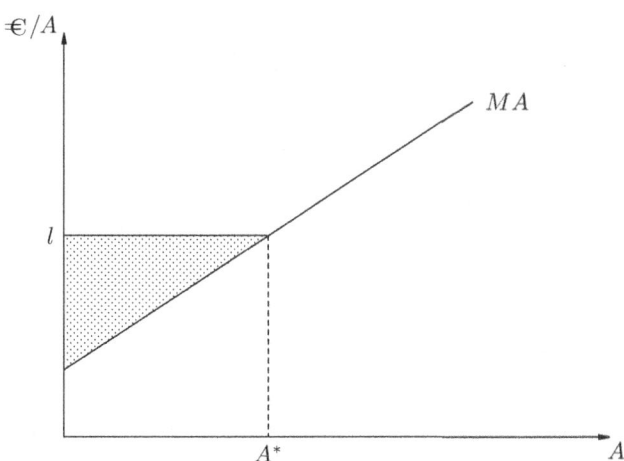

Abb. 10.3. Marginale Arbeitsangebotsbereitschaft

Nun besteuere der Staat Lohneinkommen mit dem Steuersatz τ. Der Haushalt erhält dann pro Arbeitseinheit nur noch den Nettolohnsatz $(1-\tau)\,l$ und bietet nur noch die in Abbildung 10.4 eingetragenen A^τ Arbeitseinheiten an. Genauso wie die Konsumentenrente im Fall der Güterbesteuerung, sinkt die Arbeitsangebotsrente nicht nur um die Steuereinnahme S, sondern auch um die Zusatzlast, die wiederum durch das dunkel schraffierte Dreieck gemessen wird. Die Zusatzlast der Lohnsteuer berechnet sich zu

$$ZS = \frac{1}{2}\,\varepsilon_A\,l\,A\,\tau^2, \tag{10.2}$$

worin

$$\varepsilon_A = \frac{\Delta A}{\Delta l}\,\frac{l}{A}$$

die Arbeitsangebotselastizität, $\Delta A = A^* - A^\tau$ die Arbeitsangebotsreduktion und $\Delta l = \tau\,l$ die Differenz zwischen dem Brutto- und dem Nettolohn bezeichnen. Die Arbeitsangebotselastizität misst, um wie viel Prozent das Arbeitsangebot zurückgeht, wenn der Nettolohnsatz um ein Prozent fällt.

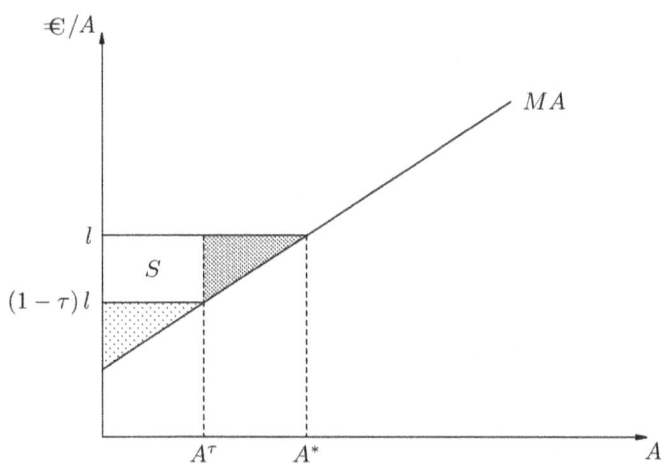

Abb. 10.4. Zusatzlast der Lohnsteuer

Ähnlich wie die Zusatzlast der Gütersteuer ist diejenige der Lohnsteuer um so höher, je elastischer das Arbeitsangebot, je größer die Bemessungsgrundlage für die Lohnsteuer und je höher der Lohnsteuersatz, wobei erstere Effekte wieder proportional wirken und letzterer wieder quadratisch. Daraus lässt sich erneut der Schluss ziehen, dass die Bemessungsgrundlage möglichst breit definiert werden sollte, damit der Lohnsteuersatz bei gegebenem Steueraufkommen entsprechend klein gewählt werden kann. Aus Zusatzlastenperspektive ist deshalb etwa die vom zu versteuernden Einkommen abzugsfähige Entfernungspauschale, die vor nicht langer Zeit in Deutschland sogar noch deutlich erhöht wurde, kein überzeugendes steuerpolitisches Instrument. Dadurch wird nämlich die Steuerbemessungsgrundlage verkürzt und macht entsprechend höhere Einkommensteuersätze notwendig. Besser wäre es, die Entfernungspauschale zu senken oder ganz abzuschaffen und die Einkommensteuersätze zu senken.

10.1.3 Die Laffer-Kurve

Höhere Steuersätze führen nicht nur zu höheren Zusatzlasten, sie haben auch noch eine viel offensichtlichere Folge – sie verändern das Steueraufkommen. Es ist aber durchaus nicht so, dass höhere Steuersätze stets zu höheren Steuereinnahmen führen. Wir haben ja bereits gesehen, dass die Besteuerten auf höhere Steuersätze mit Nachfrage- und Angebotsveränderungen reagieren, wodurch sich regelmäßig die Steuerbemessungsgrundlage verringert. Die Ausweichreaktionen beschränken sich dabei nicht allein auf weniger Konsum und weniger Arbeitsangebot, sie umschließen beispielsweise auch ein Abwandern in die Schattenwirtschaft oder ins Ausland. So lassen sich etwa Lohnsteuern durch Schwarzarbeit umgehen, Tabaksteuern durch den Konsum von geschmuggelten Zigaretten und Unternehmenssteuern durch die Verlagerung von Produktionsstätten ins Ausland. Dem aufkommenssteigernden Effekt eines höheren Steuersatzes wirkt deshalb ein aufkommenssenkender Effekt einer geringeren Bemessungsgrundlage entgegen.

Das Wechselspiel der beiden beschriebenen Effekte führt typischerweise zu einer Steueraufkommenskurve wie in Abbildung 10.5, die nach Arthur B. Laffer (1979) als Laffer-Kurve bezeichnet wird. Mit steigendem Steuersatz τ steigen die Steuereinnahmen S zunächst an, wobei der Anstieg wegen der sinkenden Bemessungsgrundlage stetig an Geschwindigkeit verliert. Schließlich wird der Bemessungsgrundlageneffekt so stark, dass das Steueraufkommen bei einer weiteren Erhöhung des Steuersatzes nicht mehr steigt, sondern fällt. Es gibt daher einen kritischen Steuersatz τ_{max}, bei dem das Steueraufkommen ein Maximum annimmt.

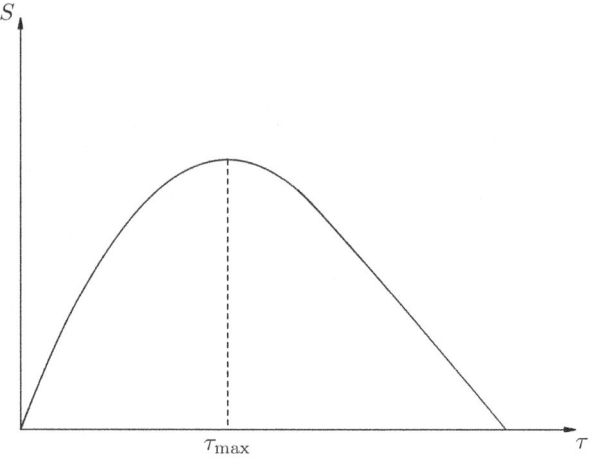

Abb. 10.5. Laffer-Kurve

Es dürfte offensichtlich sein, dass der Staat den Bürgern niemals einen Steuersatz aufbürden sollte, der das aufkommensmaximierende Niveau τ_{max} übersteigt. Mit einem niedrigeren Satz werden nämlich nicht nur geringere Effizienzverluste verursacht, sondern auch höhere Steuereinnahmen erzielt. Mit τ_{max} ist allerdings nur eine Obergrenze für ökonomisch sinnvolle Steuersätze gegeben; τ_{max} darf in keinem Fall mit einem optimalen Steuersatz verwechselt werden. Die Ableitung eines optimalen Steuersatzes erfordert vielmehr zunächst die Festlegung auf ein normatives Ziel, dem die Besteuerung genügen soll.

10.2 Optimale Besteuerung

Die an Güter- und Einkommensteuern gekoppelten Zusatzlasten sind offenbar darauf zurückzuführen, dass Steuern das Preis- und das Lohngefüge verschieben und deshalb die effizienzsichernden Marginalbedingungen nicht mehr erreicht werden. So verletzt beispielsweise der Güterkonsum die Bedingung marginale Zahlungsbereitschaft gleich Grenzkosten, wenn die Güter mit einer Wertsteuer belegt werden. Wäre es deshalb nicht besser, wenn der Staat nur solche Besteuerungsinstrumente einsetzte, die das Preisgefüge nicht dergestalt verzerren? Tatsächlich gibt es so ein Instrument, und zwar die so genannte Pauschalsteuer. Die Steuerpflicht ist bei dieser Steuer nicht an ein bestimmtes individuelles Verhalten gekoppelt, also etwa den Güterkonsum oder das Arbeitsangebot. Die Steuerpflicht entsteht vielmehr bereits durch die bloße individuelle Existenz. Die Pauschalsteuer greift nicht in das Preisgefüge ein und die Haushalte können ihr auch nicht durch Verhaltensänderungen ausweichen (theoretisch kann man ihr nicht einmal durch Emigration entgehen, sondern allenfalls durch Suizid).

Pauschalsteuern weisen indessen ein fundamentales Problem auf. Mit ihnen lassen sich staatliche Umverteilungsziele, wie wir sie in Kapitel 7 kennen gelernt haben, praktisch nicht ins Werk setzen. Zunächst einmal ist offenkundig, dass mit einem für alle Haushalte gleichen Pauschalsteuersatz keine umverteilenden Wirkungen ausgelöst werden können. Umverteilende Pauschalsteuern müssen vielmehr für verschiedene Haushalte differierende Sätze aufweisen. Die Differenzierung darf sich allerdings nicht an den Haushaltseinkommen orientieren, denn die hängen ja vom Kapital- und Arbeitsangebot, sprich vom Verhalten der Haushalte ab. Die Differenzierung muss vielmehr verhaltensunabhängig sein und darf daher allein an die individuellen Anfangsausstattungen anknüpfen. Damit sind wir aber genau bei jenem Problem, das wir bereits in Kapitel 7 ausführlich besprochen haben. Weil der Staat die Anfangsausstattungen der Haushalte in der Regel nicht kennt, können sich seine umverteilenden Maßnahmen daran auch nicht orientieren. Sie müssen vielmehr an Indikatoren der Anfangsausstattungen – also etwa an das Arbeitseinkommen oder den Konsum – anknüpfen und lösen dann genau jene Verzerrungen aus, die wir als Zusatzlasten identifiziert haben.

Ursächlich für die Effizienzverluste der Besteuerung sind demnach letztlich Informationsdefizite des umverteilungsorientierten Staates hinsichtlich individueller Anfangsausstattungen und so lange diese fortdauern, sind auch Zusatzlasten unvermeidlich. Letzteres heißt aber nicht, dass sich ihr Umfang steuergestalterisch nicht beeinflussen ließe. Genau an dieser Stelle setzt vielmehr die Theorie der optimalen Besteuerung an. Sie unterstellt einen Staat, der sowohl Umverteilungs- als auch Effizienzziele verfolgt,[5] und leitet Besteuerungsregeln ab, die diesen beiden Zielen und den dazwischen liegenden Spannungen bestmöglich Rech-

---

[5] Die staatlichen Umverteilungs- und Effizienzziele werden dabei in der Regel durch eine soziale Wohlfahrtsfunktion operationalisiert. Von sozialen Wohlfahrtsfunktionen wissen wir ja aus Kapitel 7, dass sie konzeptionell sowohl mit dem Pareto-Kriterium als auch mit Ungleichheitsaversion und damit einem Umverteilungsmotiv kompatibel sind.

nung tragen. Zu den Regeln, die die Theorie der optimalen Besteuerung abgeleitet hat, gehören die drei folgenden:[6]

1. Steuerliche Bemessungsgrundlagen sollten breit definiert werden.

2. Die Steuersätze auf Güter und Produktionsfaktoren sollten in ihrer Höhe invers zu den Preiselastizitäten der Nachfrage und des Angebots der betreffenden Güter und Produktionsfaktoren gewählt werden.

3. Güter des täglichen Bedarfs sollten geringer und Güter des gehobenen Bedarfs sollten höher besteuert werden.

Die erste Regel folgt unmittelbar aus der Harbergerschen Formel – siehe dazu die Gleichungen (10.1) und (10.2). Höhere steuerliche Bemessungsgrundlagen erhöhen die Zusatzlast proportional, höhere Steuersätze erhöhen die Zusatzlast dagegen quadratisch. Man sollte deshalb mit möglichst niedrigen Sätzen besteuern. Um gleichwohl ein gewisses Steueraufkommen zu realisieren, sollten die Bemessungsgrundlagen entsprechend breit definiert werden.

Die zweite Regel lässt sich ebenfalls mit der Harbergerschen Formel begründen. Die durch Besteuerung eines Gutes oder eines Produktionsfaktors entstehende Zusatzlast ist um so höher, je höher die Preiselastizität der Nachfrage bzw. des Angebots. Die Steuern auf verschiedene Güter und Produktionsfaktoren sollten deshalb so aufeinander abgestimmt werden, dass die Elastizitäten und Steuersätze in einem umgekehrten, gegebenenfalls sogar umgekehrt proportionalen Verhältnis zueinander stehen. Die Regel wird deshalb Inverse-Elastizitäten-Regel genannt. Gelegentlich wird sie auch nach ihrem Entdecker Frank Ramsey (1927) als Ramsey-Regel bezeichnet.

Die dritte Regel trägt dem Umverteilungsziel des Staates Rechnung. Durch die geringere Besteuerung von Gütern des täglichen Bedarfs und die stärkere Besteuerung von Gütern des gehobenen Bedarfs soll eine Umverteilung von reicheren an ärmere Haushalte bewirkt werden, weil reichere mehr als ärmere Haushalte Güter des gehobenen Bedarfs konsumieren. Allerdings herrscht zwischen dieser Regel, die wir als Gerechtigkeitsregel bezeichnen wollen, und der Inverse-Elastizitäten-Regel ein Konflikt. Güter des täglichen Bedarfs werden nämlich eher unelastisch nachgefragt. Wir haben bereits darauf hingewiesen, dass etwa der

---

[6] Ausführlich wird die Theorie der optimalen Besteuerung in Atkinson und Stiglitz (1980) sowie in Myles (1995) behandelt.

Konsum von Waschpulver recht preisunelastisch ist; ähnlich verhält es sich mit Grundnahrungsmitteln wie Brot. Dagegen weisen Güter des gehobenen Bedarfs eher hohe Preiselastizitäten auf. Die Nachfrage nach Damenhüten zum Beispiel oder Kinobesuche reagieren sehr elastisch auf Preiserhöhungen. Die Inverse-Elastizitäten-Regel legt deshalb einen eher hohen Steuersatz für Güter des täglichen Bedarfs und einen geringen für Güter des gehobenen Bedarfs nahe, während die Gerechtigkeitsregel genau das Gegenteil empfiehlt. In der Tat führt das Zusammenspiel dieser beiden Regeln dazu, dass optimale Steuersätze untereinander eher wenig Variation aufweisen sollten. Es lässt sich sogar unter recht allgemeinen Bedingungen zeigen, dass ein optimales Steuersystem aus homogenen Steuersätzen zusammengesetzt werden sollte.[7]

10.3 Steuerlastverteilung

In Abschnitt 10.1 haben wir erläutert, dass sich die Steuerlast in zwei Komponenten zerlegen lässt. Die erste Komponente umfasst die als Steueraufkommen direkt messbare finanzielle Last und die zweite Komponente die durch eine Veränderung des Preisgefüges ausgelöste Zusatzlast. Letztere haben wir dann ausführlich untersucht. Wir wollen uns nun mit der direkten Steuerlast beschäftigen und untersuchen, wer eigentlich die direkte Steuerlast trägt. Zunächst scheint die Frage recht einfach zu beantworten zu sein. Immerhin wird ja für jede Steuer der Steuerschuldner per Gesetz bestimmt. Tatsächlich wird damit aber nur die Frage nach der gesetzlichen Steuerinzidenz beantwortet, wobei die Steuerinzidenz besagt, bei wem die Last der Steuer anfällt. Wir werden freilich sehen, dass die gesetzliche Steuerinzidenz keinerlei Aufschluss darüber gibt, wer in einem ökonomischen Sinne die Last der Steuer trägt, sprich wer effektiv welchen Teil der Steuerlast auf sich nimmt. Die ökonomische Steuerinzidenz hängt vielmehr davon ab, in welchem Umfang es den gesetzlich identifizierten Steuerschuldnern gelingt, die Last der Steuer auf andere zu überwälzen.

Wir behandeln die Theorie der Steuerlastverteilung nur in einem sehr isolierten Rahmen. Erstens beschränken wir die Untersuchung auf einen partialanalytischen Ansatz, zweitens unterstellen wir vollständige Konkurrenz und drittens berücksichtigen wir nur die so genannte spezifische Steuerinzidenz. Erstes bedeutet, dass wir die Lastverteilungs-

---

[7] Eine detaillierte Entwicklung dieses Ergebnisses findet sich bei Deaton (1979).

effekte einer Steuer nur in einem einzelnen Markt betrachten und die
auf anderen Märkten entstehenden Rückkopplungen ignorieren. Zweites
impliziert, dass die Haushalte jene Menge des Gutes nachfragen, für die
ihre marginale Zahlungsbereitschaft dem Preis des Gutes gleicht, und
die Unternehmen jene Menge anbieten, für die ihre Grenzkosten dem
Preis des Gutes gleichen. Drittes schließlich meint, dass alle anderen
Steuern und staatlichen Ausgaben als unverändert betrachtet werden.

Das verwendete partialanalytische Modell ist in Abbildung 10.6 dargestellt. Im Unterschied zu den bisherigen Modellen gehen wir jetzt
nicht mehr von konstanten, sondern von steigenden Grenzkosten GK
aus. Andernfalls könnten wir den Überwälzungsmechanismus nämlich
nur aus einer sehr unvollständigen Perspektive betrachten. Der ökonomische Gehalt der GK-Kurve bleibt freilich unverändert. In jedem
Punkt gibt die GK-Kurve an, wie viel Euro die Unternehmen mindestens für eine weitere Einheit des von ihnen angebotenen Gutes haben
wollen. Unter vollständiger Konkurrenz entspricht die GK-Kurve der
Angebotskurve der Unternehmen und das ist bei steigenden Grenzkosten vermutlich noch augenfälliger als bei konstanten. Im Marktgleichgewicht stimmen Angebot und Nachfrage überein und das heißt bei
vollständiger Konkurrenz, dass die marginale Zahlungsbereitschaft der
Haushalte den Grenzkosten der Unternehmen gleicht. In Abbildung
10.6 ist das für die Menge x^* und den dazugehörigen markträumenden
Preis p^* der Fall.

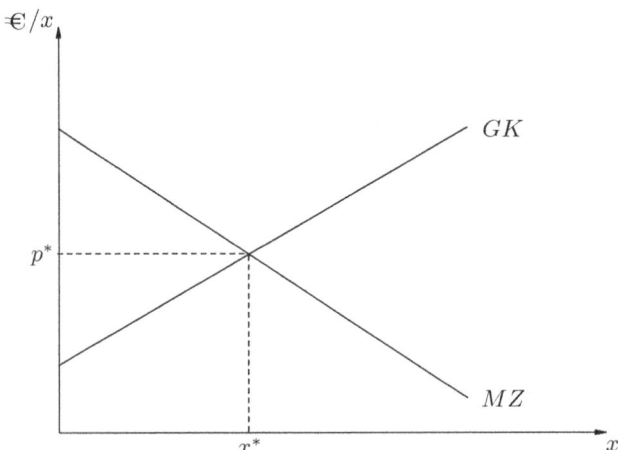

Abb. 10.6. Partialanalytisches Modell

Nun belege der Staat das betrachtete Gut mit einer Mengensteuer in Höhe von τ. Mengensteuern werden nicht in Form von prozentualen Preisaufschlägen oder -abschlägen erhoben, sie knüpfen vielmehr an nachgefragte oder angebotene Mengeneinheiten an.[8] Zunächst liege die gesetzliche Steuerinzidenz bei den Konsumenten, d.h die Haushalte müssen pro nachgefragter Einheit des Gutes nach Einführung der Steuer neben dem Preis an die Anbieter den Steuerbetrag an den Staat abführen. Dadurch verändert sich natürlich nicht die Wertschätzung der Haushalte für das betreffende Gut und ihre marginale Zahlungsbereitschaft bleibt entsprechend von der Steuer unberührt. Wenn freilich die Haushalte für eine weitere Einheit des Gutes maximal MZ Euro zu zahlen bereit sind, dann erhalten die Anbieter des Gutes höchsten $MZ - \tau$ Euro, weil ja τ Euro an den Staat fließen. Deshalb nehmen die Anbieter nach Einführung der Steuer eine an jeder Stelle um den Betrag τ nach unten verschobene Nachfragekurve wie in Abbildung 10.7 wahr.

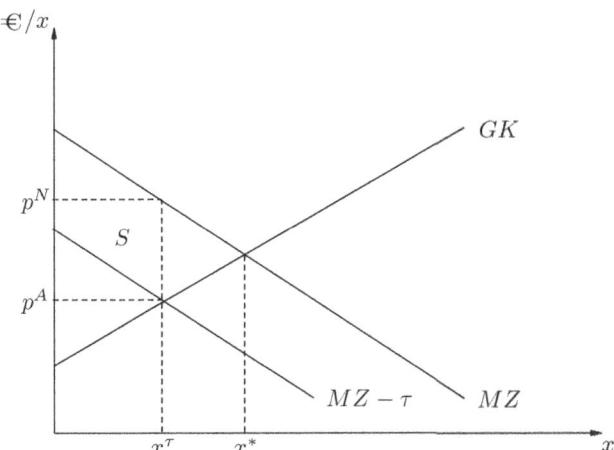

Abb. 10.7. Einführung einer Mengensteuer

Bedingt durch die Steuer wird das Marktgleichgewicht nun an der Stelle x^τ erreicht. Die Anbieter erhalten für jede Einheit des Gutes im neuen Gleichgewicht den Preis p^A und die Nachfrager müssen den Preis $p^N = p^A + \tau$ bezahlen. Die an den Staat fließende Steuerlast wird durch die Fläche des mit S bezeichneten Rechtecks gemessen und

---

[8] In Deutschland werden die so genannten Verbrauchsteuern, also z.B. die Mineralöl-, die Tabak- und die Bierstcucr als Mengensteuern erhoben.

beträgt $S = (p^N - p^A) x^\tau = \tau x^\tau$. Verglichen mit dem Marktgleichgewicht ohne Steuern müssen nicht nur die Nachfrager einen höheren Preis zahlen, sondern die Anbieter müssen sich auch mit einem geringeren Preis begnügen. Der Nachfragerpreis steigt um $\Delta p^N = p^N - p^*$ und der Anbieterpreis fällt um $\Delta p^A = p^* - p^A$, wobei die Summe der beiden Preisänderungen den Steuerbetrag τ ergibt. Obwohl die gesetzliche Steuerinzidenz bei den Nachfragern liegt, tragen demnach beide Marktseiten jeweils einen Teil der Steuerlast S; die Nachfrager tragen den Teil $\Delta p^N x^\tau$ und die Anbieter den Teil $\Delta p^A x^\tau$. Der von den Nachfragern getragene Teil ist in Abbildung 10.8 dunkel und der von den Anbietern getragene Teil hell schraffiert eingetragen. Offenbar hängt die Aufteilung der Steuerlast von den Verläufen der Nachfrage- oder MZ-Kurve und der Angebots- oder GK-Kurve ab. Mit diesem Zusammenhang werden wir uns noch näher beschäftigen. Zuvor wollen wir aber untersuchen, wie sich die Steuerlast verteilt, wenn die gesetzliche Inzidenz nicht bei den Nachfragern, sondern bei den Anbietern liegt.

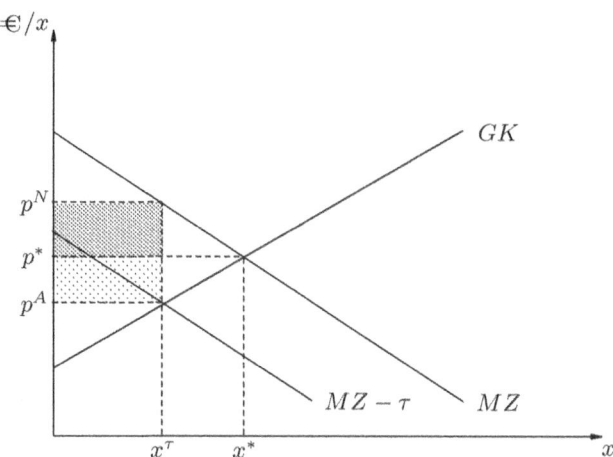

Abb. 10.8. Ökonomische Steuerinzidenz

In dem Fall schulden nicht die Nachfrager, sondern die Anbieter die Steuer; pro verkaufter Einheit des Gutes müssen sie τ Euro an den Staat abführen. Dadurch ändert sich natürlich nicht ihre marginale Angebotsbereitschaft. Nach wie vor sind sie bereit, eine weitere Einheit des Gutes anzubieten, wenn sie dafür mindestens die Grenzkosten erhalten. Um freilich für eine weitere Einheit GK Euro zu erhalten, müssen die Anbieter den Nachfragern nun einen Preis in Höhe von $GK + \tau$ Euro

berechnen, weil ja τ Euro an den Staat fließen. Aus der Sicht der Nachfrager verschiebt sich deshalb die Angebotskurve an jeder Stelle um
den Betrag τ nach oben. Um diesen Fall darzustellen und ihn gleichzeitig mit dem vorangegangen Fall der gesetzlichen Steuerinzidenz bei
den Nachfragern zu vergleichen, verschieben wir in Abbildung 10.8 die
Angebots- oder GK-Kurve in der beschriebenen Weise nach oben und
erhalten dann Abbildung 10.9. Wir sehen, dass es für die ökonomische
Steuerinzidenz vollkommen unerheblich ist, wer gesetzlich die Steuer
schuldet. Die Steuerlastverteilung ist in beiden Fällen identisch. Die
Steuer treibt einen Keil in Höhe von τ zwischen den Anbieter- und
den Nachfragerpreis. Wer diesen Steuerkeil gesetzlich schuldet, sprich
welches formaljuristische Etikett diesem Keil verliehen wird, ist für die
effektive Steuerlastverteilung irrelevant.

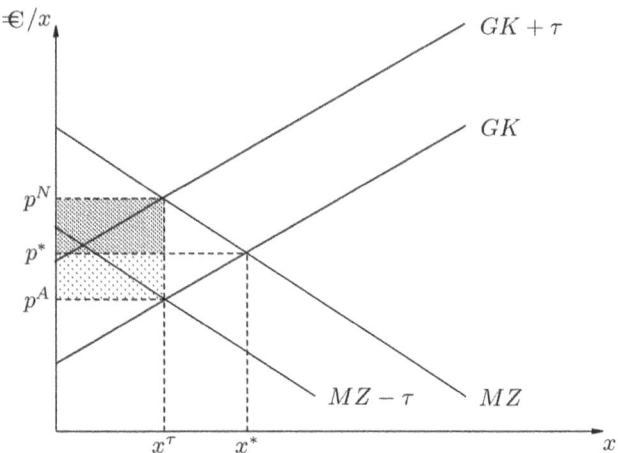

Abb. 10.9. Irrelevanz der gesetzlichen Steuerinzidenz

Wir haben bereits darauf hingewiesen, dass es für die ökonomische
Steuerinzidenz allein auf die Verläufe der Angebots- und Nachfragekur-
ven, sprich auf die Marktkräfte ankommt. Je flacher die Angebotskurve verläuft, desto stärker geht das Angebot infolge einer Preissenkung
zurück und desto besser gelingt es den Anbietern, die Steuer in Form
eines höheren Preises auf die Nachfrager vorzuwälzen. Das ist dann der
Fall, wenn die Anbieter der Steuer gut ausweichen können, etwa weil
sich die Produktionsmenge kurzfristig leicht variieren lässt. Je flacher
andererseits die Nachfragekurve verläuft, desto stärker geht die Nachfrage infolge einer Preiserhöhung zurück und desto besser gelingt es

den Nachfragern, die Steuer auf die Anbieter rückzuwälzen. In diesem Fall können die Nachfrager der Steuer gut ausweichen, etwa weil sie das besteuerte Gut durch den Konsum anderer Güter ersetzen.

Wir wollen diesen Zusammenhang graphisch präzisieren. Wir betrachten zunächst eine vollkommen flach verlaufende Angebots- oder GK-Kurve wie in Abbildung 10.10. Bei einer vollkommen flach verlaufenden Angebotskurve sagen wir auch, das Angebot sei völlig elastisch. Wenn nun eine Steuer eingeführt wird und die gesetzliche Inzidenz bei den Nachfragern liegt, dann gelingt es den Nachfragern offenbar überhaupt nicht, auch nur einen Teil der Steuerlast auf die Anbieter rückzuwälzen. Weil das Angebot völlig elastisch reagiert, verbleibt der Anbieterpreis auf seinem ursprünglichen Niveau und es kommt nur zu einer Reduktion der Menge des Gutes. In diesem Fall steigt der Preis für die Nachfrager um den Steuerbetrag τ und sie müssen die volle Steuerlast tragen.

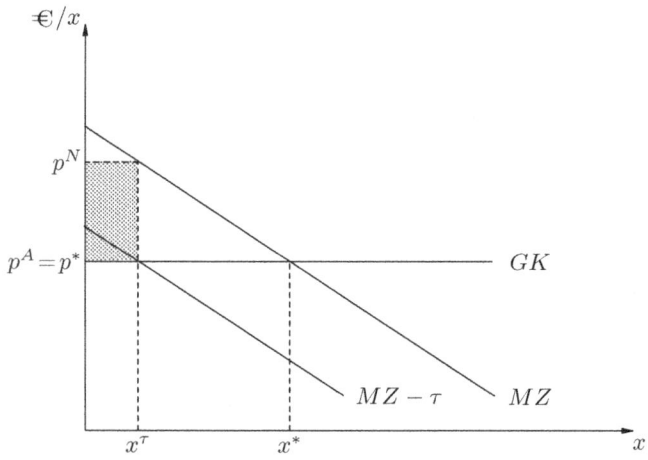

Abb. 10.10. Vollkommen elastisches Angebot

In Abbildung 10.11 unterstellen wir dagegen ein völlig unelastisches Angebot, d.h. eine senkrecht verlaufende Angebots- oder GK-Kurve. Wie im vorangegangenen Fall liegt die gesetzliche Inzidenz bei den Nachfragern. Im Unterschied zum vorangegangenen Fall gelingt es den Nachfragern aber nun, die Steuerlast vollständig auf die Anbieter rückzuwälzen. Dazu kommt es, weil die Anbieter die Produktionsmenge – zumindest kurzfristig – nicht variieren können, und deshalb keine Möglichkeit haben, der Steuer auszuweichen. Vielmehr können sie ihre Produktionsmenge nach Einführung der Steuer nur noch zum Preis $p^A = p^* - \tau$ absetzen.

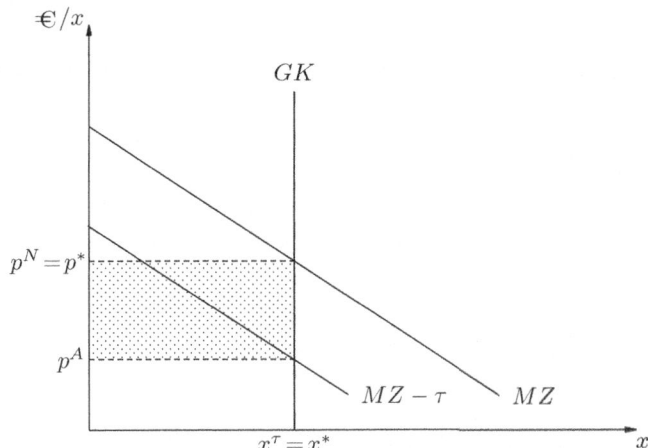

Abb. 10.11. Vollkommen unelastisches Angebot

Analog lässt sich zeigen, dass die Anbieter die volle Steuerlast tragen, wenn die Nachfrage vollkommen elastisch ist, und dass umgekehrt die Nachfrager die volle Steuerlast tragen, wenn die Nachfrage vollkommen unelastisch ist. Allgemein gilt, dass der Teil der Steuerlast, den eine Marktseite zu tragen hat, um so geringer ist, je elastischer sie auf die steuerinduzierte Preisveränderung reagiert. Worauf es dagegen nicht ankommt ist, wer gesetzlich die Steuer schuldet.

Wir haben die Analyse der Steuerlastverteilung auf Mengensteuern beschränkt. Ebenso könnten wir auch für die in Abschnitt 10.1 eingeführte Wertsteuer eine Lastverteilungstheorie entwickeln. Bei Wertsteuern ist die hier verwendete graphische Darstellung allerdings weniger leicht zu handhaben, weil sich durch die Einführung einer Wertsteuer die Angebots- und die Nachfragekurve nicht nur nach oben bzw. nach unten verschieben, sondern zusätzlich noch in ihrer Steigung verändern. Vor allem würde sich aber zeigen, dass durch eine gesonderte Berücksichtigung von Wertsteuern zumindest im hier entwickelten Ansatz mit vollständiger Konkurrenz an qualitativen Einsichten nichts hinzuzugewinnen ist. Auch bei der Wertsteuer sind die Lastverteilungseffekte unabhängig von der gesetzlichen Steuerinzidenz und nur durch die Preiselastizitäten des Angebots und der Nachfrage bestimmt.

10.4 Übungsaufgaben zu Kapitel 10

Von den angegebenen möglichen Antworten ist immer nur genau eine richtig. Treffen gleichzeitig mehrere Aussagen zu, so sind sie stets in einer Antwortmöglichkeit zusammengefasst, also z.B. in der Antwortmöglichkeit „Aussagen a) und c) sind richtig". Lösungen zu allen Aufgaben finden sich in einem Lösungsteil am Ende des Buches.

1. Die Zusatzlast der Besteuerung ...
   a) ist Grund für die Erhebung des Solidaritätszuschlags.
   b) stellt ein Verteilungsproblem zwischen dem Staat und dem privaten Sektor dar.
   c) fällt bei einer Wertsteuer mit einem geringen Steuersatz entsprechend gering aus.
   d) Aussagen b) und c) sind richtig.

2. Die Zusatzlast der Besteuerung ...
   a) geht an den Staat.
   b) entsteht nicht, wenn die Nachfrager den Konsum des besteuerten Gutes durch den Konsum anderer Güter ersetzen können.
   c) kann durch den Verlust an Konsumentenrente gemessen werden.
   d) kann nicht gemessen werden, da sie keine monetäre Größe darstellt.

3. Welche Aussage ist richtig?
   a) Liegt die gesetzliche Inzidenz einer Steuer bei den Nachfragern, so verschiebt sich die am Markt wahrgenommene Nachfragekurve um den Steuerbetrag nach unten.
   b) Liegt die gesetzliche Inzidenz einer Steuer bei den Anbietern, so verschiebt sich die am Markt wahrgenommene Angebotskurve um den Steuerbetrag nach unten.
   c) Der maximale Betrag, den ein Nachfrager für eine weitere Einheit eines Gutes zu zahlen bereit ist, hängt von der Steuer auf dieses Gut ab.
   d) Die ökonomische Inzidenz einer Steuer ist im Allgemeinen eng mit ihrer gesetzlichen Inzidenz verknüpft.

4. Die optimale Besteuerung steht vor dem Problem, gleichzeitig Effizienz- und Umverteilungszielen Rechnung zu tragen. Folglich ...
   a) muss der Staat nur die Güter besteuern, die reiche Haushalte konsumieren, und dabei niedrige Steuersätze erheben.

b) sind sowohl die Preiselastizitäten von Angebot und Nachfrage als auch die Art des besteuerten Gutes für die Besteuerungsentscheidung des Staates relevant.

c) können preisunelastisch nachgefragte Güter so lange besteuert werden, bis das notwendige Steueraufkommen erreicht ist.

d) werden Steuern auf möglichst enge Bemessungsgrundlagen angewendet, damit untere Einkommensgruppen nicht zu sehr von der Steuerlast betroffen sind.

5. Welche Aussage ist richtig?

a) Die gesetzliche Inzidenz einer Steuer stimmt mit ihrer ökonomischen Inzidenz überein.

b) Im Falle einer von den Anbietern abzuführenden Mengensteuer verschiebt sich die von den Nachfragern wahrgenommene Angebotskurve um einen Bruchteil des Steuersatzes τ nach oben.

c) Durch eine Mengensteuer, deren gesetzliche Inzidenz bei den Nachfragern liegt, ändert sich die marginale Zahlungsbereitschaft der Nachfrager.

d) Durch eine Mengensteuer, deren gesetzliche Inzidenz bei den Nachfragern liegt, ändert sich das von den Anbietern wahrgenommene Nachfrageverhalten.

6. Welche Aussage ist richtig?

a) Bei völlig elastischem Angebot wird eine von den Anbietern abzuführende Mengensteuer vollständig von den Anbietern getragen.

b) Bei völlig unelastischem Angebot wird eine von den Nachfragern abzuführende Mengensteuer vollständig von den Nachfragern getragen.

c) Bei völlig unelastischem Angebot wird eine von den Anbietern abzuführende Mengensteuer vollständig von den Nachfragern getragen.

d) Bei völlig elastischem Angebot wird eine von den Anbietern abzuführende Mengensteuer vollständig von den Nachfragern getragen.

7. Die Harbergersche Formel besagt, dass ...

a) die Besteuerung elastisch nachgefragter Güter geringe Zusatzlasten auslöst.

b) eine Besteuerung, die keine Zusatzlast auslöst, nur mit einem Steuersatz von $\tau = 1/2$ möglich ist.

  c) die Zusatzlast proportional zur Bemessungsgrundlage ist.

  d) kein Widerspruch zwischen Effizienz und Gerechtigkeit bei der Besteuerung lebensnotwendiger Güter besteht, weil aufgrund der niedrigen Preiselastizität der Nachfrage nach diesen Gütern nur geringe Zusatzlasten entstehen.

8. Welche Aussage ist richtig?

  a) Bei einer Mengensteuer, deren gesetzliche Inzidenz bei den Nachfragern liegt, tragen die Anbieter die volle Steuerlast, wenn das Angebot vollkommen unelastisch ist.

  b) Bei einer Mengensteuer, deren gesetzliche Inzidenz bei den Nachfragern liegt, tragen die Nachfrager die volle Steuerlast, wenn das Angebot vollkommen elastisch ist.

  c) Bei einer Mengensteuer, deren gesetzliche Inzidenz bei den Anbietern liegt, tragen die Nachfrager die volle Steuerlast, wenn die Nachfrage vollkommen unelastisch ist.

  d) Alle Aussagen sind richtig.

9. Nach den Regeln der optimalen Besteuerung ...

  a) sollen Güter des täglichen Bedarfs aus Gerechtigkeitsgründen gering besteuert werden.

  b) sollen Güter mit einer niedrigen Preiselastizität der Nachfrage aus Effizienzgründen hoch besteuert werden.

  c) wird der Konflikt zwischen Effizienz und Gerechtigkeit berücksichtigt.

  d) Alle Aussagen sind richtig.

10. Ein Gut werde zu konstanten Grenzkosten in Höhe von 5 Euro produziert und unter vollständigem Wettbewerb angeboten. Nun erhebe der Staat auf das Gut eine Wertsteuer in Höhe von 100%, die von den Anbietern abzuführen sei. Welche Aussage ist richtig?

  a) Der Preis für das Gut steigt auf 10 Euro, da die Grenzkosten durch die Besteuerung nicht mehr konstant sind.

  b) Die ökonomische Inzidenz der Steuer liegt bei den Nachfragern.

  c) Ein Haushalt mit einer marginalen Zahlungsbereitschaft in Höhe von 6 Euro für die erste Einheit des Gutes wird durch die Steuer belastet, obwohl er danach keine Einheit des Gutes mehr konsumiert.

  d) Ein Haushalt mit einer marginalen Zahlungsbereitschaft in Höhe von 6 Euro für die erste Einheit des Gutes wird keine weitere

Einheit mehr kaufen und daher durch die Besteuerung nicht belastet.

11

Staatsverschuldung

Neben den Steuereinnahmen stellt die öffentliche Kreditaufnahme die zweite wichtige Einnahmequelle des Staates dar. Im Unterschied zu Steuereinnahmen, die gelegentlich als ordentliche Einnahmen des Staates bezeichnet werden, handelt es sich aber bei öffentlichen Krediten um außerordentliche Einnahmen, weil sie zumindest ihrem Wesen nach keine regelmäßigen Einnahmen des Staates sein sollen und ferner nur vorläufige Einnahmen sind, da sie zu späteren Zins- und Tilgungsausgaben des Staates führen. Öffentliche Kredite unterscheiden sich darüber hinaus noch in einem weiteren wesentlichen Punkt von Steuereinnahmen. Erstere erfordern nämlich im Unterschied zu letzteren keinen staatlichen Zwang. Sie setzen vielmehr voraus, dass der Staat sich wie die privatwirtschaftlichen Akteure am marktwirtschaftlichen Prozess beteiligt und sich dabei ähnlich wie jene an die marktmäßigen Beziehungen von Kreditangebot und -nachfrage anpasst.

Der jährliche Zuwachs der Staatsverschuldung wird als Nettoneuverschuldung oder Nettokreditaufnahme bezeichnet. Darin sind die jährlichen Tilgungsleistungen des Staates bereits verrechnet. Die Staatsverschuldung ist damit die Summe aller in der Vergangenheit aufgenommenen Nettokredite. In Tabelle 11.1 ist die Entwicklung der Staatsverschuldung in Deutschland von 1970 bis 2004 dargestellt. Danach ist der Schuldenstand von 60,3 Milliarden Euro im Jahr 1970 auf in ihrer Höhe fast aberwitzig anmutende 1395,0 Milliarden Euro im Jahr 2004 gestiegen. Aus diesen Zahlen sollte man freilich nicht schließen, der Schuldenstand habe sich in dem betrachteten Zeitraum mehr als verzwanzigfacht. Diese Zahlen sind nämlich nicht preisbereinigt, weil sie neben dem realen Zuwachs der Staatsverschuldung auch die in diesem Zeitraum angefallene Geldentwertung beinhalten. Aussagekräfti-

ger als der absolute Schuldenstand ist die Schuldenstandsquote, d.h.
der Schuldenstand in Prozent des Bruttoinlandsprodukts (BIP). Weil
die Schuldenstandsquote sowohl im Zähler (Schuldenstand) als auch im
Nenner (BIP) eine nominale Größe enthält, ist sie nicht nur preisbereinigt, sie vermittelt auch eine bessere quantitative Vorstellung von den
an die Staatsverschuldung gekoppelten Verpflichtungen. Die Schuldenstandsquote besagt, auf wie viel Prozent ihres BIPs die Gesellschaft
verzichten müsste, wenn sie sich ihrer Staatsverschuldung von heute
auf morgen komplett entledigen wollte. Im Jahr 1970 wären das 19,3%
gewesen, im Jahr 2004 immerhin schon 66,0%.

Tabelle 11.1. Entwicklung der Staatsverschuldung

Jahr	Schuldenstand in Euro	Schuldenstand in % des BIP	Zinsausgaben in % des Gesamthaushalts
1970	60,3	19,3	2,5
1980	211,7	29,8	4,1
1990	475,0	41,8	5.8
2000	1198,1	60,3	6,8
2004	1395,0	66,0	6,5

Quelle: BMF, eigene Berechnungen.

Höhere Staatsschulden führen natürlich auch zu höheren staatlichen
Zinsverpflichtungen. Für die Finanzwissenschaft ist dabei von besonde-
rem Interesse, wie sich die Zinsausgaben relativ zum Gesamthaushalt
des Staates entwickeln, denn selbstredend stehen die für Zinszahlungen
verwendeten staatlichen Einnahmen nicht mehr für andere staatliche
Aufgaben zur Verfügung. Wie Tabelle 11.1 zeigt, hat sich der Anteil
der Zinsausgaben am gesamten staatlichen Haushalt von 1970 bis 2004
weit mehr verdoppelt.[1]

Die internationale Entwicklung der Staatsverschuldung ist in Tabelle 11.2 dargestellt. Im Vergleich zu den anderen Mitgliedsländern
der Europäischen Union sowie Japan und den USA hat sich Deutschland hinsichtlich der Schuldenstandsquote offenbar zwischen 1980 und
2000 aus dem unteren Drittel ins Mittelfeld bewegt und zwischen 2000

---

[1] Der Rückgang zwischen 2000 und 2004 ist insbesondere darauf zurückzuführen,
dass in diesem Zeitraum das Zinsniveau gesunken ist. Während der auf die staatlichen Schulden anfallende Zinssatz im Jahr 2000 nominal bei etwa 5,6% lag,
betrug er im Jahr 2004 weniger als 5%.

und 2004 sogar ins obere Drittel. Für diese Entwicklung haben die in den 1990er Jahren besonders hohen, freilich noch immer anfallenden Finanzierungslasten im Zusammenhang mit der deutschen Wiedervereinigung eine besondere Rolle gespielt, denn diese Lasten wurden zunächst zu einem erheblichen Teil mit öffentlichen Krediten finanziert. Auffällig hohe Quoten mit zum Teil mehr als 100% weisen die Länder Belgien, Griechenland, Italien und Japan aus. Weiterhin fällt auf, dass die Schuldenstandsquote in allen Ländern außer Großbritannien, Irland und Luxemburg zwischen 1980 und 2004 gestiegen ist. Indessen ist die Schuldenstandsquote in einigen Ländern wie Belgien, Dänemark und Spanien seit kurzem wieder rückläufig.

Tabelle 11.2. Schuldenstandsquoten

Land	1980	2000	2004
Belgien	76,6	109,3	95,6
Dänemark	37,6	47,3	42,7
Deutschland	29,8	60,3	66,0
Finnland	11,5	44,4	45,1
Frankreich	19,3	57,4	65,6
Griechenland	23,6	102,8	110,5
Großbritannien	54,7	42,9	41,6
Irland	67,6	39,0	29,9
Italien	57,9	110,6	105,8
Luxemburg	11,8	5,6	7,5
Niederlande	45,1	56,0	55,7
Österreich	35,8	63,6	65,2
Portugal	31,9	53,4	61,9
Schweden	39,6	55,6	51,2
Spanien	16,8	60,4	48,9
Japan	51,2	122,8	164,0
USA	37,0	59,8	63,4

Quelle: BMF, eigene Berechnungen.

Wir werden uns in diesem Kapitel zunächst mit den makroökonomischen Folgen der Staatsverschuldung auseinandersetzen. Dabei wird sich zeigen, dass man je nach Standpunkt zu ganz unterschiedlichen ökonomischen Bewertungen der Staatsverschuldung kommen kann. Im Anschluss daran beschäftigen wir uns mit den Konsequenzen der Staatsverschuldung für den öffentlichen Haushalt. Besonders wird uns dabei die Frage beschäftigen, ob die öffentliche Kreditaufnahme ein nachhaltiges Instrument der staatlichen Finanzierung darstellt, sprich ob der Staat mit einer fortgesetzten Nettoneuverschuldung langfristig zusätzliche Einnahmen erzielen kann. Wir beschließen das Kapitel mit einer Diskussion über die verfassungsrechtlichen Grenzen der Staatsverschuldung und ihre Bindewirkungen für die Finanzpolitik.

11.1 Makroökonomische Staatsverschuldungstheorien

Die gesamtwirtschaftlichen oder makroökonomischen Auswirkungen der Staatsverschuldung haben seit jeher großes wirtschaftspolitisches und -theoretisches Interesse gefunden. Es sollte uns deshalb nicht überraschen, dass es in der Volkswirtschaftslehre nicht nur eine, sondern mehrere, miteinander konkurrierende Staatsverschuldungstheorien gibt, die zum Teil zu völlig unterschiedlichen Schlussfolgerungen hinsichtlich der makroökonomischen Wirkungen der Staatsverschuldung gelangen. Ob man nun meint, die öffentliche Kreditfinanzierung sei makroökonomisch betrachtet hilfreich, schädlich oder irrelevant, für jede Position findet sich ein entsprechendes wirtschaftstheoretisches Konzept. Welchem der verschiedenen Konzepte man den Vorzug gibt, hängt im Wesentlichen davon ab, wie viel Überzeugungskraft man den jeweiligen zugrunde liegenden Annahmen beimisst. Wir besprechen im weiteren die drei bedeutendsten makroökonomischen Theorien der Staatsverschuldung, und zwar die keynesianische, die neoklassische und die ricardianische.

11.1.1 Keynesianischer Ansatz

Der nach John M. Keynes (1936) benannte keynesianische Ansatz geht davon aus, dass öffentliche Ausgaben, die mit Krediten finanziert werden, in Phasen des konjunkturellen Abschwungs eine zu geringe gesamtwirtschaftliche Güternachfrage stimulieren und auf diese Weise zu einer höheren Auslastung der volkswirtschaftlichen Ressourcen und insbesondere zu mehr Beschäftigung führen. Dabei ist die keynesianische Sicht ihrer Konzeption nach kurzfristig angelegt. Sie berücksichtigt deshalb nicht, welchen Einfluss staatliche Defizite auf die Entwicklung der volkswirtschaftlichen Kapitalbildung ausüben. Allein der unterstellte expansive Nachfrageeffekt dient der Rechtfertigung öffentlicher Kredite.

Seit jeher ist am keynesianischen Konzept des so genannten „deficit spending" bemängelt worden, dass es keine befriedigende Erklärung für die anfänglich unausgelasteten volkswirtschaftlichen Ressourcen bietet. Es ist ja in der Tat nicht ohne weiteres einzusehen, dass rationale und eigeninteressierte private Akteure vorhandene Einkommensmöglichkeiten, wenn sie nicht mit Marktversagen in Verbindung stehen, ungenutzt lassen und dass obendrein staatliche Akteure eine bessere Kenntnis davon haben sollen, wie sich Unterbeschäftigungsprobleme lösen lassen. Unterbeschäftigung mit dem Instrument der Kreditfinanzierung zu begegnen ähnele daher, so die Kritiker, eher einem Kurieren an Symptomen. Wie bei Krankheiten mag das zwar bisweilen kurzfristig zu einer Linderung führen. Langfristig verwischt aber eine Politik, die Vollbeschäftigung durch staatliche Defizite zu garantieren versucht, den marktwirtschaftlichen Sanktionsmechanismus, und gerade dieser hat ja das Potenzial, eine effiziente Verwendung der Ressourcen durchzusetzen. Darüber hinaus dürfte, so wird weiterhin argumentiert, die keynesianische Kreditrechtfertigungstheorie wohl auch traditionelle, sozialpsychologisch begründete Vorbehalte gegen das Schuldenmachen aufgeweicht haben.[2]

11.1.2 Neoklassischer Ansatz

Der neoklassische Ansatz lehnt sich konzeptionell an das wohlfahrtsökonomische Modell an, dessen Grundzüge wir in Kapitel 2 besprochen haben. Im Unterschied zum keynesianischen basiert der neoklassische Ansatz deshalb auf einer entscheidungstheoretischen Fundierung des Verhaltens aller am Wirtschaftsprozess beteiligten Akteure. Der neoklassische Ansatz unterstellt rationale Individuen, die ihren Konsum über den gesamten Lebenszyklus planen und dabei ihr Lebenseinkommen vollständig ausschöpfen. Die Wohlfahrt künftiger Generationen taucht dagegen im Entscheidungskalkül heute lebender Individuen nicht auf und entsprechend haben sie gegenüber künftigen Generationen auch keine privaten Schenkungs- oder Vererbungsmotive.

Um die Wirkung der Staatsverschuldung im neoklassischen Modellrahmen abzuleiten, nehmen wir an, dass der Staat Transfers an die heute lebenden Generationen mit öffentlichen Krediten finanziert, die von künftigen Generationen durch Steuerleistungen zurückgezahlt werden

---

[2] Zur Kritik am keynesianischen Ansatz siehe insbesondere Buchanan und Wagner (1977).

müssen. Zunächst erhöhen die Transfers das verfügbare Einkommen der heutigen Generationen. Diese reagieren darauf mit einer Erhöhung ihres Konsums, während sich das verfügbare Einkommen künftiger Generationen und entsprechend deren Konsum durch den dann fällig werdenden steuerfinanzierten Schuldendienst verkürzt. Tatsächlich aber nimmt im neoklassischen Modell der beschriebene intergenerationelle Umverteilungseffekt der Staatsverschuldung eine noch größere Dimension an. Die Erhöhung des Konsums der heutigen Generationen führt nämlich zu einem Rückgang der gesamtwirtschaftlichen Ersparnis und dadurch wird ein Verdrängungsmechanismus ausgelöst, der sich grundsätzlich auf zweierlei Weise entfalten kann.

In einer geschlossenen Volkswirtschaft führt der an die öffentliche Kreditaufnahme gekoppelte Rückgang der Ersparnisse zu weniger Investitionen in den inländischen Kapitalstock. In einer kleinen offenen Volkswirtschaft werden anstelle der inländischen Investitionen die Nettoexporte verdrängt und damit die inländischen Vermögensanteile am ausländischen Kapitalstock reduziert. Welche der beiden Spielarten des Verdrängungsmechanismus auch am Werke ist, die Folgen für den Lebensstandard zukünftiger Generationen sind qualitativ in beiden Fällen die gleichen. In einer geschlossenen Volkswirtschaft hemmen Defizite die inländische Kapitalbildung und führen die Ökonomie auf einen Wachstumspfad mit geringerem Pro-Kopf-Konsum. In einer offenen Volkswirtschaft bewirken Defizite eine verschlechterte Vermögensposition gegenüber dem Ausland und auch das hat eine Reduktion des künftigen Pro-Kopf-Konsums zur Folge. Praktisch dürften für ein Land wie Deutschland wohl beide Verdrängungsszenarien eine Rolle spielen. Jedenfalls führt die Kreditfinanzierung im Ergebnis nicht nur zu einer bloßen Überwälzung heutiger Finanzierungslasten auf künftige Generationen. Letztere sehen sich neben dem dann fälligen Schuldendienst auch noch mit einem geringeren gesamtwirtschaftlichen Kapitalstock und deshalb einer geringeren gesamtwirtschaftlichen Produktivität konfrontiert.

Werden die Einnahmen aus öffentlichen Krediten allerdings nicht dazu genutzt, den heutigen Konsum zu erhöhen, sondern für öffentliche Investitionen verwendet, also beispielsweise für die öffentliche Infrastruktur oder die Bildung, dann kommt es nicht notwendigerweise zu dem beschriebenen Verdrängungseffekt und den daran geknüpften Mehrlasten für künftige Generationen. Vielmehr stellt dann die öffentliche Kreditfinanzierung ein Instrument dar, mit dem künftige Generationen an der Finanzierung jener Projekte beteiligt werden können, von denen sie selbst profitieren. Wir werden auf dieses Argument später zurückkommen, wenn es um verfassungsrechtliche Grenzen der öffentlichen Kreditaufnahme geht.

11.1.3 Ricardianischer Ansatz

Der ricardianische Ansatz, dessen Grundidee bereits von David Ricardo (1817) formuliert wurde und dessen Namen er auch trägt, ist in seiner heutigen Form von Robert J. Barro (1974) entwickelt worden. Barros zentrale Botschaft lautet, dass sich die realen Effekte eines kreditfinanzierten staatlichen Programms nicht von denen eines steuerfinanzierten Programms unterscheiden und dass es insbesondere nicht zu dem beschriebenen Rückgang der gesamtwirtschaftlichen Kapitalbildung kommt. Die beiden Finanzierungsinstrumente Steuern und öffentliche Kredite sind nach Barro vielmehr äquivalent zueinander. Zentral für dieses mittlerweile als „ricardianische Äquivalenz" bezeichnete Ergebnis ist die Annahme, dass aufeinanderfolgende Generationen durch freiwillige, altruistisch motivierte Transfers, also z.B. Erbschaften, miteinander verbunden sind. Altruistische Eltern, so die Idee, beziehen die Wohlfahrt ihrer Nachkommen in das eigene Nutzenkalkül mit ein, so dass sich ihr Planungshorizont auch auf die Lebensdauer ihrer Kinder und Kindeskinder erstreckt und in letzter Konsequenz die Wohlfahrt aller künftigen Mitglieder ihrer Dynastie umfasst. Senkt der Staat nun bei gleichbleibenden öffentlichen Ausgaben die Steuern und schließt die entstehende Finanzierungslücke mit öffentlichen Krediten, dann berücksichtigen die heutigen Generationen, dass die gegenwärtige Steuerersparnis dem Gegenwartswert, d.h. der abdiskontierten Summe aller künftigen Kreditdienste entspricht. Heutige Generationen reichen deshalb die kreditbedingten Steuerersparnisse in Form einer Erbschaft an nachfolgende Generationen weiter und die bestreiten damit die anfallenden Kreditdienste.

Die Annahme einer dynastischen Verkopplung heutiger mit künftigen Generationen wirkt demnach so, als würde eine einzige Generation unendlich lang leben und deshalb die künftigen Lasten der Kreditfinanzierung voll in ihr heutiges Entscheidungskalkül mit einbeziehen. Entsprechend lassen heutige kreditfinanzierte Steuersenkungen, die ja nichts anderes als eine Verschiebung der Steuerlast in die Zukunft darstellen, die dynastischen Ressourcen unberührt und lösen daher anders als im neoklassischen Ansatz keine intergenerationellen Umverteilungs-

und Verdrängungseffekte aus. Der anfänglich als optimal erachtete intergenerationelle Einkommens- und Vermögensausgleich ändert sich durch eine kreditfinanzierte Verschiebung der Steuerlast in die Zukunft nicht.

Das Barrosche Äquivalenzresultat erscheint sehr provokativ und hat in der Tat eine lebhafte wissenschaftliche Diskussion ausgelöst, in der sowohl mit theoretischen als auch mit empirischen Argumenten versucht wurde, seine Irrelevanz zu beweisen. Wir wollen diese Diskussion hier nicht im Einzelnen besprechen.[3] Nur ein – allerdings elementares – Glied in der Barroschen Argumentationskette möchten wir etwas genauer betrachten. Die dynastische Verzahnung, auf die die ricardianische Äquivalenz aufbaut, setzt offenbar voraus, dass alle Haushalte tatsächlich Nachkommen haben. Ohne Nachkommen gibt es nämlich keinen Grund für jene altruistisch motivierten intergenerationellen Transfers, die die ansonsten auch im Barro-Modell auftretenden intergenerationellen Umverteilungs- und Verdrängungseffekte der öffentlichen Kreditfinanzierung neutralisieren. Wenn sich freilich immer mehr Haushalte dazu entschließen, keine Kinder zu haben, dann wird die dynastische Verkopplung heutiger mit künftigen Generationen gelockert und entsprechend das Motiv schwächer, die Wohlfahrt künftiger Generationen in das heutige Kalkül einzubeziehen. Das scheint darauf hinzuweisen, dass die fehlende Bereitschaft, für ausreichend Nachkommen zu sorgen, nicht nur eine gesellschaftliche Zukunftsschwäche an sich bedeutet, sondern auch eine zukunftsschwache, weil – wie wir im nächsten Abschnitt sehen werden – nicht nachhaltige öffentliche Finanzwirtschaft nach sich zieht.

11.2 Nachhaltigkeit der Kreditfinanzierung

Zwar bedient sich der Staat der Kreditaufnahme, um Einnahmen zu erzielen. Diese Einnahmen sind aber nur vorläufig, weil sie später verzinst zurückgezahlt werden müssen. Es stellt sich daher die Frage, wie nachhaltig die Kreditfinanzierung der Staatstätigkeit ist, d.h. ob eine Politik der fortgesetzten Nettokreditaufnahme dem Staat längerfristig tatsächlich zusätzlichen Haushaltsspielraum verschafft oder ob der kurzfristig gewonnene Haushaltsspielraum im Zeitablauf wegen der Zinsverpflichtungen wieder verloren geht.

---

[3] Ein ausführliche Darstellung dieser Diskussion findet sich z.B. bei Seater (1993).

Die Nachhaltigkeit der Finanzierung der öffentlichen Haushalte hat im Zusammenhang mit der Einführung des Euro eine besondere Rolle gespielt. Im Vertrag von Maastricht, in Kraft getreten am 1. November 1993, wurde die dann 1999 tatsächlich ins Werk gesetzte Gemeinschaftswährung beschlossen. Dabei wurde vereinbart, dass die teilnehmenden Länder gewisse Konvergenzkriterien erfüllen sollten. Eines der Kriterien betrifft die Nachhaltigkeit der Finanzierung der öffentlichen Haushalte. Als Indikatoren für die Nachhaltigkeit wurden die Schuldenstandsquote und die Nettoneuverschuldung gewählt und Grenzwerte für beide Größen definiert. Die Schuldenstandsquote soll danach 60% und die Nettoneuverschuldung 3% des BIPs eines Jahres nicht überschreiten.

Wir wollen in diesem Abschnitt zunächst untersuchen, wie sich die Schuldenstandsquote bei fortgesetzter Nettoneuverschuldung entwickelt. Dabei gehen wir besonders auf die im Maastrichter Vertrag vereinbarten Nachhaltigkeitskriterien ein. Anschließend betrachten wir die Konsequenzen für den staatlichen Haushaltsspielraum. Für die Analyse verwenden wir ein theoretisches Modell, das bereits in den 1940er Jahren von Evsey D. Domar (1944) entwickelt wurde. Das Domar-Modell fußt auf einigen mathematischen Gleichungen und entsprechend wird die Darstellung in diesem Abschnitt etwas formaler als in den bisherigen. Wir werden aber die einzelnen Elemente des formalen Apparates Schritt für Schritt entwickeln und ausführlich erläutern und dabei keine speziellen mathematischen Vorkenntnisse voraussetzen.

11.2.1 Das Domar-Modell

In seiner ursprünglichen Fassung basiert das Domar-Modell auf einem zeitstetigen Konzept. Wir wollen hier indessen eine zeitdiskrete Variante verwenden, weil sich darin die Modellparameter einfacher mit empirischen Daten bewerten lassen. Wir nehmen deshalb an, die Zeit sei in voneinander abgegrenzte Perioden eingeteilt und lasse sich mit natürlichen Zahlen durchnummerieren. Unter einer Periode wollen wir dabei den Zeitraum von einem Jahr verstehen. Die gesamte Staatsschuld in Periode t definieren wir durch die Summe

$$D_t = D_0 + d_0 + d_1 + \cdots + d_{t-1}. \tag{11.1}$$

Darin bezeichnet D_0 einen Anfangsbestand an Staatsschulden und d_j die Nettokreditaufnahme in der Periode $j = 0, \ldots, t-1$.

Die erste zentrale Annahme des Domar-Modells lautet, dass die Höhe der Nettokreditaufnahme in einem in jeder Periode gleichen, proportionalen Verhältnis zum nominalen Bruttoinlandsprodukt (BIP) steht. Bezeichne Y_j das BIP in Periode j und α die konstante Kreditaufnahmequote, i.e. das zeitinvariante Verhältnis von Nettokreditaufnahme und BIP, dann gilt also

$$d_j = \alpha Y_j. \tag{11.2}$$

Setzen wir Gleichung (11.2) in Gleichung (11.1) ein, so erhalten wir[4]

$$D_t = D_0 + \alpha \sum_{j=0}^{t-1} Y_j. \tag{11.3}$$

Die zweite zentrale Annahme des Domar-Modells lautet, dass das nominale BIP in jeder Periode mit einer zeitinvarianten Rate wächst. Bezeichne $g > 0$ diese Rate, dann gilt also $Y_j = (1+g) Y_{j-1}$ bzw.

$$Y_t = (1+g) Y_{t-1} = (1+g)^2 Y_{t-2} = \cdots = (1+g)^t Y_0. \tag{11.4}$$

Unter Berücksichtigung von Gleichung (11.3) berechnet sich daher der Schuldenstand in Periode t zu

$$D_t = D_0 + \alpha Y_0 \sum_{j=0}^{t-1} (1+g)^j. \tag{11.5}$$

Nun machen wir Gebrauch von der so genannten geometrischen Summenformel. Diese besagt, dass für alle reellen Zahlen $x \neq 1$ der Zusammenhang

$$\sum_{j=0}^{t-1} x^j = \frac{1 - x^t}{1 - x}$$

gilt.[5] Setzen wir $x = 1 + g$, dann lässt sich Gleichung (11.5) umformulieren zu

---

[4] Das Symbol $\sum$ bezeichnet den so genannten Summenoperator und es gilt $\sum_{j=0}^{t-1} Y_j = Y_0 + Y_1 + \cdots + Y_{t-1}$.

[5] Die geometrische Summenformel findet sich bereits in den „Elementen" des altgriechischen Mathematikers Euklid (4.-3. Jh.v.Chr.). Sie kann durch vollständige Induktion bewiesen werden. Dabei zeigt man im ersten Schritt, dass die Formel für $t = 1$ zutrifft. Im zweiten Schritt nimmt man an, sie treffe auch für ein beliebiges $t > 1$ zu, und zeigt schließlich im dritten Schritt, dass sie unter dieser Annahme auch für $t + 1$ zutrifft.

$$D_t = D_0 + \alpha\, Y_0\, \frac{1 - (1 + g)^t}{1 - (1 + g)}. \tag{11.6}$$

Die Schuldenstandsquote ist definiert als der Quotient von Schuldenstand und BIP einer Periode. In Periode t bezeichnen wir sie mit s_t, d.h.

$$s_t = \frac{D_t}{Y_t}.$$

Ersetzen wir darin Y_t und D_t mit Hilfe der Gleichungen (11.4) und (11.6), so erhalten wir nach wenigen Umformungen die Schuldenstandsquote in der Form

$$s_t = \left(s_0 - \frac{\alpha}{g}\right) \frac{1}{(1 + g)^t} + \frac{\alpha}{g}, \tag{11.7}$$

worin s_0 die Schuldenstandsquote in Periode 0 bezeichnet.

11.2.2 Entwicklung der Schuldenstandsquote

Mit Hilfe von Gleichung (11.7) können wir berechnen, welche Höhe die Schuldenstandsquote im Zeitablauf erreicht, wenn sich der Staat in jeder Periode mit der Kreditaufnahmequote α neu verschuldet. Dazu lassen wir den Periodenindex t immer größer werden und beobachten, dass dann der Ausdruck $1/(1+g)^t$ wegen $g > 0$ immer kleiner wird und deshalb der erste Summand auf der rechten Seite von Gleichung (11.7) schließlich verschwindet. Langfristig konvergiert die Schuldenstandsquote daher gegen einen konstanten Wert, den wir mit $\bar{s}$ bezeichnen und der bestimmt ist durch

$$\bar{s} = \frac{\alpha}{g}, \tag{11.8}$$

d.h. durch das Verhältnis von Kreditaufnahmequote und Wachstumsrate des nominalen BIP. Nehmen wir nun an, dass g gleich 0,04 sei – das entspricht grob der im längeren Durchschnitt in den modernen Industriestaaten erreichten Wachstumsrate des nominalen BIP von 4% –, so können wir mit Hilfe von Gleichung (11.8) bestimmen, wie hoch die Kreditaufnahmequote maximal sein darf, damit die Schuldenstandsquote den im Maastrichter Vertrag definierten Grenzwert von 60% nicht überschreitet. Setzen wir in Gleichung (11.8) $g = 0,04$ und $\bar{s} = 0,6$, dann folgt $\alpha = 0,024$, d.h. um eine Schuldenstandsquote von 60% bei

einer Wachstumsrate des nominalen BIP von jährlich 4% nicht zu überschreiten, darf der Staat sich pro Jahr maximal in Höhe von 2,4% des
BIP neu verschulden.

Wie sehen die Zahlen für Deutschland aus? Die durchschnittliche
jährliche Kreditaufnahmequote lag in dem Zeitraum von 1991 bis 2003
bei gut 2,7% des BIP. Das BIP wuchs im gleichen Zeitraum nominal um durchschnittlich 3,5% pro Jahr. Setzen wir entsprechend in
Gleichung (11.8) die Werte $\alpha = 0,027$ und $g = 0,035$ ein, dann folgt
$\bar{s} = 0,77$. Bei Beibehaltung der Kreditaufnahmepolitik und der Wachstumszahlen der Jahre zwischen 1991 und 2003 würde also die Schuldenstandsquote in Deutschland im Zeitablauf eine Höhe von 77% erreichen. Zwar lag die Kreditaufnahmequote in den Jahren zwischen 1991
und 2003 zumindest im Durchschnitt unterhalb des im Maastrichter
Vertrag definierten Grenzwerts von 3%. Der zweite im Maastrichter
Vertrag definierte Grenzwert, nämlich eine Schuldenstandsquote von
höchstens 60%, würde aber bei Beibehaltung der bisherigen Politik in
jedem Fall weit überschritten. Lässt man für die Schuldenstandsquote
einen maximalen Wert von 60% als Nachhaltigkeitskriterium gelten,
dann folgt aus diesen Zahlen, dass die deutsche Kreditaufnahmepolitik der Jahre zwischen 1991 und 2003 eindeutig gegen das geforderte
Prinzip der finanzwirtschaftlichen Nachhaltigkeit verstoßen hat. Das
Zahlenbeispiel macht freilich auch deutlich, dass die vertragliche Definition von Grenzwerten sowohl für die Kreditaufnahmequote als auch
für die Schuldenstandsquote juristisch zwar möglich, ökonomisch aber
wenig gehaltvoll ist. Die beiden Quoten lassen sich nämlich nicht unabhängig voneinander finanzpolitisch steuern. Vielmehr wird bei gegebenen Wachstumszahlen eine der beiden Quoten durch die andere
vollständig determiniert.

11.2.3 Entwicklung des Haushaltsspielraums

Mehr noch als die Schuldenstandsquote gibt der durch die öffentliche Kreditaufnahme gewonnene – oder verlorene – Haushaltsspielraum
Aufschluss über die Nachhaltigkeit der öffentlichen Finanzwirtschaft.
Wenn durch eine permanente Nettoneuverschuldung mehr öffentliche
Einnahmen gewonnen werden als Ausgaben in Form von Zinszahlungen entstehen, dann wird der Haushaltsspielraum des Staates offenbar
größer und dann dürfen wir die Kreditaufnahmepolitik wohl als nachhaltig bezeichnen. Bei einer Nettokreditaufnahme in Höhe von $\alpha \times 100\%$
des BIP belaufen sich die durch Kredite gewonnenen staatlichen Ein-

nahmen im Domar-Modell auf αY_t in Periode t. Andererseits muss der Staat für die bis dahin angesammelten Staatsschulden Zinsen zahlen. Bei einem – im Domar-Modell wiederum zeitinvarianten – nominalen Zinssatz auf Staatspapiere in Höhe von i betragen die Zinsausgaben des Staates $i\,D_t$ in Periode t. Offensichtlich führt die Kreditaufnahmepolitik für $\alpha Y_t > i\,D_t$ in Periode t zu einem größeren Haushaltsspielraum und für $\alpha Y_t < i\,D_t$ zu einem kleineren, d.h.

$$\alpha Y_t \gtreqless i\,D_t \quad \Leftrightarrow \quad \text{Einnahmen in Periode } t \gtreqless \text{Ausgaben in Periode } t.$$

Teilen wir die linke Ungleichung durch D_t, dann stellen wir fest, dass die Kreditaufnahmepolitik genau dann zu einem größeren Haushaltsspielraum führt, wenn $\alpha/s_t > i$, und zu einem kleineren, wenn $\alpha/s_t < i$. Aus dem vorangegangen Abschnitt wissen wir, dass die Schuldenstandsquote langfristig den Wert $\bar{s} = \alpha/g$ annimmt. Deshalb folgt

$$g \gtreqless i \quad \Leftrightarrow \quad \text{langfristige Einnahmen} \gtreqless \text{langfristige Ausgaben}.$$

Wenn also die Wachstumsrate des BIP größer ist als der auf Staatspapiere entfallende Zinssatz, dann wird mit einer Politik der permanenten Nettokreditaufnahme langfristig ein größerer Haushaltsspielraum erreicht, und wenn sie kleiner ist, dann wird der Haushaltsspielraum langfristig verringert. Alles hängt also vom Größenverhältnis der Wachstumsrate und des Zinssatzes ab. Beide Größen lassen sich empirisch beobachten und eine solche Beobachtung offenbart, dass die Wachstumsrate des BIP in allen entwickelten Industriestaaten im längerfristigen Durchschnitt kleiner ist als der Zinssatz.[6] Das bedeutet, dass sich der staatliche Haushaltsspielraum in diesen Ländern bei einer Politik der fortgesetzten Nettokreditaufnahme im Zeitablauf verringert.

Es verbleibt die Frage, wie schnell der staatliche Haushaltsspielraum kleiner wird. Kurzfristig, also so lange wie die gesamte Staatsschuld noch gering ist, führt die Nettokreditaufnahme aufgrund geringer Zinsverpflichtungen natürlich zu höheren Einnahmen als Ausgaben. Interessant ist deshalb jene Periode, in der sich die positive Differenz zwischen Einnahmen und Ausgaben in eine negative Differenz verkehrt. Im Domar-Modell kann diese Periode für $g < i$ exakt bestimmt werden. Sie ist dadurch definiert, dass die Einnahmen durch Kreditaufnahme gerade gleich den Ausgaben für Zinsen sind. Bezeichnen wir jene Periode mit $\hat{t}$, dann gilt $\alpha Y_{\hat{t}} = i\,D_{\hat{t}}$, bzw., wenn wir beide Seiten dieser

---

[6] Siehe dazu Abel et al. (1989).

Gleichung durch $D_{\hat{t}}$ teilen, $\alpha/i = s_{\hat{t}}$. Ersetzen wir darin $s_{\hat{t}}$ mit Hilfe von Gleichung (11.7), dann folgt nach einigen Umformungen

$$\hat{t} = \frac{\ln\left(\dfrac{\alpha}{g} - s_0\right) - \ln\left[\alpha\left(\dfrac{1}{g} - \dfrac{1}{i}\right)\right]}{\ln(1 + g)},$$

worin $\ln a$ den natürlichen Logarithmus der Variablen a bezeichnet.[7]

Mit diesem Ausdruck können wir abschätzen, nach wie viel Jahren die fortgesetzte Nettokreditaufnahme zu einem geringeren Haushaltsspielraum führt. Zunächst nehmen wir an, der Staat habe anfänglich keine Schulden, es gelte also $s_0 = 0$, und unterstellen weiterhin für die Kreditaufnahmequote und die Wachstumsrate die im vorangegangenen Abschnitt eingeführten deutschen Durchschnittswerte zwischen 1991 und 2003. Ferner nehmen wir an, der Zinssatz auf Staatspapiere betrage 6,1%; das entspricht in etwa dem durchschnittlich erreichten Wert in diesem Zeitraum. Wir erhalten dann $\hat{t} \approx 25$ und das heißt, dass die zwischen 1991 und 2003 in Deutschland betriebene Kreditaufnahmepolitik bei anfänglich keinen Schulden bereits nach etwa 25 Jahren zu einem kleineren Haushaltsspielraum geführt hätte als eine vergleichbare Politik ohne öffentliche Kreditaufnahme. Berücksichtigen wir außerdem die 1991 bereits bestehende Staatsschuld, wählen wir also eine anfängliche Schuldenstandsquote in Höhe von $s_0 = 0,41$, dann errechnen wir $\hat{t} \approx 3$. Das wiederum heißt, dass der Staat mit der beschriebenen Kreditaufnahmepolitik im Jahr 1991 noch drei weitere Jahre mehr Einnahmen hätte erzielen können als ihm Ausgaben in Form von Zinsverpflichtungen entstanden wären.

---

[7] Mit folgenden Rechenschritten gewinnt man $\hat{t}$. Zunächst liefert das angesprochene Ersetzen von $s_{\hat{t}}$ mit Hilfe von Gleichung (11.7) den Ausdruck

$$\frac{\alpha}{i} = \left(s_0 - \frac{\alpha}{g}\right) \frac{1}{(1+g)^{\hat{t}}} + \frac{\alpha}{g}.$$

Dieser ist äquivalent zu

$$(1 + g)^{\hat{t}} = \frac{\dfrac{\alpha}{g} - s_0}{\alpha\left(\dfrac{1}{g} - \dfrac{1}{i}\right)}.$$

Logarithmiert man beide Seiten dieser Gleichung, beachtet dabei die Logarithmusregeln $\ln a^b = b \ln a$ und $\ln(a/b) = \ln a - \ln b$ und teilt schließlich beide Seiten durch $\ln(1 + g)$, so erhält man $\hat{t}$. Genau genommen sind wir an dem ganzzahligen, also entsprechend auf- oder abgerundeten Wert von $\hat{t}$ interessiert, weil ja die Periodenindizes natürliche Zahlen sind.

Beachtet werden sollte freilich, dass die errechneten Zahlen eher theoretischer Natur sind. Zur Bewertung der realen öffentlichen Finanzwirtschaft stellen sie nur sehr unscharfe Abschätzungen dar. Sie besagen insbesondere nicht, dass exakt seit Mitte der 1990er Jahre der Haushaltsspielraum in Deutschland durch die Kreditaufnahmepolitik kürzer geworden ist. Immerhin haben wir ja bei der Berechnung von $\hat{t}$ nur grob abgeschätzte und allein auf die Jahre von 1991 bis 2003 bezogene Durchschnittswerte für die Kreditaufnahmequote, die Wachstumsrate und den Zinssatz verwendet.[8] Die Berechnungen dienen deshalb mehr dazu, eine quantitative Vorstellung von der Dynamik zu gewinnen, die eine Politik der fortgesetzten Nettokreditaufnahme in Bezug auf den öffentlichen Haushaltsspielraum und damit im weiteren Sinne den staatlichen Handlungsspielraum insgesamt entfaltet. Dabei können wir sicher feststellen, dass die deutsche Kreditaufnahmepolitik kaum kompatibel ist mit dem Kriterium der finanzwirtschaftlichen Nachhaltigkeit. Sie hat den staatlichen Haushaltsspielraum vielmehr bereits eingeschränkt und diese Entwicklung wird sich bei Beibehaltung der jetzigen Politik in Zukunft noch erheblich verschärfen.

Gelegentlich wird sogar behauptet, das Domar-Modell liefere eine noch zu optimistische Einschätzung der finanzwirtschaftlichen Folgen einer permanenten Nettokreditaufnahme, und zwar deshalb, weil es eine konstante Wachstumsrate des BIP und einen konstanten Zinssatz auf die Staatsschuld unterstellt. Beide Größen scheinen aber nicht unabhängig von der staatlichen Schuldenpolitik zu sein. Wenn die staatliche Kreditaufnahme etwa Verdrängungseffekte auf die private Ersparnis und die gesamtwirtschaftliche Kapitalbildung auslöst wie im neoklassischen Modell, dann dürfte das zu einer geringeren Wachstumsrate des BIP und zu einem höheren Zinssatz auf Staatspapiere führen. Geringere Kapitalbildung bedeutet nämlich weniger Investitionen in neue Technologien und damit geringeres Produktivitätswachstum und weniger private Ersparnisse bedeuten weniger Nachfrage nach Staatspapieren, so dass der Staat höhere Zinsen anbieten muss, wenn er vom privaten Sektor weitere Kredite erhalten will. Beides, geringeres Wachstum und höhere Zinsen, beschleunigen indessen den beschriebenen Prozess eines sich im Zeitablauf verkürzenden Haushaltsspielraums.

---

[8] Allerdings sind in Deutschland die Ausgaben für die Zinslasten der Staatsverschuldung in der Tat seit einigen Jahren trotz einer konstant hohen Nettoneuverschuldung höher als die Einnahmen aus neuen Krediten. So betrugen im Jahr 2000 die Zinsausgaben 67,3 Milliarden Euro und die Nettokreditaufnahme 65,9 Milliarden Euro.

11.3 Verfassungsrechtliche Grenzen

Angesichts der aktuellen Schuldenentwicklung mag es zwar etwas überraschen, aber in Deutschland wird der Umfang der öffentlichen Kreditaufnahme durch das Grundgesetz begrenzt. Dort heißt es im zweiten
Halbsatz des Artikels 115, Abs. 1: „Die Einnahmen aus Krediten dürfen
die Summe der im Haushaltsplan veranschlagten Ausgaben für Investitionen nicht überschreiten; Ausnahmen sind nur zulässig zur Abwehr
einer Störung des gesamtwirtschaftlichen Gleichgewichts." Eine Obergrenze für die öffentliche Kreditaufnahme bilden also die Ausgaben für
öffentliche Investitionen. Diese Obergrenze darf allenfalls dann überschritten werden, wenn es der Sicherung des gesamtwirtschaftlichen
Gleichgewichts dient.

Welche (ökonomische) Ratio verbirgt sich hinter der rechtlichen Regelung, die Nettoneuverschuldung auf den Umfang der öffentlichen Investitionsausgaben zu beschränken? Öffentliche Kredite erzeugen Lasten in der Zukunft, öffentliche Investitionen dagegen führen zu künftigen Erträgen. Die Last der Staatsverschuldung soll also dann künftigen Generationen aufgebürdet werden dürfen, wenn diese auch von
den aus Krediten finanzierten Investitionen profitieren. Dieses Konzept
wird gelegentlich als „pay-as-you-use-principle" bezeichnet, weil damit
die zeitliche Struktur der Finanzierung öffentlicher Investitionen der
zeitlichen Struktur ihrer Erträge angepasst wird.

Freilich läßt die Formulierung „Ausgaben für Investitionen" recht
breite Interpretationsspielräume zu, weil eine allgemein akzeptierte und
rechtlich verbindliche Definition dessen, was zu öffentlichen Investitionen zu rechnen ist, nicht existiert. Darüber hinaus stellt Artikel 115
den Regierenden keinen Freibrief aus, in jeder Periode im Umfang der
Ausgaben für Investitionen Kredite aufzunehmen. In Artikel 109, Abs.
2 des Grundgesetzes heißt es nämlich: „Bund und Länder haben bei ihrer Haushaltswirtschaft den Erfordernissen des gesamtwirtschaftlichen
Gleichgewichts Rechnung zu tragen." Das bedeutet, dass die öffentliche
Kreditaufnahme sogar hinter den Ausgaben für Investitionen zurückbleiben muss, wenn das gesamtwirtschaftliche Gleichgewicht dieses erfordert.

Andererseits erlaubt wiederum Artikel 115, die Nettoneuverschuldung selbst über die Investitionsausgaben hinaus auszudehnen, wenn
es der Abwehr einer Störung des gesamtwirtschaftlichen Gleichgewichts
dient. Noch weniger als der Investitionsbegriff verfügt aber der Begriff
des gesamtwirtschaftlichen Gleichgewichts über ökonomisch scharfe

Konturen. Zwar rechnet §1 des Stabilitäts- und Wachstumsgesetzes dazu die vier Ziele Preisniveaustabilität, hoher Beschäftigungsstand, außenwirtschaftliches Gleichgewicht und angemessenes Wirtschaftswachstum. Keine dieser Größen wird jedoch auch nur annähernd quantitativ präzisiert.

In seinem Urteil vom 18. April 1989 hat das Bundesverfassungsgericht eine Erläuterung zu den geltenden verfassungsrechtlichen Grenzen der staatlichen Nettoneuverschuldung gegeben. Danach räumt das Grundgesetz, indem es den Begriff des gesamtwirtschaftlichen Gleichgewichts offen lässt, den Regierenden zwar einen Beurteilungs- und Einschätzungsspielraum ein. Die Regierenden haben aber eine Darlegungspflicht, wenn sie von der Ermächtigung zu erhöhter Kreditaufnahme Gebrauch machen wollen. Die Bedeutung des Artikels 115 des Grundgesetzes liegt deshalb weniger in einer einklagbaren Obergrenze der öffentlichen Kreditaufnahme. Vielmehr soll die von ihm ableitbare Darlegungspflicht für mehr Transparenz im politischen Entscheidungsprozess sorgen und damit die Regierenden zu einer soliden Haushaltspolitik zwingen. Die Entwicklung der Staatsverschuldung in Deutschland seit dem Urteilsspruch des Bundesverfassungsgerichts weckt freilich gewisse Zweifel daran, dass man diesem Ziel tatsächlich näher gekommen ist.

11.4 Übungsaufgaben zu Kapitel 11

Von den angegebenen möglichen Antworten ist immer nur genau eine richtig. Treffen gleichzeitig mehrere Aussagen zu, so sind sie stets in einer Antwortmöglichkeit zusammengefasst, also z.B. in der Antwortmöglichkeit „Aussagen a) und c) sind richtig". Lösungen zu allen Aufgaben finden sich in einem Lösungsteil am Ende des Buches.

1. Ein Land kann das Maastricht-Kriterium „die Schuldenstandsquote darf 60 % nicht überschreiten" langfristig bei ...
   a) einer durchschnittlichen Wachstumsrate des Bruttoinlandsprodukts von 3% und einer durchschnittlichen Kreditaufnahmequote von 3% erfüllen.
   b) einer durchschnittlichen Wachstumsrate des Bruttoinlandsprodukts von 1% und einer durchschnittlichen Kreditaufnahmequote von 3% erfüllen.

c) einer durchschnittlichen Wachstumsrate des Bruttoinlandsprodukts von 3% und einer durchschnittlichen Kreditaufnahmequote von 1% erfüllen.

d) Alle Aussagen sind falsch.

2. Welche Aussage ist richtig?

a) Übersteigt der durchschnittliche Zinssatz die durchschnittliche
Wachstumsrate des Bruttoinlandsprodukts, so verkürzt sich der
Haushaltsspielraum eines sich ständig neu verschuldenden Lan-
des langfristig.

b) Obwohl die Einnahmen durch Kreditaufnahme steigen, verkürzt
sich langfristig der Haushaltsspielraum eines Landes mit perma-
nenter Nettoneuverschuldung zwingend.

c) Der Haushaltsspielraum zukünftiger Generationen vergrößert
sich, wenn die Kreditaufnahmequote gleich der Wachstumsrate des Bruttoinlandsprodukts ist.

d) Aussagen b) und c) sind richtig.

3. Im Modell von Domar ...

a) übersteigt die langfristige Schuldenstandsquote 50%, wenn die
Kreditaufnahmequote 2% und die Wachstumsrate des Bruttoinlandsprodukts 3% betragen.

b) ist die Kreditaufnahmequote größer als 3%, wenn die Schulden
langfristig 90% des Bruttoinlandsprodukts entsprechen und das
Bruttoinlandsprodukt konstant um 2% wächst.

c) muss das Bruttoinlandsprodukt konstant um mindestens 2%
wachsen und der Zinssatz bei konstant 2% liegen, damit die
langfristige Schuldenstandsquote unter 50% bleibt.

d) führt eine fortgesetzte Nettoneuverschuldung langfristig immer
zu einer Ausdehnung des öffentlichen Haushaltsspielraums.

4. Welche Aussage ist richtig?

a) Der keynesianische Ansatz der Staatsverschuldung begründet
die staatliche Konjunktursteuerung mittels deficit spending mit
einer ausführlichen Analyse der Ursachen für eine Unterauslas-
tung der volkswirtschaftlichen Ressourcen.

b) Im neoklassischen Ansatz der Staatsverschuldung verdrängen
private Investitionen öffentliche Investitionen.

c) Die ricardianische Äquivalenz von Steuererhebung und Staatsverschuldung erfordert, dass die durch öffentliche Kreditaufnah-

me eingenommenen Mittel für öffentliche Investitionen verwendet werden.

d) Die ricardianische Äquivalenz erfordert, dass alle Individuen durch altruistisch motivierte Transfers mit nachfolgenden Generationen verbunden sind.

5. Im keynesianischen Ansatz ...

a) stützt der Staat in allen Phasen des Konjunkturverlaufs mittels deficit spending den Konsum im privaten Sektor.

b) ist die Rolle des Staates auf die Sicherstellung eines Existenzminimums für alle Individuen beschränkt.

c) verdrängt die staatliche Kreditaufnahme privaten Konsum.

d) stellt eine zu geringe gesamtwirtschaftliche Nachfrage einen Grund dar, mit Hilfe von deficit spending die Produktionskapazitäten der Volkswirtschaft stärker auszulasten.

6. Nach dem ricardianischen Ansatz der Staatsverschuldung ...

a) brauchen zukünftige Generationen aufgrund des altruistischen Handelns der Vorgängergenerationen keinen Konsumverzicht aufgrund höherer Steuerzahlungen infolge früherer Staatsverschuldung zu leisten.

b) wird die Steuerersparnis der heutigen Generationen aufgrund einer Verringerung der dynastischen Ressourcen auf die nächste Generation überwälzt.

c) wird die Belastung durch Staatsverschuldung in Form höherer zukünftiger Steuern auf kommende Generationen verlagert.

d) ist die Höhe der Steuerersparnis äquivalent zur Höhe der staatlichen Investitionen, die durch die Staatsverschuldung finanziert werden.

7. Im Modell von Domar ...

a) ist die Höhe der Nettoneuverschuldung abhängig von der Kreditaufnahmequote multipliziert mit dem Bruttoinlandsprodukt, wobei die Kreditaufnahmequote im Zeitablauf ansteigt und gegen einen konstanten Grenzwert konvergiert.

b) wachsen Bruttoinlandsprodukt und Kreditaufnahmequote mit konstanter Rate.

c) ist das Bruttoinlandsprodukt in Periode t abhängig vom Bruttoinlandsprodukt in Periode 0 multipliziert mit $(1 - g)^t - 1$.

d) Keine der angegebenen Aussagen ist richtig.

8. Welche Aussage ist richtig?
   a) Der Haushaltsspielraum vergrößert sich, wenn die Kreditaufnahmequote gleich der Wachstumsrate des Bruttoinlandsprodukts ist.
   b) Ist die Wachstumsrate des Bruttoinlandsprodukts kleiner als der Zinssatz, dann übersteigen die Ausgaben für den Schuldendienst im Zeitablauf die Einnahmen aus einer fortgesetzten Nettokreditaufnahme.
   c) Damit sich der langfristige Haushaltsspielraum nicht durch eine permanente Nettoneuverschuldung verkürzt, muss der Zinssatz die Kreditaufnahmequote übersteigen.
   d) Alle Aussagen sind richtig.

9. Im neoklassischen Ansatz ...
   a) werden durch öffentliche Kreditaufnahme staatliche durch private Investitionen verdrängt.
   b) sinkt die gesamtwirtschaftliche Kapitalbildung, wenn die öffentliche Kreditaufnahme nicht für Investitionen verwendet wird.
   c) werden altruistische Transfers zugunsten jüngerer Generationen durch staatliche Transfers verdrängt.
   d) Alle Aussagen sind falsch.

10. Welche Aussage ist richtig?
   a) Staatsverschuldung erfordert im Gegensatz zu Steuern keinen staatlichen Zwang, da sich der Staat wie ein privatwirtschaftlicher Akteur am marktwirtschaftlichen Prozess beteiligt.
   b) Die öffentliche Kreditaufnahme stellt ihrem Wesen nach eine regelmäßige Einnahmequelle des Staates dar, da sie mit regelmäßigen Zins- und Tilgungsausgaben verbunden ist.
   c) Die Zins- und Tilgungsausgaben für die öffentliche Kreditaufnahme stellen eine wichtige Einnahmequelle des Staates dar.
   d) Alle Aussagen sind falsch.

Teil IV

Der Wohlfahrtsstaat

12
Armutsvermeidung

Der letzte Teil des vorliegenden Buches befasst sich mit den Aufgaben und Institutionen des Wohlfahrtsstaates. Wer aus systematischen Gründen im Anschluss an den Teil Öffentliche Einnahmen eher einen Teil mit dem Titel „Öffentliche Ausgaben" erwartet hat, braucht aber nicht enttäuscht zu sein. Wir beschäftigen uns nämlich im Rahmen des Wohlfahrtsstaates mit dem bei weitem größten Teil der öffentlichen Ausgaben. So machten die wohlfahrtsstaatlichen Ausgaben, also die Sozial- und die Bildungsausgaben, in Deutschland im Jahr 2002 zusammen immerhin etwa 74,6% der gesamten staatlichen Ausgaben aus. Zu den Sozialausgaben zählen die Ausgaben für die gesetzliche Renten-, Kranken-, Pflege-, Arbeitslosen- und Unfallversicherung, weiterhin Arbeitsförderungsmaßnahmen, Beamtenpensionen, Altershilfe für Landwirte, Entgeltfortzahlungen, Kindergeld, Erziehungsgeld, Kriegsopferversorgung, Wohngeld, Jugendhilfe und Sozialhilfe. Zu den Bildungsausgaben zählen die Ausgaben für Schulen und Hochschulen, Weiterbildung und sonstige Förderungsmaßnahmen sowie Ausgaben für die Forschungsförderung.

Wir werden uns hier freilich nicht mit allen aufgelisteten Ausgaben und den daran gekoppelten Staatsaktivitäten im Einzelnen beschäftigen. Wir konzentrieren uns vielmehr in vogelperspektivischer Weise auf drei zentrale wohlfahrtsstaatliche Teilbereiche: die Armutsvermeidung, die Sozialversicherung und die Bildung. Mit diesen drei Teilbereichen erfassen wir die wesentlichen Leistungskategorien des Wohlfahrtsstaates. Leistungen im Rahmen der Armutsvermeidung sind bedürftigkeitsabhängig. Sie erhält, wer entsprechende Bedürftigkeitskriterien erfüllt, ohne dass er auf die Leistungen zunächst einen Anspruch hätte erwerben müssen. Leistungen im Rahmen der Sozialversicherung sind dagegen beitragsabhängig. Wer etwa eine Rente aus der gesetzlichen Rentenversicherung oder Arbeitslosengeld[1] erhält, muss nicht nur im Ruhestand oder arbeitslos sein, sondern zuvor auch Renten- oder Arbeitslosenversicherungsbeiträge abgeführt haben. Die Bildung schließlich ist in der Regel eine universale Leistung, die weder eine besondere Bedürftigkeit noch gezahlte Beiträge voraussetzt.

Im vorliegenden Kapitel beschäftigen wir uns mit der Armutsvermeidung und behandeln zunächst die Frage, was Armut eigentlich ist und woran sie bemessen werden soll. Anschließend skizzieren wir die Sozialhilfe als Instrument der Armutsvermeidung in Deutschland.

12.1 Was ist Armut?

Zwar scheint der Begriff Armut die fehlende Verfügbarkeit über wirtschaftliche Ressourcen zu meinen, als Merkmal für Armut wird aber typischerweise das Haushaltseinkommen verwendet. So basieren auch alle Armutskonzepte und -maße, die wir in diesem Kapitel kennen lernen werden, auf dem Haushaltseinkommen. Genau genommen ist aber das Einkommen als Armutsindikator konzeptionell zu eng. Meist wird nur das monetäre Einkommen gemessen, so dass nichtmonetäre Einkommenselemente außen vor bleiben. Eine ungenaue Information über die Menge an verfügbaren Ressourcen des Haushalts liefert das Haushaltseinkommen weiterhin, weil es nicht wahrgenommene Einkommensmöglichkeiten unberücksichtigt lässt. Schließlich bezieht sich das Haushaltseinkommen in der Regel nur auf einen kurzen Zeitraum, also einen Monat oder ein Jahr, und gibt damit ebenfalls ein nur eingeschränktes Bild ab von den verfügbaren Ressourcen des Haushalts.

Abbildung 12.1 stellt das stilisierte Alterseinkommensprofil eines Haushalts dar. An der Abszisse ist das Lebensalter und an der Ordinate das Periodeneinkommen des Haushalts abgetragen. Bis zum Alter von S Jahren befindet sich der Haushalt im Bildungssystem und erzielt keine Einkünfte. Dann wird der Haushalt erwerbstätig und erhält ein Erwerbseinkommen, das im Zeitablauf zunächst karriere- und berufserfahrungsbedingt zunimmt, mit steigendem Erwerbsalter aber typischerweise irgendwann wieder zurückgeht, weil die individuelle Produktivität altersbedingt sinkt und der Haushalt auch nicht mehr jede

---

[1] Das beitragsabhängige Arbeitslosengeld heißt seit dem 1. Januar 2005 Arbeitslosengeld I. Daneben gibt es seither das bedürftigkeitsabhängige Arbeitslosengeld II. Siehe dazu insbesondere die Ausführungen in den Abschnitten 12.2 und 13.3.2.

Überstunde mitnimmt. Im Alter von R Jahren geht der Haushalt in den Ruhestand und erzielt keine Erwerbseinkünfte mehr. Sein Einkommen besteht dann aus einer Altersrente und Kapitaleinkommen aus früheren Ersparnissen. Letztere gehen freilich im Zeitablauf zurück, weil der Haushalt das früher gesparte Kapital verkonsumiert. Schließlich stirbt der Haushalt im Alter von T Jahren.

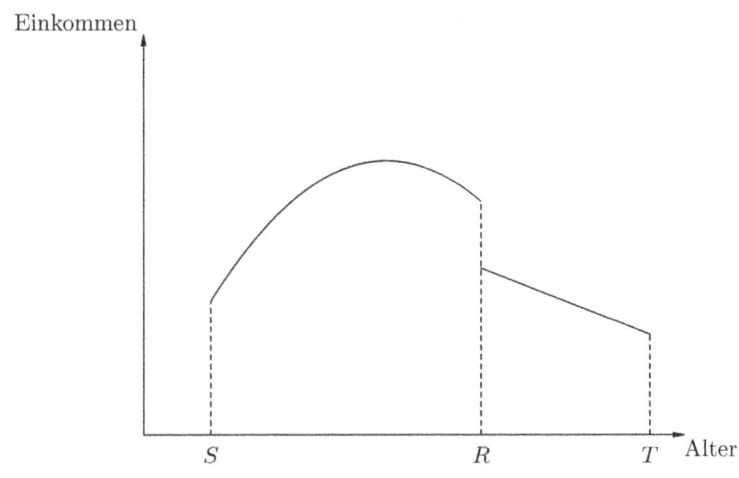

Abb. 12.1. Alterseinkommensprofil

Offenbar durchläuft der Haushalt im Laufe seines Lebens ärmere und reichere Phasen. Deshalb gibt das lebensphasenbezogene Periodeneinkommen nur ein unzureichendes Bild davon ab, über welche Ressourcen der Haushalt über den gesamten Lebenszyklus tatsächlich verfügt. Stellen wir uns nun eine Gesellschaft vor, die aus vielen Haushalten besteht, die alle das in Abbildung 12.1 dargestellte Alterseinkommensprofil aufweisen und sich nur in ihren Lebensjahren unterscheiden. Aus Periodeneinkommensperspektive lassen sich dann in jedem Zeitpunkt ärmere und reichere Haushalte voneinander unterscheiden, weil jüngere Haushalte eben keine oder nur geringe Erwerbseinkünfte erzielen, ältere Haushalte aber sehr wohl. Trotzdem scheint es verfehlt, von ärmeren und reicheren Haushalten zu sprechen, schließlich verfügen ja alle Haushalte im Laufe ihres Lebens über die gleiche Menge an Ressourcen. Konzeptionell überzeugender wäre es, Armut auf die Höhe des Lebenseinkommens zu beziehen. Allerdings erweist sich das Lebenseinkommen aufgrund seiner schweren Messbarkeit für diese Zwecke als kaum praktikabel.

12.1.1 Armutskonzepte

Wird die Höhe des monatlichen oder jährlichen Einkommens trotz der
konzeptionellen Schwächen als Indikator für Armut akzeptiert, so stellt
sich als nächstes das Problem, über welche Einkommenshöhe ein Haushalt notwendigerweise verfügen sollte, um nicht als arm zu gelten. Diese Einkommenshöhe definiert die so genannte Armutsgrenze oder „poverty line". Bei der Festlegung der Armutsgrenze wird grundsätzlich
zwischen einem absoluten und einem relativen Armutskonzept unterschieden. Beim absoluten Armutskonzept wird die Armutsgrenze durch
jenes Einkommen definiert, das erforderlich ist, um die lebensnotwen-
digen Bedürfnisse, also Wohnung, Kleidung und eine gewisse tägliche
Kalorienmenge, zu stillen. Beim relativen Armutskonzept wird die Armutsgrenze dagegen durch jenes Einkommen definiert, das einem Haushalt neben den Lebensnotwendigkeiten auch die Teilnahme am sozialen
Leben erlaubt. So ist etwa der gelegentliche Erwerb einer Tageszeitung
zwar nicht lebensnotwendig. Ohne Zugang zu aktuellen Informationen
ist aber die Teilnahme am sozialen Leben schwer möglich und deshalb
berücksichtigt das relative Armutskonzept auch solche Bedürfnisse.

Beim relativen Armutskonzept verschiebt sich die Armutsgrenze mit
steigendem allgemeinen Lebensstandard, weil die Teilnahme am sozialen Leben in reicheren Gesellschaften typischerweise ein höheres Einkommen erfordert. Die relative Armutsgrenze wird deshalb meist als
Prozentsatz des gesellschaftlichen Durchschnittseinkommens definiert.
So zieht etwa die Europäische Kommission zur Armutsmessung ein re-
latives Konzept heran und definiert die Armutsgrenze als 50% des jeweiligen nationalen Durchschnittseinkommens.

Beim absoluten Armutskonzept bleibt die Armutsgrenze dagegen
grundsätzlich auf das Subsistenzniveau fixiert. Dennoch steigt auch
das durch die absolute Armutsgrenze definierte Einkommen im Zeitablauf, und zwar nicht nur inflationsbedingt, sondern auch real. Das
hat damit zu tun, dass mit steigendem Lebensstandard die Nachfrage nach jenen Gütern zurückgeht, die besonders von Haushalten mit
geringen Einkommen nachgefragt werden. Wenn diese Güter aufgrund
zu geringer Nachfrage aus dem Markt verschwinden, dann müssen auch
arme Haushalte auf teurere Güter ausweichen. Manche Haushalte fallen
überhaupt erst durch diese Entwicklung unter die Armutsgrenze. Mit
steigendem Lebensstandard sind etwa in vielen Städten nur mit Kohlenöfen beheizte und entsprechend mietgünstige Wohnungen mehr oder
weniger vollständig aus dem Wohnungsmarkt verschwunden. Deshalb

wohnen nun auch ärmere Haushalte in Wohnungen mit Zentralheizung und müssen dafür deutlich mehr Geld ausgeben als für Wohnungen mit Kohlenöfen. Auf diese Weise entsteht die vielleicht etwas paradox anmutende Situation, dass zunehmender Wohlstand zusätzliche absolute Armut erzeugt.

12.1.2 Armutsmessung

Mit Hilfe der Armutsgrenze lassen sich Maße entwickeln, die in der einen oder anderen Weise das Ausmaß der gesellschaftlichen Armut messen. Das wohl einfachste Maß ist das sogenannte Kopfmaß K. Es ist definiert durch

$$K = \frac{h}{n}.$$

Darin misst n die gesamte Anzahl der Haushalte in der Gesellschaft und h die Anzahl der Haushalte, die unter die Armutsgrenze fallen. Das Kopfmaß ist zwar leicht zu berechnen, es weist aber einige konzeptionelle Schwächen auf. So bleibt etwa der Wert des Kopfmaßes unverändert, wenn den Haushalten unterhalb der Armutsgrenze etwas von ihrem ohnehin knappen Einkommen weggenommen wird, denn die Anzahl der Haushalte, die unter die Armutsgrenze fallen, ändert sich dadurch ja nicht. Es ließe sich aber mit einer gewissen Berechtigung argumentieren, dass die Armut durch eine solche Maßnahme zugenommen habe.

Ein Maß, das auch berücksichtigt, wie weit die armen Haushalte von der Armutsgrenze entfernt sind, ist die so genannte Armutslücke A. Sie ist definiert durch

$$A = \frac{1}{h} \sum_{j=1}^{h} (\bar{y} - y_j),$$

worin $\sum$ den Summenoperator (vgl. Fußnote 4 in Kapitel 11), $j = 1, \ldots, h$ die Haushalte unterhalb der Armutsgrenze, y_j das Einkommen des j-ten Haushalts und $\bar{y}$ die Armutsgrenze bezeichnen. Die Armutslücke misst demnach Armut in der Gesellschaft als die durchschnittliche Lücke zwischen der Armutsgrenze und den Einkommen aller Haushalte, die unter die Armutsgrenze fallen. Im Unterschied zum Kopfmaß nimmt bei der Armutslücke die gemessene gesellschaftliche Armut zu, wenn Haushalten, die sich unterhalb der Armutsgrenze befinden, etwas von ihrem Einkommen genommen wird.

Es gibt noch eine Reihe weiterer Armutsmaße, darunter auch solche, die die Verteilung der Einkommen innerhalb der Gruppe der Armen berücksichtigen. Es sei aber betont, dass allen Armutsmaßen ein gewisses willkürliches Element innewohnt und dass insofern bei der Wahl des Armutsmaßes subjektive Vorstellungen darüber, was Armut eigentlich darstellt, stets mit im Spiel sind.

Bei der Armutsmessung ist weiterhin von Bedeutung, wie das Einkommen der Haushalte auf die Anzahl der Haushaltsmitglieder umgerechnet wird. Für solche Umrechnungen werden so genannte Äquivalenzskalen verwendet. Diese bestimmen für das Einkommen von Mehrpersonenhaushalten, über welches Einkommen ein Einpersonenhaushalt verfügen müsste, damit er sich in der gleichen wirtschaftlichen Situation befindet wie der Mehrpersonenhaushalt. Dieses Einkommen wird dann als Äquivalenzeinkommen bezeichnet. Ein recht simples Äquivalenzeinkommenskonzept besteht darin, das gesamte Haushaltseinkommen einfach durch die Anzahl der Haushaltsmitglieder zu dividieren. Subtilere Konzepte versuchen daneben zu berücksichtigen, dass die Haushaltskosten in der Regel nicht proportional zur Haushaltsgröße sind. So benötigt beispielsweise nicht jedes Mitglied eines Mehrpersonenhaushalts ein eigenes Badezimmer oder einen eigenen Fernsehapparat und deshalb ist auch nicht anzunehmen, dass etwa ein Zweipersonenhaushalt doppelt so hohe Kosten hat wie ein Einpersonenhaushalt, um den gleichen Lebensstandard zu erreichen. Im Allgemeinen bilden Äquivalenzskalen die Einkommen von Mehrpersonenhaushalten auf äquivalente Einkommen eines Einpersonenhaushalts ab. So kann etwa eine Äquivalenzskala angeben, dass ein Dreipersonenhaushalt 2,2 Einkommenseinheiten und ein Zweipersonenhaushalt 1,7 Einkommenseinheiten benötigt, um den gleichen Lebensstandard zu realisieren wie ein Einpersonenhaushalt mit einer Einkommenseinheit. Neben der Haushaltsgröße können die Skalen weiterhin noch Eigenschaften wie das Lebensalter oder das Geschlecht der Haushaltsmitglieder berücksichtigen. In wissenschaftlichen Studien zur Armutsmessung wird das Äquivalenzeinkommen aber meist nur auf die Haushaltsgröße bezogen und mit Hilfe der Formel

$$\hat{y} = \frac{y}{m^s}$$

berechnet. Darin bezeichnet $\hat{y}$ das Äquivalenzeinkommen, y das verfügbare Einkommen des Haushalts, m die Anzahl der Haushaltsmitglieder und s einen Parameter, der die Haushaltsgröße gewichtet. Für $s = 0$ findet offenbar gar keine Korrektur um die Haushaltsgröße statt, für

$s = 1$ eine volle Korrektur und für $0 < s < 1$ eine Korrektur, die den geringeren Kosten pro Kopf in Mehrpersonenhaushalten Rechnung trägt. Die OECD beispielsweise verwendet in ihren internationalen Armutsvergleichen den Wert $s = 0,72$ und das bedeutet, dass 1,65 Einkommenseinheiten eines Zweipersonenhaushalts äquivalent sind zu einer Einkommenseinheit eines Einpersonenhaushalts.

Tabelle 12.1. Prozentualer Anteil der Haushalte unterhalb der Armutsgrenze

Land	$s = 0$	$s = 0,36$	$s = 0,72$
Australien	18,0	14,8	11,7
Deutschland (West)	10,5	6,6	5,4
Großbritannien	17,0	14,0	8,1
Israel	13,6	11,9	15,5
Kanada	17,1	14,4	12,3
Niederlande	9,7	7,2	8,8
Norwegen	14,3	8,9	5,2
Schweden	13,9	6,5	5,3
Schweiz	13,6	9,8	8,3
USA	19,7	17,8	17,2

Quelle: Buhmann et al. (1988).

Welcher Wert dem Parameter s bei der Armutsmessung gegeben wird, ist indessen für die Ergebnisse der Messung von erheblicher Bedeutung. Nicht nur das Ausmaß der gemessenen Armut innerhalb eines Landes ist davon betroffen, sondern auch die Armutsrangfolge zwischen verschiedenen Ländern. Tabelle 12.1 enthält die Ergebnisse einer Studie über den Anteil der armen Haushalte an der Gesamtzahl der Haushalte in zehn OECD-Ländern in den 1980er Jahren. Die Studie basiert auf einem relativen Armutskonzept, nach dem ein Haushalt als arm gilt, wenn sein Einkommen kleiner ist als 50% des nationalen Medianeinkommens.[2] Die nationalen Armutsanteile sind für drei verschiedene s-Werte angegeben. $s = 0$ bedeutet, dass die Haushaltsgröße unberücksichtigt bleibt, $s = 0,36$ wurde aus empirischen Studien über

---

[2] In Kapitel 8 haben wir dargelegt, dass der Median in empirischen Einkommensverteilungen typischerweise kleiner ist als der Durchschnitt. Das obige Konzept impliziert deshalb eine niedrigere Armutsgrenze als etwa jene, die von der Europäischen Kommission verwendet wird.

das Konsumverhalten von Mehrpersonenhaushalten relativ zu Einpersonenhaushalten gewonnen und $s = 0,72$ ist, wie gesagt, jener Wert, den die OECD in ihren Armutsstudien verwendet.

Es überrascht nicht, dass sich die Anteile der Armen in den betrachteten Ländern verändern, wenn der Parameter s größere Werte annimmt. Die Veränderung verläuft in den verschiedenen Ländern aber nicht gleichförmig. Während der Anteil der Armen in den meisten Ländern mit steigendem s sukzessive abnimmt, fällt er in Israel und den Niederlanden nur zunächst und nimmt dann wieder zu. Besonders bemerkenswert ist dabei, dass sich die Reihenfolge der Länder hinsichtlich des Anteils der Armen mit steigendem s verschiebt. So hat etwa Kanada für $s = 0,36$ einen höheren Armenanteil als Israel und für $s = 0,72$ einen kleineren.

Wie kommt es zu dieser Umkehrung der Armutsrangfolge? Nun, es hat im Wesentlichen mit den gemeinsamen Verteilungen von Einkommen und Haushaltsgrößen zu tun, die sich in den betrachteten Ländern unterscheiden. Wir wollen das anhand eines Beispiels mit zwei hypothetischen Drei-Haushalte-Gesellschaften verdeutlichen, die in den Tabellen 12.2 und 12.3 dargestellt sind.

Tabelle 12.2. Gesellschaft I

Haushalt	m_i	y_i	$\hat{y}_i(s = 0)$	$\hat{y}_i(s = 1)$
1	2	1000	1000	500
2	3	3000	3000	1000
3	1	5000	5000	5000

Tabelle 12.3. Gesellschaft II

Haushalt	m_i	y_i	$\hat{y}_i(s = 0)$	$\hat{y}_i(s = 1)$
1	1	1000	1000	1000
2	2	3000	3000	1500
3	3	5000	5000	1667

Zwar sind in beiden Gesellschaften die Einkommen identisch auf die Haushalte 1, 2 und 3 verteilt. Die beiden Gesellschaften unterscheiden sich aber in den gemeinsamen Verteilungen von Einkommen und Haushaltsgrößen. In Gesellschaft I beträgt das durchschnittliche äquivalente Einkommen 3000 für $s = 0$ und 2167 für $s = 1$. Bei einer Armutsgrenze in Höhe von 50% des durchschnittlichen Haushaltseinkommens fällt deshalb Haushalt 1 für $s = 0$ unter die Armutsgrenze und für $s = 1$ fallen die Haushalte 1 und 2 darunter. Im ersten Fall ist demnach ein Drittel der Gesellschaft arm und im zweiten Fall sind es zwei Drittel. In Gesellschaft II beträgt das durchschnittliche äquivalente Einkommen ebenfalls 3000 für $s = 0$, aber nur 1386 für $s = 1$. Damit fällt für $s = 0$ zwar wieder Haushalt 1 unter die Armutsgrenze, für $s = 1$ fällt aber kein Haushalt mehr darunter, so dass der Anteil der Armen in Gesellschaft II von einem Drittel auf Null sinkt. Der Anteil der Armen ist also für $s = 0$ in beiden Gesellschaften identisch und für $s = 1$ in Gesellschaft I weit höher als in Gesellschaft II. Allein durch die Wahl von s entsteht offenbar nicht nur ein erheblicher Gestaltungsspielraum hinsichtlich des quantitativen Ausweises von Armut in einer Gesellschaft, sondern auch hinsichtlich des Vergleichs von Armut zwischen Gesellschaften.

12.2 Strategien der Armutsvermeidung

In Deutschland ist die Sozialhilfe das staatliche Basisinstrument zur Vermeidung von Armut. Gemäß §1 des Bundessozialhilfegesetzes ist es das Ziel der Sozialhilfe, „dem Empfänger der Hilfe die Führung eines Lebens zu ermöglichen, das der Würde des Menschen entspricht. Die Hilfe soll ihn so weit wie möglich befähigen, unabhängig von ihr zu leben; hierbei muss er nach seinen Kräften mitwirken."

Die Sozialhilfe basiert auf drei Prinzipien, der Subsidiarität, dem Bedarfsdeckungsprinzip und dem Grundsatz der Individualisierung. Subsidiarität in der Sozialhilfe heißt, dass Sozialhilfe erhält, wer sich selbst nicht helfen kann *und* die erforderliche Hilfe nicht von anderen, also z.B. von Familienangehörigen oder Trägern anderer Sozialleistungen wie der gesetzlichen Rentenversicherung oder der Arbeitslosenversicherung erhält. Die Sozialhilfe soll also gewissermaßen der letzte Ausweg aus der Armut sein.

Das Bedarfsdeckungsprinzip bedeutet, dass die Sozialhilfe ein so genanntes soziokulturelles Existenzminimum ermöglichen soll. Das weist zwar darauf hin, dass sich die Sozialhilfe eher an einem relativen Armutskonzept orientiert, der Begriff des soziokulturellen Existenzminimums bedarf aber der Präzision. In der Sozialhilfe werden die Bedarfssätze mit Hilfe eines so genannten Statistikmodells festgelegt. Dabei wird in regelmäßigen Abständen das Verbraucherverhalten jener Personengruppen ermittelt, deren monatliches Einkommen minimal über den Sozialhilfesätzen liegt. Dieser Verbrauch wird um Positionen korrigiert, auf die Sozialhilfeempfänger keinen Anspruch haben sollen oder die über einmalige Beihilfen abgedeckt werden. Bei der Festlegung der Bedarfssätze soll ferner das so genannte Lohnabstandsgebot eingehalten werden, welches fordert, dass die Sätze strikt unter dem durchschnittlichen Arbeitsentgelt unterer Lohngruppen bleiben.

Der Grundsatz der Individualisierung wird in §3 des Bundessozialhilfegesetzes präzisiert. Dort heißt es: „Art, Form und Maß der Sozialhilfe richten sich nach der Besonderheit des Einzelfalles, vor allem nach der Person des Hilfeempfängers, der Art des Bedarfs und den örtlichen Verhältnissen". Das bedeutet, dass Hilfsbedürftige einen Anspruch auf Sozialhilfe nur dem Grunde nach, nicht aber der Art und Höhe nach haben. Art und Höhe werden vielmehr vor dem Hintergrund der individuellen Situation des Hilfeempfängers definiert.

Bei den Leistungen der Sozialhilfe wird zwischen der Hilfe zum Lebensunterhalt und der Hilfe in besonderen Lebenslagen unterschieden. Die Hilfe zum Lebensunterhalt umfasst die durch den definierten Bedarf entstehenden Kosten, wobei das Einkommen des Hilfeempfängers angerechnet wird. Die Hilfe in besonderen Lebenslagen dient, wie der Name bereits sagt, der Bewältigung besonderer Lebensumstände wie beispielsweise Krankheit, Behinderung, Schwangerschaft oder der temporäre Ausfall eines Familienmitglieds. Sie kann auch neben der Hilfe zum Lebensunterhalt gewährt werden.

Das aus ökonomischer Sicht größte Problem an der Sozialhilfe ist ihre negative Anreizwirkung auf das Arbeitsangebot. Da sich die Sozialhilfe als Differenz zwischen dem individuellen Bedarf und den eigenen Einkünften berechnet, und dazu gehören nach §76 des Bundessozialhilfegesetz alle „Einkünfte in Geld oder Geldeswert", wird bei der Sozialhilfe praktisch jeder zusätzliche Euro, den ein erwerbsfähiger Sozialhilfeempfänger durch Arbeit verdient, in voller Höhe weggesteuert. Implizit werden Sozialhilfeempfänger daher mit einem Steuersatz von 100% auf zusätzliches Einkommen konfrontiert. Bisher hat es sich deshalb für Sozialhilfeempfänger oft nicht gelohnt, überhaupt eine Arbeit anzunehmen, es sei denn, die dabei erzielten Einkünfte waren deutlich höher als die Leistungen aus der Sozialhilfe.

Seit dem 1. Januar 2005 wird für erwerbsfähige Personen Sozialhilfe in Form des so genannten Arbeitslosengeldes II geleistet. Anspruchsberechtigt ist jede erwerbsfähige hilfsbedürftige Person zwischen 15 und unter 65 Jahren. Als erwerbsfähig gilt dabei, wer nicht wegen Krankheit oder Behinderung außerstande ist, mindestens drei Stunden pro Tag zu arbeiten. In diesem Sinne nicht erwerbsfähige hilfsbedürftige Personen erhalten weiterhin die bisherige Sozialhilfe. Zentral am Arbeitslosengeld II ist die Forderung an die Leistungsempfänger, möglichst schnell in ein Arbeitsverhältnis einzutreten oder zurückzukehren. Leistungsempfänger, die ein Stellenangebot oder eine Eingliederungsmaßnahme in den Arbeitsmarkt ablehnen, wird der Regelsatz zunächst für drei Monate um 30 Prozent gekürzt. Erwerbsfähigen Personen unter 25 Jahren kann die Leistung für die Dauer von drei Monaten sogar vollständig gestrichen werden. Grundsätzlich gilt jede Arbeit als zumutbar, zu der der betroffene Leistungsempfänger geistig, seelisch und körperlich imstande ist. Ausnahmen werden aber beispielsweise gemacht, wenn Leistungsempfänger ein unter drei Jahre altes Kind erziehen oder einen pflegebedürftigen Angehörigen betreuen.

Das Arbeitslosengeld II versucht indessen nicht nur mit Hilfe von Strafen Anreize zur Aufnahme einer Erwerbstätigkeit zu setzen. Empfänger des Arbeitslosengeldes II können auch mehr hinzuverdienen als bisher in der Sozialhilfe. Nach einer Übergangsphase sollen künftig die ersten hinzuverdienten 100 Euro nicht auf das Arbeitslosengeld II angerechnet werden. Von darüber hinaus gehendem Einkommen, bis zu einer Obergrenze von 800 Euro, sollen Leistungsempfänger 20% behalten dürfen und ab 800 Euro immer noch 10%. So behält dann beispielsweise ein Leistungsempänger von 800 Euro hinzuverdientem Einkommen $100 + 0,2 \times 700 = 240$ Euro und von 1000 Euro hinzuverdientem Einkommen $100 + 0,2 \times 700 + 0,1 \times 200 = 260$ Euro. Zwar lindert diese Regelung die bisherigen negativen Anreizeffekte der Sozialhilfe, sie beseitigt sie aber nicht. Einkommen von mehr als 100 Euro wird implizit immer noch mit einem Satz von 80% oder, ab 800 Euro, sogar mit einem Satz von 90% belastet. Entsprechend löst auch das Arbeitslosengeld II starke negative Anreizeffekte auf das Arbeitsangebot von Leistungsempfängern aus.

Weitergehende Reformvorschläge zielen darauf ab, die negativen Anreizwirkungen der Armutsvermeidung ganz zu beseitigen. Solche Reformvorschläge fordern im Wesentlichen einen Übergang von der bisherigen Politik des Lohnersatzes hin zu einer Politik der Lohnergänzung. Die Leistung für erwerbsfähige Hilfsbedürftige soll nicht mehr eins zu eins (wie bei der bisherigen Sozialhilfe) oder annähernd eins zu eins (wie beim Arbeitslosengeld II) mit erzielten Arbeitseinkünften verrechnet werden. Im Niedriglohnbereich soll der Staat vielmehr Arbeitseinkünfte durch Lohnzuschüsse ergänzen. Um den dadurch bewirkten Arbeitsanreiz weiter zu verstärken, soll parallel dazu der Leistungsregelsatz abgesenkt werden. Der Idee nach entspricht dieses Konzept der Armutsvermeidungspolitik in einigen Bundesstaaten der USA, wo sich mit Essensmarken (food stamps) begnügen muss, wer nicht arbeitet und kein Einkommen erzielt, aber staatliche Lohnzuschüsse erhält, wer eine Arbeit im Niedriglohnsektor aufnimmt.

12.3 Übungsaufgaben zu Kapitel 12

Von den angegebenen möglichen Antworten ist immer nur genau eine richtig. Treffen gleichzeitig mehrere Aussagen zu, so sind sie stets in einer Antwortmöglichkeit zusammengefasst, also z.B. in der Antwortmöglichkeit „Aussagen a) und c) sind richtig". Lösungen zu allen Aufgaben finden sich in einem Lösungsteil am Ende des Buches.

1. Welche Aussage ist richtig?
   a) Nichtmonetäre Einkommenselemente dürfen aus konzeptionellen Gründen bei der Armutsmessung nicht berücksichtigt werden.
   b) Wird der Armutsmessung statt der Höhe der Periodeneinkommen die Höhe der Lebenseinkommen zugrunde gelegt, wird eine höhere Armut gemessen.
   c) Transfers aus einem Armutsvermeidungsprogramm sind eine universale Leistung.
   d) Alle Aussagen sind falsch.

2. Welche Aussage ist richtig?
   a) Die Europäische Kommission verwendet eine Armutsgrenze von 50% des durchschnittlichen Lebenseinkommens.
   b) Das Konzept der relativen Armut differenziert die Armutsgrenze nach unterschiedlichen Ausbildungsgraden.

c) Nach Auffassung der Europäischen Kommission gilt jemand mit einem durchschnittlichen Einkommen von monatlich 1.000 Euro als relativ arm, wenn er jährlich weniger als 6.000 Euro verdient.

d) Alle Aussagen sind falsch.

3. In Land 1 und Land 2 wohnen jeweils drei Bürger mit folgenden Einkommen.

Bürger	Einkommen in Land 1	Einkommen in Land 2
A	50	150
B	250	350
C	300	700

Vergleichen Sie die in den beiden Ländern vorherrschende Armut auf Basis des von der Europäischen Kommission verwendeten Armutskonzepts.

a) In Land 1 ist ein Drittel der Gesellschaft arm.

b) In Land 2 ist niemand arm.

c) Der Anteil der relativ Armen ist in Land 1 höher als in Land 2.

d) Alle Aussagen sind falsch.

4. Welche Aussage ist richtig?

a) Nach Auffassung der Europäischen Kommission gilt jemand mit einem Jahreseinkommen von 12.000 Euro als arm, wenn das nationale durchschnittliche Jahreseinkommen 25.000 Euro beträgt.

b) Das Konzept der absoluten Armut definiert die Armutsgrenze als 50% des durchschnittlichen nationalen Medianeinkommens.

c) Das Konzept der relativen Armut definiert die Armutsgrenze als jenes Einkommen, dass das durchschnittliche Existenzminimum um 50% überschreitet.

d) Aussagen a) und c) sind richtig.

5. Ein Individuum erhält auf Basis der traditionellen Sozialhilfe einen Transfer in Höhe von T Euro. Es bekommt nun ein Angebot für eine Arbeitsstelle, deren Entlohnung kleiner ist als der Transfer.

a) Das erzielte Arbeitseinkommen unterliegt einer (Grenz-)Belastung von weniger als 100%.

b) Das Individuum stellt sich durch die Annahme des Angebots finanziell besser.

c) Durch die Annahme des Angebots fällt das Individuum unter das Existenzminimum.

d) Alle Aussagen sind falsch.

6. Das Kopfmaß K zur Messung der gesellschaftlichen Armut ...

a) steigt, wenn die Leistungen der Sozialhilfe gekürzt werden.

b) fällt, wenn die Leistungen der Sozialhilfe gekürzt werden.

c) steigt, wenn der Steuersatz für Spitzenverdiener gesenkt wird.

d) Alle Aussagen sind falsch.

7. Welche Aussage ist richtig?

a) Periodeneinkommen sind im Unterschied zu Lebenseinkommen nicht messbar.

b) Lebenseinkommen sind für die Armutsmessung aussagekräftiger als Periodeneinkommen.

c) Die Armutsmessung verwendet Periodeneinkommen, da sie aussagekräftiger sind als Lebenseinkommen.

d) Alle Aussagen sind richtig.

8. Wenn einem Empfänger von Leistungen aus einem staatlichen Armutsvermeidungsprogramm von jedem hinzuverdienten Euro 70 Cent auf die Sozialhilfe angerechnet werden, dann ...

a) wird sein Hinzuverdienst implizit mit 30% besteuert.

b) steigt sein Lohnsatz pro Stunde auf 1,30 Euro.

c) stellt die Sozialhilfe eine Lohnergänzungsleistung dar.

c) Alle Aussagen sind falsch.

9. Ein Empfänger von Arbeitslosengeld II nimmt eine Erwerbstätigkeit auf und verdient dabei 125 Euro. Welche Aussage ist richtig?

a) Der Empfänger darf von dem hinzuverdienten Geld nichts behalten, d.h. ihm werden 125 Euro vom Arbeitslosengeld II abgezogen.

b) Der Empfänger darf von dem hinzuverdienten Geld 105 Euro behalten.

c) Der Empfänger darf von dem hinzuverdienten Geld 20%, also 25 Euro behalten.

d) Alle Aussagen sind falsch.

10. Welche Aussage ist richtig?
    a) Die Sozialhilfe wird in Abhängigkeit des zuletzt verdienten monatlichen Einkommens des Empfängers gezahlt.
    b) Wer Sozialhilfe erhält, verliert bestehende Ansprüche auf Leistungen aus der gesetzlichen Rentenversicherung.
    c) Die Sozialhilfe basiert auf dem Subsidiaritätsprinzip, dem Bedarfsdeckungsprinzip und dem Prinzip der Generationengerechtigkeit.
    d) Alle Aussagen sind falsch.

13
Sozialversicherung

Unter dem Begriff Sozialversicherung fasst man die Gesamtheit der staatlichen Pflichtversicherungen zusammen, mit denen die Bevölkerung oder zumindest ein Teil davon vor den Folgen von Krankheit, Pflegebedürftigkeit, Erwerbsminderung, Arbeitsunfällen, Arbeitsplatzverlust sowie Alter und Tod geschützt werden sollen. In Deutschland umfasst die Sozialversicherung die gesetzliche Renten-, Kranken-, Pflege-, Unfall-, und Arbeitslosenversicherung. Einen Eindruck von der quantitativen Bedeutung der Sozialversicherung liefert Tabelle 13.1, in der die Ausgaben aller fünf Versicherungszweige für die Jahre 1970 und 2003 absolut und in Prozent des Bruttoinlandsprodukts (BIP) aufgelistet sind. Dabei ist zu beachten, dass die Pflegeversicherung 1970 noch nicht existierte (sie wurde erst im Jahr 1995 eingeführt) und dass sich die Zahlen von 1970 auf Westdeutschland und die Zahlen von 2003 auf Gesamtdeutschland beziehen.

In absoluten Beträgen gemessen sind die Ausgaben offenbar in allen Versicherungszweigen zwischen 1970 und 2003 gestiegen. Allerdings sind die Ausgaben in Marktpreisen des jeweiligen Jahres angegeben. Deshalb spiegeln die Differenzen in den Ausgaben zwischen 1970 und 2003 nicht nur die realen Ausgabensteigerungen wider, sondern beinhalten auch die in diesem Zeitraum angefallene Geldentwertung. Aussagekräftiger sind die Ausgaben in Prozent des Bruttoinlandsprodukts. Sie geben an, wieviel Prozent des Wertes aller innerhalb eines Jahres in Deutschland entstandenen Güter und Dienstleistungen für die einzelnen Zweige der Sozialversicherung verwendet wurden. In den drei quantitativ bedeutsamsten Zweigen, der gesetzlichen Renten-, Kranken- und Arbeitslosenversicherung, sind diese Prozentsätze deutlich gestiegen. In der Arbeitslosenversicherung ist das auf den rasanten Anstieg der Arbeitslosigkeit zurückzuführen. 1970 waren in Westdeutschland im Jahresdurchschnitt 145.000 Arbeitslose gemeldet, im Jahr 2003 waren es dagegen 4,4 Millionen in Gesamtdeutschland. In der Rentenversicherung ist der Anstieg besonders dadurch verursacht worden, dass in den letzten drei Jahrzehnten aufgrund des demografischen Wandels oder, genauer, der Alterung der Bevölkerung die Anzahl der Ruheständler zugenommen hat. Der demografische Wandel spielt auch für die Ausgabenentwicklung in der gesetzlichen Krankenversicherung eine Rolle. Bedeutsamer noch sind dort aber die medizinisch-technischen Entwicklungen in den vergangenen drei Jahrzehnten und die daran gekoppelten immer aufwendigeren Behandlungen, die von der gesetzlichen Krankenversicherung bezahlt werden.

Tabelle 13.1. Ausgaben der Sozialversicherung

	1970		2003	
	in Mrd. Euro	in % des BIP	in Mrd. Euro	in % des BIP
Rentenversicherung	26,5	7,7	238,5	11,2
Krankenversicherung	12,9	3,7	143,3	6,7
Pflegeversicherung	-	-	17,4	0,8
Unfallversicherung	2,0	0,6	11,3	0,5
Arbeitslosenversicherung	1,8	0,5	73,3	3,4

Quelle: BMGS (2004), eigene Berechnungen.

Während die Ausgabenentwicklung in der Arbeitslosenversicherung eindeutig auf eine allokative Fehlentwicklung hinweist, nämlich die gestiegene Arbeitslosigkeit bzw. das größere Ungleichgewicht auf dem Arbeitsmarkt, lässt sich Gleiches nicht mit derselben Sicherheit von der Renten- und erst recht nicht von der Krankenversicherung behaupten. In beiden Bereichen könnten sich in der Ausgabenentwicklung auch die Präferenzen der Bürger ausdrücken. Insbesondere die Entwicklung in der Krankenversicherung könnte darauf zurückzuführen sein, dass die Menschen in Deutschland mit höherem Einkommen – und die Einkommen sind in den vergangenen drei Jahrzehnten deutlich gestiegen – nicht nur mehr, sondern auch einen größeren Anteil ihres Einkommens für die Gesundheit ausgeben möchten. Das ist dann der Fall, wenn es sich bei der Gesundheit um ein so genanntes superiores Gut handelt.

Mit superioren Gütern und ihrer Bedeutung für das Staatsausgabenwachstum haben wir uns ja bereits in Kapitel 1 beschäftigt. Handelt es sich bei der Gesundheit um ein superiores Gut – und dafür spricht einiges –, dann spiegelt zumindest ein Teil der Ausgabenentwicklung in der gesetzlichen Krankenversicherung die Bedürfnisse der Bürger wider und ist entsprechend gesellschaftlich erwünscht.

Wir beschäftigen uns in diesem Kapitel ausführlich mit der Renten-, der Kranken- und der Arbeitslosenversicherung. Für jeden dieser drei Versicherungszweige untersuchen wir, wieso er überhaupt zur Sozialversicherung gehört und nicht oder zumindest nicht ausschließlich privatwirtschaftlich organisiert wird. Weiterhin betrachten wir die spezifischen gesetzlichen Ausprägungen der Renten-, Kranken- und Arbeitslosenversicherung in Deutschland und skizzieren aktuelle Reformbestrebungen.

13.1 Rentenversicherung

13.1.1 Private versus staatliche Rentenversicherung

Alle entwickelten Industrieländer haben in der einen oder anderen Weise eine staatliche Alters- oder Rentenversicherung eingerichtet und in der Tat erscheint uns deren Existenz heute als nahezu selbstverständlich. Gleichwohl ist es nicht ganz und gar fruchtlos, danach zu fragen, wieso es staatliche Rentenversicherungen überhaupt gibt. Immerhin ist ja denkbar, dass sich viele Menschen aus einem wohlverstandenen Eigeninteresse heraus auch privat darum kümmern würden, im Alter ausreichend versorgt zu sein, so dass ein staatlicher Eingriff in die Alterssicherung vielleicht gar nicht notwendig wäre.

Das traditionelle Argument für eine staatliche Rentenversicherung basiert auf der Überlegung, dass viele Menschen keine langfristig angelegten Konsumpläne verfolgen, sondern aus einer gewissen Kurzsichtigkeit heraus in jungen Jahren zu viel konsumieren und fürs Alter nicht genügend Rücklagen bilden. Ähnlich ist die Überlegung, dass viele Menschen ihre eigene Lebenserwartung systematisch unterschätzen und deshalb nicht ausreichend fürs Alter vorsorgen. In beiden Fällen leiden die Menschen in späteren Jahren unter Altersarmut und sind abhängig von Transfers aus einem Armutsvermeidungsprogramm wie die Sozialhilfe, die wir in Kapitel 12 kennen gelernt haben. Allerdings kann auch gerade das Vorhandensein eines Armutsvermeidungsprogramms

Anreize auslösen, selbst nicht ausreichend fürs Alter vorzusorgen. Wenn nämlich die Gesellschaft jenen aus der Altersarmut heraushilft, die sich selbst dagegen nicht ausreichend versichert haben, dann wird dadurch gerade die Bereitschaft untergraben, sich selbst um eine ausreichende Alterssicherung zu kümmern. Es lohnt sich dann vielmehr, in jungen Jahren bewusst viel zu konsumieren und keine Rücklagen zu bilden. Dieses offenbar parasitäre aber keineswegs kurzsichtige Verhalten wird als strategische Unterversicherung gegen das Altersarmutsrisiko bezeichnet. Ob die mangelnde Altersvorsorge nun aus Kurzsichtigkeit, falscher Einschätzung der Lebenserwartung oder strategischen Motiven entsteht, in allen Fällen kann eine staatliche Rentenversicherung Abhilfe leisten, weil sie die Individuen dazu zwingt, für das Alter vorzusorgen.

Ein viertes Argument für eine staatliche Alterssicherung beruht auf der Existenz asymmetrisch verteilter Informationen, mit denen wir uns bereits in Kapitel 5 beschäftigt haben. Betrachten wir einen privaten Markt, in dem Versicherungen gegen das Altersarmutsrisiko auf Annuitätenbasis gehandelt werden. Bei einer solchen Versicherung erhält ein Versicherter als Gegenleistung für die von ihm gezahlte Versicherungsprämie ab einem im Vertrag festgelegten Lebensjahr bis zu seinem Tod eine garantierte monatliche Auszahlung. Wenn sowohl die Versicherungsunternehmen als auch die Versicherungsnehmer die individuellen Sterbewahrscheinlichkeiten beobachten können – also keine asymmetrisch verteilten Informationen darüber vorliegen –, dann dürfen wir erwarten, dass der Markt eine effiziente Lösung herbeiführt. Diese ist dadurch gekennzeichnet, dass Versicherungsnehmer mit kleineren Sterbewahrscheinlichkeiten, also höheren Lebenserwartungen, höhere Prämien zahlen müssen als Käufer mit größeren Sterbewahrscheinlichkeiten. Wenn dagegen die Versicherungsnehmer ihre Sterbewahrscheinlichkeiten kennen, die Versicherungsunternehmen aber nicht – Informationen über die Sterbewahrscheinlichkeiten also asymmetrisch verteilt sind –, dann kommt es zu jenem Phänomen, das wir in Kapitel 5 als adverse Selektion kennen gelernt haben.[1] Es ist dadurch gekennzeich-

---

[1] Dort haben wir adverse Selektion im Krankenversicherungskontext erläutert. Bei der Übertragung der abgeleiteten Ergebnisse auf das vorliegende Problem ist zu beachten, dass im Kontext der Alterssicherung die Individuen mit hohen Sterbewahrscheinlichkeiten gute Risiken und die Individuen mit geringen Sterbewahrscheinlichkeiten schlechte Risiken darstellen. Zwar ist es aus individueller Perspektive sicher besser, eine geringe und keine hohe Sterbewahrscheinlichkeit zu haben. Aus der Perspektive eines Versicherungsunternehmens, das eine Versicherung auf

net, dass sich nur Personen mit niedrigen Sterbewahrscheinlichkeiten in umfassende Versicherungsverträge hineinselektieren, während Personen mit hohen Sterbewahrscheinlichkeiten unterversichert bleiben. Wie wir bereits in Kapitel 5 erläutert haben, lässt sich das Problem der adversen Selektion durch eine staatliche Zwangsversicherung, im Altersvorsorgezusammenhang also durch eine staatliche Rentenversicherung beseitigen.

13.1.2 Kapitaldeckungs- und Umlageverfahren

Staatliche Rentenversicherungen lassen sich grundsätzlich danach unterscheiden, ob die geleisteten Altersrenten kapitalgedeckt oder umlagefinanziert sind. Beim Kapitaldeckungsverfahren werden die Rentenversicherungsbeiträge der Erwerbstätigen in einen Kapitalfonds eingezahlt. Sobald die Erwerbstätigen in den Ruhestand gehen, erhalten sie eine Altersrente, die mit dem im Kapitalfonds angesammelten Kapital und den darauf angefallenen Zinsen finanziert wird; die Altersrenten der Ruheständler sind demnach durch einen von ihnen selbst im Erwerbstätigenalter angesparten Kapitalstock gedeckt.

Beim Umlageverfahren werden dagegen die Rentenversicherungsbeiträge der Erwerbstätigen nicht in einem Kapitalfonds gesammelt, sondern direkt als Altersrenten an die Ruheständler ausgezahlt. Mit ihren Beiträgen erhalten die Erwerbstätigen einen Anspruch auf eine Altersrente im Ruhestand, die von den zukünftigen Erwerbstätigen mit deren Beiträgen finanziert wird. Im Unterschied zum Kapitaldeckungsverfahren verzahnt daher das Umlageverfahren erwerbstätige und nicht mehr erwerbstätige Generationen durch intergenerationelle Transfers. Diese Verzahnung wird gelegentlich als Generationenvertrag bezeichnet, dessen Inhalt zugespitzt formuliert darin besteht, dass die heute erwerbstätigen Generationen die Altersrenten der heutigen Ruheständler finanzieren und als Gegenleistung dafür im Ruhestand von den morgen erwerbstätigen Generationen eine Altersrente erhalten.

Das Kapitaldeckungs- und das Umlageverfahren existieren freilich schon viel länger als die staatliche Alterssicherung. In gewisser Hinsicht ahmen beide Verfahren archetypische Formen der privaten Altersvorsorge nach. Das Kapitaldeckungsverfahren entspricht konzeptionell der privaten Altersvorsorge in Form von Ersparnisbildung. Hier wie dort

---

Annuitätenbasis verkauft, ist es aber besser, wenn der Versicherungsnehmer eher früher als später stirbt.

wird der Alterskonsum mit zuvor angespartem Kapital finanziert. Entsprechend sind auch die Renditen dieser beiden Altersvorsorgevarianten identisch; in beiden Fällen werden sie durch den am Kapitalmarkt vorherrschenden Zinssatz bestimmt. Aufgrund seiner konzeptionellen Nähe zur privaten Ersparnis löst das Kapitaldeckungsverfahren als staatliche Form der Alterssicherung auch keine negativen Effekte auf die gesamtwirtschaftliche Kapitalbildung aus. Indem es deren Rolle der alterssicherungsmotivierten Kapitalbildung übernimmt, ersetzt es nämlich eher die private Ersparnis, als dass es sie verdrängt. Der prägende Unterschied zwischen einem staatlichen Kapitaldeckungsverfahren und der privaten Ersparnisbildung besteht deshalb im Wesentlichen darin, dass ersteres typischerweise auf staatlich erzwungenen und administrierten Beiträgen basiert, während letztere rein freiwilliger Natur ist.

Das Umlageverfahren andererseits fußt auf dem gleichen Prinzip wie die familiengestützte Altersvorsorge. In der Tat ist die (Groß-)Familie die wohl älteste Institution zur Sicherung des Alterskonsums und diese Rolle spielt sie in wirtschaftlich weniger entwickelten Gesellschaften noch heute. Danach sorgen jene Familienmitglieder, die sich im Erwerbstätigenalter befinden, für den Konsum ihrer nicht mehr oder nicht mehr voll erwerbstätigen Eltern und dürfen deshalb darauf vertrauen, dass sie später von ihren Kindern ebenfalls versorgt werden. Offenbar hängt die familiengestützte Altersvorsorge davon ab, dass stets eine ausreichende Anzahl von Kindern nachwächst und dass diese im Erwerbstätigenalter ausreichend produktiv sind. Andernfalls könnte der fortgesetzte innerfamiliäre Konsumgütertransfer von den Erwerbstätigen an die Ruheständler nicht aufrecht erhalten werden. Grundsätzlich verhält es sich mit einem umlagefinanzierten staatlichen Alterssicherungssystem nicht anders. Zwar koppelt es die Altersvorsorge von der Anzahl und der Produktivität der eigenen Kinder ab. Gleichwohl ist es auch dort unabdingbar, dass stets ausreichend große und produktive Erwerbstätigengenerationen nachwachsen. So verwundert es auch nicht, dass die Rentabilität des Umlageverfahrens im Wesentlichen von zwei Größen bestimmt wird: dem Wachstum der Erwerbstätigenproduktivität und dem Wachstum der Erwerbstätigenanzahl. Weil sich die Erwerbstätigenproduktivität typischerweise in den Löhnen widerspiegelt und weil die Beiträge zu staatlichen Alterssicherungssystemen in der Regel lohnabhängig sind, kann die Rendite des Umlageverfahrens durch die Wachstumsrate der Lohnsumme gemessen werden, wobei letztere die Summe aller Lohneinkommen bezeichnet.

Wie im Fall der kapitalgedeckten Altersvorsorge unterscheiden sich die staatliche und die private Umlagevariante darin, dass das staatliche System auf Zwangsbeiträgen basiert, während die familiengestützte Form letztlich wohl immer freiwillige Teilhabe an einem Familienzusammenhang voraussetzt. Als wesentliches Unterscheidungsmerkmal kommt aber noch die angesprochene Abkopplung der Altersrenten der Ruheständler von der eigenen Kinderzahl im staatlichen Umlageverfahren hinzu. Damit entsteht gegenüber der privaten, familiengestützten Variante eine offene Flanke, in der nicht wenige Ökonomen eine konzeptionelle Schwäche des staatlichen Systems sehen. Die staatliche umlagefinanzierte Alterssicherung externalisiert nämlich gewissermaßen die alterssicherungsabhängigen Vorteile eigener Kinder, die im traditionellen Familienverband intern sind, sprich in der Familie verbleiben. Ob damit freilich in der Tat ein negativer Effekt auf die individuelle Bereitschaft ausgelöst wird, für eine alterssichernde Anzahl von Kindern zu sorgen, wie gelegentlich behauptet wird, ist empirisch nach wie vor nicht eindeutig identifiziert. Mehr Evidenz gibt es indessen dafür, dass die umlagefinanzierte Alterssicherung negative Effekte auf die gesamtwirtschaftliche Kapitalbildung auslöst, weil die in Aussicht gestellten Renten des Umlageverfahrens das Motiv fürs Alter zu sparen verdrängen, ohne dass gleichzeitig durch das Alterssicherungsystem selbst Kapital gebildet wird.[2]

Zwar haben wir bereits in den einleitenden Bemerkungen zu diesem Abschnitt eine Reihe von Gründen kennen gelernt, die für die Einführung einer staatlich organisierten Alterssicherung sprechen. Mit den genannten Gründen ist aber noch nichts darüber gesagt, ob das staatliche System kapitalgedeckt oder umlagefinanziert sein sollte. Orientiert man sich an den Renditen, dann ist das Kapitaldeckungsverfahren vorteilhafter als das Umlageverfahren, wenn der Zinssatz am Kapitalmarkt die Wachstumsrate der Lohnsumme übertrifft und umgekehrt das Umlageverfahren vorteilhafter, wenn der Zinssatz hinter der Wachstumsrate zurückbleibt. In letzterem Fall ist das Umlageverfahren sogar eindeutig Pareto-besser als das Kapitaldeckungsverfahren, weil durch die Einführung eines umlagefinanzierten Alterssicherungssystems alle heutigen und künftigen Generationen besser gestellt werden können. Die sich im Zeitpunkt der Einführung bereits im Ruhestand befindenden Generationen werden offensichtlich besser gestellt, weil sie eine um-

---

[2] Auf diesen Zusammenhang hat besonders Martin Feldstein (1974) aufmerksam gemacht.

lagefinanzierte Altersrente erhalten, ohne im Erwerbstätigenalter Beiträge gezahlt zu haben. Diese Generationen kommen in den Genuss des so genannten Einführungsgewinns des Umlageverfahrens. Die im Zeitpunkt der Einführung erwerbstätigen Generationen sowie alle künftigen Generationen erhalten zwar keinen Einführungsgewinn mehr, sie profitieren aber von der höheren Rendite des Umlageverfahrens gegenüber dem Kapitaldeckungsverfahren bzw. der privaten Ersparnis und werden deshalb ebenfalls besser gestellt.[3]

Die an die Vorteilhaftigkeit des Umlageverfahrens geknüpfte Bedingung ist allerdings sehr restriktiv. Im Mittel wächst die Lohnsumme mit der gleichen Rate wie das Bruttoinlandsprodukt und dessen Wachstumsrate ist im längerfristigen Durchschnitt in allen entwickelten Industriestaaten kleiner als der Zinssatz, wie wir bereits in Kapitel 11 festgestellt haben. Viele Industriestaaten haben ein Umlageverfahren zu einer Zeit eingeführt, als die Wachstumsraten der Lohnsumme noch deutlich größer waren als heute, sehen sich aber nun mit einer Rentabilität des Umlageverfahrens konfrontiert, die weit hinter der eines Kapitaldeckungsverfahrens zurückbleibt. Deshalb wird heute in vielen Ländern darüber nachgedacht, auf eine kapitalgedeckte Alterssicherung überzugehen. Damit verbinden sich aber erhebliche wirtschaftspolitische Schwierigkeiten. Aus der höheren Rendite des Kapitaldeckungsverfahrens darf nämlich nicht gefolgert werden, dass durch einen Übergang vom Umlage- zum Kapitaldeckungsverfahren wiederum eine Pareto-Verbesserung erzielbar sei. Bei einem Kapitaldeckungsverfahren stehen nämlich die Beiträge nicht für sofortige Rentenleistungen zur Verfügung. Damit muss vielmehr zunächst ein Kapitalstock gebildet werden, aus dem erst später Rentenleistungen erbracht werden können. Deshalb sind bei einem heutigen Übergang entweder die Renten der heutigen Ruheständler nicht durch Rentenbeiträge gedeckt oder die heutigen Erwerbstätigen zahlen neben den Beiträgen in den Fonds des kapitalgedeckten Systems auch noch Beiträge zur Finanzierung der Renten der heutigen Ruheständler. Bei einem Übergang vom Umlage- zum Kapitaldeckungsverfahren werden deshalb in der Übergangszeit entweder die Erwerbstätigen doppelt belastet oder aber die Ruheständler gehen leer aus. Die Übergangslast hängt damit zusammen, dass beim Umlageverfahren der oben angesprochene Einführungs-

---

[3] Die Bedingung „Wachstumsrate der Lohnsumme größer als Kapitalmarktzinssatz" wird nach Henry J. Aaron (1966) gelegentlich als Aaron-Bedingung bezeichnet und die durch die Einführung des Umlageverfahrens unter dieser Bedingung bewirkte Pareto-Verbesserung als Aaronsches Sozialversicherungsparadoxon.

gewinn sofort den in dieser Zeit lebenden Ruheständlern zufällt und durch einen späteren Übergang zu einem Kapitaldeckungsverfahren nicht mehr zurückgeholt werden kann; seine Finanzierung belastet vielmehr die Erwerbstätigen und die Ruheständler im Übergangszeitraum. Natürlich lässt sich der Übergang zeitlich strecken und die Übergangslast damit auf mehrere Generationen verteilen. Grundsätzlich vermeiden lässt sich die Übergangslast aber nicht und deshalb gibt es bei einem Übergang zu einem Kapitaldeckungsverfahren trotz der höheren Rendite nicht nur Gewinner, sondern auch Verlierer – und während jene eine Abschaffung des Umlageverfahrens begrüßen, werden diese dagegen politische Opposition mobilisieren.

Die angesprochene zeitliche Streckung des Übergangs lässt sich mit einer sukzessiven Reduktion der Höhe der Altersrenten und der Beiträge zum Umlageverfahren oder, alternativ, mit dem Instrument der Staatsverschuldung ins Werk setzen. In letzterem Fall werden die Altersrenten der Ruheständler in einem Übergangszeitpunkt durch öffentliche Kredite gedeckt, so dass die Beiträge der Erwerbstätigen in einen Kapitalfonds eingezahlt werden können. Die öffentlichen Kredite wiederum werden mit Steuereinnahmen getilgt, wobei sich die Tilgung zeitlich so strecken lässt, dass nicht nur die Erwerbstätigen und Ruheständler im Übergangszeitpunkt, sondern auch künftige Generationen davon betroffen sind. Die Kreditfinanzierungsvariante macht noch einmal deutlich, dass durch den Übergang zum Kapitaldeckungsverfahren trotz der dadurch erzielten höheren Rendite im Alterssicherungssystem keine Pareto-Verbesserung erreicht wird. Auf die wegen des Übergangs aufgenommenen Kredite fallen nämlich ebenfalls kapitalmarktabhängige Zinsen an, so dass die höhere Rendite des Kapitaldeckungsverfahrens von den höheren finanziellen Verpflichtungen wegen der Schuldentilgung wieder aufgezehrt wird.

13.1.3 Die gesetzliche Rentenversicherung

Die gesetzliche Rentenversicherung in Deutschland ist eine auf dem Umlageverfahren basierende Zwangsversicherung, die alle sozialversicherungspflichtigen Arbeitnehmer umfasst. Dazu gehören alle Arbeiter und Angestellten, deren Einkommen oberhalb einer monatlichen Mindestverdienstgrenze liegen. Die Beiträge werden als fester Prozentsatz des monatlichen Bruttoverdiensts der Versicherten erhoben, wobei die Einkommen bis zu einer oberen Beitragsbemessungsgrenze berücksichtigt werden. Im Jahr 2005 beträgt der Beitragssatz 19,5% des versicherungspflichtigen Bruttoverdiensts und die Beitragsbemessungsgrenze 5200 Euro pro Monat in Westdeutschland und 4400 Euro pro Monat in Ostdeutschland. Die Umlagefinanzierung der gesetzlichen Rentenversicherung wird allerdings seit geraumer Zeit durchbrochen, weil die Altersrenten nicht allein aus Beiträgen der Versicherten finanziert werden, sondern zusätzlich aus einem Bundeszuschuss, der durch allgemeine staatliche Einnahmen, also insbesondere durch Steuereinnahmen gedeckt wird. Im Jahr 2003 betrug der Bundeszuschuss knapp ein Drittel der Gesamtausgaben der gesetzlichen Rentenversicherung oder 73 Milliarden Euro.

In ihrer heutigen Form geht die gesetzliche Rentenversicherung maßgeblich auf die Rentenreform von 1957 zurück. Sie stellte die Rentenfinanzierung voll auf das Umlageverfahren um und führte die so genannte dynamische oder lohnindexierte Rente ein. Seither entwickeln sich die Altersrenten parallel zu den Löhnen der Beitragszahler. Bis zu Beginn der 1990er Jahre wurde die Höhe der Altersrenten an die Entwicklung der Bruttolöhne angepasst. Mit der Rentenreform von 1989, die 1992 in Kraft trat, wurde auf eine Nettolohnindexierung umgestellt, weil sich zeigte, dass die verfügbaren Einkommen der Rentner bei einem Festhalten an der Bruttolohnindexierung schneller steigen würden als die verfügbaren Einkommen der Erwerbstätigen. Mit der Rentenreform im Jahr 2001 ist man indessen zur Bruttolohnindexierung zurückgekehrt. Im Unterschied zu früher bestehen jetzt aber umfangreiche Abzugsregelungen hinsichtlich des der Indexierung zugrunde liegenden Einkommens. Zwar werden seither Veränderungen der Beitrags- und Steuerbelastung der Erwerbseinkommen bei der Indexierung nicht mehr berücksichtigt, sofern sie keinen direkten Bezug zur Alterssicherung haben. Dafür wirkt sich aber neben dem Beitrag zur gesetzlichen Rentenversicherung auch der Beitrag zu der ebenfalls mit der Rentenreform von 2001 eingeführten Förderung der privaten kapitalgedeckten Altersvorsorge senkend auf die berücksichtigten Löhne und damit auf die Rentenanpassung aus. Nachhaltig geprägt wurde die gesetzliche Rentenversicherung weiterhin durch die Rentenreform von 1972, die umfangreiche Möglichkeiten der Frühverrentung einführte. Diese Möglichkeiten wurden allerdings durch die mit den Rentenreformen von 1989 und 1999 eingeführten Abschläge auf die Höhe der Altersrente bei Frühverrentung wieder eingeschränkt.

Zentrales Element der gesetzlichen Rentenversicherung bildet die so genannte Rentenformel, die die Höhe der Altersrente eines in der Vergangenheit versicherungspflichtigen Ruheständlers bestimmt. Die Berechnung der persönlichen Altersrente mit Hilfe der Rentenformel ist zwar eine kleine Wissenschaft für sich. Konzeptionell beruht die Rentenformel aber auf einer einfachen Struktur. Sie bestimmt die Höhe der Altersrente als das Produkt dreier Komponenten, nämlich dem durch die individuelle Erwerbs- und Beitragshistorie erworbenen persönlichen Rentenanspruch, der Art der bezogenen Rente und der Anpassung des allgemeinen Rentenniveaus an die Lohnentwicklung.

Seit der 1992 in Kraft getretenen Rentenreform von 1989 wird der persönliche Rentenanspruch durch so genannte persönliche Entgeltpunkte abgebildet, die sich aus den (nicht persönlichen) Entgeltpunkten multipliziert mit einem so genannten Zugangsfaktor ergeben. Entgeltpunkte erwirbt ein Versicherter insbesondere für Beitragszeiten, daneben aber auch für so genannte beitragsfreie Zeiten wie etwa Ausbildungs- oder Erziehungszeiten. Die Entgeltpunkte bestimmen sich dabei als Verhältnis des versicherungspflichtigen Bruttoerwerbseinkommens des Versicherten zum durchschnittlichen versicherungspflichtigen Bruttoerwerbseinkommen aller Versicherten. Im Jahr 2004 betrug das durchschnittliche versicherungspflichtige Bruttoerwerbseinkommen 29.428 Euro. Ein Versicherter mit einem versicherungspflichtigen Bruttoerwerbseinkommen in Höhe von 31.000 Euro beispielsweise hat deshalb für dieses Jahr 1,05 Entgeltpunkte erhalten. Multipliziert mit dem Zugangsfaktor ergeben sich aus den Entgeltpunkten die persönlichen Entgeltpunkte. Der Zugangsfaktor soll bei vorzeitiger oder aufgeschobener Inanspruchnahme der Rente die unterschiedliche Bezugsdauer im Vergleich zu einer normalen Bezugsdauer ausgleichen. Grundsätzlich hat der Zugangsfaktor deshalb den Wert 1 und ist bei vorzeitiger Inanspruchnahme kleiner und bei aufgeschobener Inanspruchnahme größer als 1. Die Art der Rente wird durch den so genannten Rentenartfaktor erfasst. Für die reguläre Rente – das ist besonders die Rente wegen Alters, aber beispielsweise auch die Rente wegen Erwerbsunfähigkeit – hat der Rentenartfaktor den Wert 1. Für andere Rentenarten, z.B. Waisen- oder Witwenrenten, ist der Rentenartfaktor kleiner als 1. Die Anpassung der Renten an die Lohnentwicklung schließlich erfolgt mit dem so genannten aktuellen Rentenwert. Er wird jährlich von der Bundesregierung mit Zustimmung des Bundesrates festgelegt und jeweils am 1. Juli eines Jahres angepasst. In den letzten zwei Jahren ist der aktuelle Rentenwert allerdings nicht mehr verändert worden. Seit dem

1. Juli 2003 beträgt er 26,13 Euro in Westdeutschland und 22,97 Euro in Ostdeutschland.

Zusammengefasst bestimmt sich die Höhe der Altersrente in der gesetzlichen Rentenversicherung nach der folgenden Rentenformel:

$$\text{Renten-} \atop \text{höhe} = {\text{persönliche} \atop \text{Entgeltpunkte}} \times {\text{Rentenart-} \atop \text{faktor}} \times {\text{aktueller} \atop \text{Rentenwert}}.$$

Um ein Bild von der mit der Rentenformel berechneten absoluten Rentenhöhe zu gewinnen, betrachten wir den Fall eines so genannten Eckrentners. Dabei handelt es sich um eine für statistische Vergleichszwecke erfundene Musterperson, die 65 Jahre alt ist, 45 Jahre lang Beiträge in die Rentenversicherung eingezahlt und während des gesamten Arbeitslebens das durchschnittliche versicherungspflichtige Bruttoerwerbseinkommen erzielt hat. Offenbar hat der Eckrentner im Laufe seiner Erwerbs- und Beitragshistorie 45 Entgeltpunkte erworben, die sich mit dem Zugangsfaktor 1 zu 45 persönlichen Entgeltpunkten berechnen. Art seiner Rente ist die wegen Alters, so dass seine 45 persönlichen Entgeltpunkte mit einem Rentenartfaktor in Höhe von 1 bewertet werden. Damit erhält er bei einem aktuellen Rentenwert in Höhe von 26,13 Euro in den alten Bundesländern eine monatliche Rente von insgesamt 1175,85 Euro.

In Zukunft werden sich die Altersrenten nicht mehr parallel zu den Bruttoeinkommen der versicherungspflichtigen Erwerbstätigen entwickeln. Durch das im Jahr 2005 in Kraft getretene so genannte Rentenversichungs-Nachhaltigkeitsgesetz wird künftig die Entwicklung des zahlenmäßigen Verhältnisses von Leistungsempfängern und Beitragszahlern in der gesetzlichen Rentenversicherung berücksichtigt. Diese Änderung war notwendig geworden vor dem Hintergrund der bereits in der Einleitung dieses Kapitels angesprochenen Alterung der Bevölkerung. In den vergangenen Jahrzehnten sind die Geburtenraten deutlich zurückgegangen und die individuellen Lebenserwartungen deutlich gestiegen. Beides hat bereits zu einem höheren Altersquotienten der deutschen Bevölkerung geführt – der Altersquotient misst die Anzahl der 65 Jahre oder älteren Personen in Prozent der 15 bis 64 Jahre alten Personen – und diese Entwicklung wird sich in Zukunft noch erheblich verstärken. So lag der Altersquotient im Jahr 1960 bei 17,3%, im Jahr 2001 bei 27,5% und wird im Jahr 2040 voraussichtlich bei über 53% liegen. Die dadurch bewirkte Erhöhung des Verhältnisses von Leistungsempfängern zu Beitragszahlern in der gesetzlichen Rentenversicherung hätte bei Beibehaltung des bisherigen Regelwerks zu einem deutlichen

Anstieg des Beitragssatzes geführt. Schätzungen zufolge wäre der Beitragssatz von 19,5% im Jahr 2005 auf über 26% im Jahr 2040 gestiegen. Dadurch wäre es nicht nur zu einer erheblichen Mehrbelastung künftiger Erwerbsgenerationen gekommen, sondern auch zu noch stärkeren beschäftigungsfeindlichen Effekten auf dem Arbeitsmarkt. Letztere hängen damit zusammen, dass die Rentenbeiträge an die Löhne gekoppelt sind und höhere Beitragssätze stets höhere Lohnkosten nach sich ziehen, die wiederum zu einer geringeren Nachfrage nach Arbeit führen.

Mit dem Rentenversicherungs-Nachhaltigkeitsgesetz kommt künftig ein so genannter Nachhaltigkeitsfaktor bei der Anpassung des aktuellen Rentenwerts zur Anwendung. Durch den Nachhaltigkeitsfaktor wird bei der jährlichen Rentenanpassung die Entwicklung des Verhältnisses von Rentnern zu Beitragszahlern berücksichtigt. Damit soll dem demografischen Wandel – Rückgang der Geburten und Zunahme der Lebenserwartung –, aber auch Änderungen in der Erwerbsneigung der Erwerbsbevölkerung Rechnung getragen werden. Steigt das Verhältnis von Rentnern zu Beitragszahlern, so erhöhen sich die Renten in einem geringeren Ausmaß als die Bruttolöhne. Die Anwendung des Nachhaltigkeitsfaktors soll indessen ausgesetzt werden, wenn es ansonsten zu einer Reduktion des aktuellen Rentenwertes und damit zu einer Rentenkürzung kommen würde. Es wird erwartet, dass durch das Rentenversicherungs-Nachhaltigkeitsgesetz die Entwicklung der Renten bis zum Jahr 2030 im Durchschnitt jährlich um 0,7 Prozentpunkte hinter der Lohnentwicklung zurückbleiben wird.[4]

Mit dem Rentenversicherungs-Nachhaltigkeitsgesetz ist in der gesetzlichen Rentenversicherung ein Paradigmenwechsel eingeleitet worden. Während früher die Sicherung eines Mindestmaßes des so genannten Nettorentenniveaus – das Nettorentenniveau misst die verfügbare Rente eines Eckrentners in Prozent des durchschnittlichen Nettoerwerbseinkommens aller Versicherten – im Mittelpunkt stand, zeichnet sich jetzt eine Orientierung der künftigen Rentenhöhe an den Einnahmen der gesetzlichen Rentenversicherung ab. Das Rentenversicherungs-Nachhaltigkeitsgesetz dürfte freilich noch nicht die letzte Reaktion seitens der Rentenpolitik auf die Herausforderungen des demografischen Wandels gewesen sein. Um sowohl der Mehrbelastung künftiger Generationen als auch den negativen Arbeitsmarkteffekten der gesetzlichen Rentenversicherung wirksam entgegenzutreten, sind vermutlich weite-

---

[4] Siehe dazu das Jahresgutachten 2004/05 des Sachverständigenrates zur Begutachtung der gesamtwirtschaftlichen Entwicklung.

re Reformen des jetzigen Regelwerks notwendig. Zwar ist gegenwärtig noch nicht zu überschauen, welche weiteren Reformschritte unternommen werden. Längerfristig dürfte es aber insbesondere zu einer Zunahme des gesetzlichen Rentenalters von jetzt 65 Jahre auf vielleicht 67 Jahre kommen.

13.2 Krankenversicherung

13.2.1 Private versus staatliche Krankenversicherung

In der Krankenversicherung ist der Staat ähnlich umfassend aktiv wie in der Rentenversicherung – und die Rechtfertigungsgründe dafür sind ebenfalls ähnlich. Neben einer falschen individuellen Einschätzung des Krankheitsrisikos spielen wiederum strategische Unterversicherungsmotive sowie das Phänomen der adversen Selektion eine besondere Rolle.

Das Problem der strategischen Unterversicherung im Krankenversicherungskontext ist zurückzuführen auf eine so genannte altruistische Externalität, die gelegentlich auch als das Dilemma des barmherzigen Samariters bezeichnet wird. Die altruistische Externalität rührt daher, dass die Gesellschaft aus ethischen – oder eben altruistischen – Beweggründen nicht glaubhaft damit drohen kann, einer kranken Person notwendige medizinische Leistungen zu verwehren, wenn diese keinen Krankenversicherungsschutz hat und die Leistungen selbst nicht finanzieren kann. Das löst zumindest bei Personen mit geringen Einkommen einen Anreiz aus, keinen oder nur einen unzureichenden Versicherungsschutz zu kaufen, weil sie sich in Notfällen ohnehin auf Kosten der Gesellschaft behandeln lassen können. In den USA beispielsweise haben ca. 15% der Bevölkerung keine Krankenversicherung. Gleichwohl werden ihnen Gesundheitsleistungen nicht grundsätzlich verwehrt. So genannte Charity-Krankenhäuser und -Ärzte behandeln vielmehr auch solche Personen, die weder einen Versicherungsschutz haben noch selbst eine finanzielle Gegenleistung für die Behandlung erbringen können. Schätzungen belegen, dass Unversicherte in den USA immer noch gut halb so viel an Gesundheitsleistungen erhalten wie vergleichbare Versicherte. Der aus strategischen Motiven gewählten Unterversicherung und den daran gekoppelten Wohlfahrtsverlusten könnte beispielsweise mit einer staatlich administrierten Versicherungspflicht begegnet werden. Zu beachten ist aber, dass eine bloße Versicherungspflicht im Allgemeinen nicht ausreicht. Es besteht dann nämlich ein Anreiz, Versicherungen zu kaufen, die zwar aufwendige Kuraufenthalte finanzieren, nicht aber medizinische Behandlungen in Notfällen, so dass das Unterversicherungsproblem in ein Fehlversicherungsproblem mündet. Neben der Pflicht sich zu versichern sollte deshalb auch das durch die Versicherung abgedeckte Leistungspaket vorgegeben werden, sprich der Staat sollte nicht nur eine Pflichtversicherung, sondern auch wohldefinierte Versicherungsleistungen erzwingen.

Mit dem zweiten Argument für ein staatliches Engagement im Krankenversicherungsbereich, adverser Selektion, haben wir uns bereits in Kapitel 5 intensiv auseinandergesetzt. Dort haben wir ausgeführt, dass adverse Selektion eine Situation beschreibt, in der Versicherungskunden ihr Krankheitsrisiko besser einschätzen können als die Versicherungsunternehmen und diesen Informationsvorteil bei der Vertragswahl ausnutzen. Zu adverser Selektion kommt es beispielsweise, wenn ein HIV-Infizierter, der von seiner Infektion weiß, das Versicherungsunternehmen vor dem Abschluss eines Krankenversicherungsvertrags darüber nicht informiert. Zwar ließe sich argumentieren, dass solche Fälle aus Versicherungsperspektive prinzipiell unproblematisch seien, weil es sich bei einer HIV-Infektion um ein verifizierbares Merkmal handelt. Man könnte also zum Beispiel verlangen, dass bei Vertragsabschluss die Krankheitsakten offen gelegt und damit Vorerkrankungen vor Vertragsabschluss für das Versicherungsunternehmen zugänglich gemacht werden. Aufgrund seiner höheren zu erwartenden Behandlungskosten müsste dann ein HIV-Infizierter eine entsprechend hohe Versicherungsprämie zahlen. Wenn die Gesellschaft es als notwendig erachtet, HIV-Infizierte zu unterstützen, so könnte das mit Hilfe einer Subvention der ansonsten fairen Prämie ins Werk gesetzt werden. An die Offenlegung bereits erkannter Gesundheitsrisiken sind aber mindestens zwei Probleme gekoppelt. Erstens können die Ergebnisse bereits gemachter Tests verschwiegen werden und zweitens stößt die Offenlegung von Testergebnissen auf Vorbehalte einer offenbar an der persönlichen (Informations-)Integrität interessierten Gesellschaft. Das zeigt sich z.B. im Zusammenhang mit den Fortschritten in der Gentechnologie. Durch Gentests werden zwar immer bessere Einblicke in die individuellen Gesundheitsrisiken möglich. In vielen Ländern besteht aber eine eindeutige Tendenz, Versicherungsunternehmen den Zugang zu den Ergebnissen von Gentests zu verwehren – mit der Konsequenz, dass sich zumindest das Problem der adversen Selektion erheblich verschärft.

Wir haben bereits in Kapitel 5 darauf hingewiesen, dass Versicherungsunternehmen aufgrund des Problems der adversen Selektion versuchen werden, durch entsprechende Ausgestaltung ihrer Versicherungsverträge Personen mit hohen Krankheitsrisiken fernzuhalten und solche mit geringen Krankheitsrisiken anzuziehen. Klassisches Instrument der Risikoselektion sind Versicherungsverträge mit Selbstbeteiligung der Versicherten. Weiterhin lassen sich mit spezifisch definierten Leistungspaketen günstige von weniger günstigen Risikotypen trennen. Die wettbewerbsbedingte Risikoselektion führt dazu, dass Personen mit geringem Krankheitsrisiko keinen vollen Versicherungsschutz erwerben, während Personen mit hohen Krankheitsrisiken Versicherungsprämien zu zahlen haben, die sie entweder finanziell sehr stark belasten oder die sie sich sogar gar nicht leisten können. Ersteres Problem impliziert eine ineffiziente gesellschaftliche Versicherungsversorgung, letzteres Problem mag dagegen aus gerechtigkeitsorientierten Verteilungsmotiven inakzeptabel erscheinen.

Mit den beiden Pro-Argumenten für eine staatliche Krankenversicherung ist freilich noch nicht bestimmt, welche Bevölkerungsteile in die staatliche Versicherung aufgenommen werden sollten. Tatsächlich hängt die Frage nach der Größe des Versichertenkreises davon ab, welchem der beiden Pro-Argumente – altruistische Externalität oder adverse Selektion – größere Bedeutung beigemessen wird. Das Problem der altruistischen Externalität tritt primär bei einkommensschwächeren Haushalten auf, weil wohlhabendere Haushalte weniger leicht altruistisch motivierte Fürsorge mobilisieren können und sich selbst ausreichend versichern werden. Das spricht dafür, den Versichertenkreis auf den einkommensschwächeren Teil der Bevölkerung zu beschränken. Das Problem der adversen Selektion dagegen betrifft auch jene Teile der Bevölkerung, die über höhere Einkommen verfügen, und legt deshalb eine sehr breite Definition des Versichertenkreises nahe. Empirische Studien zeigen freilich, dass adverse Selektion im Krankenversicherungskontext noch keine so große Bedeutung hat, als dass damit etwa eine Einbeziehung der gesamten Bevölkerung zu rechtfertigen wäre. Das kann sich allerdings in näherer Zukunft durch neue Test- und Diagnoseformen nachhaltig verändern.

In Kapitel 5 hatten wir noch ein weiteres Effizienzproblem im Krankenversicherungsmarkt kennen gelernt, nämlich Moral Hazard. Damit ist gemeint, dass eine Krankenversicherung sowohl den individuellen Anreiz unterminiert, den Eintritt einer Krankheit zu vermeiden (ex ante Moral Hazard) als auch den Anreiz, nach Eintritt einer Krankheit eine kostenbewusste Therapie zu wählen (ex post Moral Hazard). Die in privaten Krankenversicherungsmärkten auftretenden Moral Hazard-Probleme lassen sich aber durch eine staatliche Krankenversicherung nicht beseitigen. Weil der Staat grundsätzlich den gleichen Informationsdefiziten unterliegt wie private Versicherungsunternehmen – er kann ebenso wenig den privaten Vorsorgeaufwand beobachten und muss ebenso sehr die Versicherungsleistung an den Behandlungsaufwand koppeln –, sieht er sich auch mit den gleichen Moral Hazard-Problemen konfrontiert. Genauso wie private Krankenversicherungsunternehmen kann freilich der Staat die Moral Hazard-Probleme durch Selbstbeteiligungsinstrumente einzudämmen versuchen.

13.2.2 Die gesetzliche Krankenversicherung

Die gesetzliche Krankenversicherung in Deutschland erfasst ähnlich wie die gesetzliche Rentenversicherung alle Arbeiter und Angestellten (und ihre nicht erwerbstätigen Ehepartner und Kinder), deren Bruttoarbeitseinkommen unterhalb einer oberen Grenze liegen. Wie in der gesetzlichen Rentenversicherung sind die Beiträge lohnabhängig und werden als fester Prozentsatz des monatlichen Bruttoarbeitseinkommens bis zur Beitragsbemessungsgrenze erhoben. Im Jahr 2005 beträgt der Beitragssatz je nach gewähltem gesetzlichen Versicherer etwa 14,2% und die Beitragsbemessungsgrenze liegt bei 3525 Euro monatlich in West- und Ostdeutschland. Im Unterschied zur gesetzlichen Rentenversicherung unterliegen aber Arbeiter und Angestellte, deren Einkommen oberhalb einer Versicherungspflichtgrenze liegen, nicht mehr der gesetzlichen Versicherungspflicht. Sie können sich alternativ zur gesetzlichen Krankenversicherung auch privat gegen Krankheitsrisiken versichern. Im Jahr 2005 beträgt die Versicherungspflichtgrenze 3900 Euro monatlich in West- und Ostdeutschland.

Durch die ausschließliche Abhängigkeit der Beiträge von der Höhe der Bruttoarbeitseinkommen sind die Versicherungsprämien in der gesetzlichen Krankenversicherung in keiner Weise risikoorientiert. Begründet wird diese Form der Beitragsgestaltung mit der auf dem Leistungsfähigkeitsprinzip fußenden Solidargemeinschaft, in der die Leistungsfähigeren unabhängig davon, wer die Versicherungsleistungen tatsächlich in Anspruch nimmt, einen größeren Teil der Versicherungskosten tragen.

Die gegenwärtige Finanzierung der gesetzlichen Krankenversicherung weist allerdings mindestens zwei Systemfehler auf, die sowohl massive allokative Fehlentwicklungen verursachen als auch dem Anliegen einer solidarisch finanzierten Absicherung der individuellen Krankheitsrisiken zuwiderlaufen. Der erste Systemfehler betrifft die ausschließliche Orientierung der Beiträge an den Bruttoarbeitseinkommen und der zweite Systemfehler die Wahlfreiheit zwischen gesetzlicher und privater Krankenversicherung für Personen, deren Bruttoarbeitseinkommen die Versicherungspflichtgrenze übertrifft.

Die ausschließliche Orientierung der Beiträge an den Bruttoarbeitseinkommen führt dazu, dass höhere Ausgaben der gesetzlichen Krankenversicherung – seien diese nun durch den medizinisch-technischen Fortschritt oder durch den bereits weiter oben angesprochenen demografischen Wandel bedingt – stets zu höheren Lohnkosten führen und dementsprechende beschäftigungsfeindliche Effekte auslösen. Die ausschließliche Orientierung an den Bruttoarbeitseinkommen steht ferner in einem klaren Missverhältnis zur postulierten Solidargemeinschaft, auf die sich die gesetzliche Krankenversicherung ihrem Selbstverständnis nach gründet. Es ist nämlich nicht einzusehen, was solidarisch daran sein soll, dass etwa eine Person mit einem Einkommen von 3000 Euro aus unselbständiger Arbeit und sonst keinen weiteren Einkünften einen höheren Beitrag zahlen muss als eine Person mit einem Einkommen von 2000 Euro aus unselbständiger Arbeit und Kapitaleinkommen in Höhe von 1000 Euro oder mehr.

Mit dem zweiten Systemfehler, der an die Versicherungspflichtgrenze gekoppelten Wahlfreiheit für Personen mit höheren Einkommen, institutionalisiert die gesetzliche Krankenversicherung in einem gewissen Ausmaß etwas, das sie eigentlich verhindern soll, nämlich adverse Selektion. Aus rationaler Überlegung heraus wird eine Person, deren Bruttoarbeitseinkommen die Versicherungspflichtgrenze übersteigt und die sich deshalb auch privat versichern könnte, in der gesetzlichen Krankenversicherung bleiben, wenn sie darin einen individuellen Nettovorteil erkennt. Das ist etwa dann der Fall, wenn die Person ein entsprechend hohes Krankheitsrisiko hat und deshalb für die gleiche Versicherungsleistung im privaten Markt eine Prämie zahlen müsste, die ihren Beitrag zur gesetzlichen Krankenversicherung übersteigt. Ähnliches gilt für Personen, bei denen Familienmitglieder in der gesetzlichen Krankenversicherung mitversichert sind, die sich im privaten Markt jeweils einzeln versichern müssten. In der Konsequenz werden sich nur jene

Personen mit höheren Einkommen für einen Verbleib in der gesetzlichen Krankenversicherung entscheiden, die daraus mehr Leistungen
erhalten als sie darin einzahlen. Wiederum ist schwerlich einzusehen,
was das mit dem auf sozialen Ausgleich beruhenden Prinzip der Solidargemeinschaft zu tun haben soll. Das Problem des zwar postulierten,
aber in der Tat mehrfach durchbrochenen Solidarprinzips wird noch dadurch verschärft, dass mit den Beiträgen der Pflichtversicherten auch
Leistungen finanziert werden, die nicht eigentlich mit Krankheitsrisiken in Verbindung stehen – beispielsweise Schwangerschafts- und Mutterschaftsleistungen sowie Empfängnisverhütung, Schwangerschaftsabbruch und Sterilisation. Zwar übernimmt die gesetzliche Krankenversicherung diese Leistungen nur für ihre Mitglieder. Gleichwohl verbergen
sich dahinter eher gesellschaftspolitische Anliegen, deren Finanzierung
auf den isolierten Kreis der gesetzlich Versicherten abgewälzt wird.

Zur Behebung der Systemfehler in der gesetzlichen Krankenversicherung werden zwei verschiedene Finanzierungskonzepte diskutiert. Bei
dem ersten Konzept handelt es sich um eine so genannte Bürgerversicherung und bei dem zweiten um so genannte Kopfpauschalen. Bei
der Bürgerversicherung sollen alle Einkommensarten der Beitragszahler gleichermaßen berücksichtigt werden. Entsprechend sind die Beiträge in der Bürgerversicherung nicht proportional zum Arbeitseinkommen, sondern zur Steuerschuld der Versicherten. Genauso wie im
jetzigen System könnte man auch für die Bürgerversicherung eine Beitragsbemessungsgrenze definieren. Damit es aber nicht zu den oben
beschriebenen adversen Selektionseffekten kommt, wäre es notwendig,
dass die Beitragspflicht nicht für bestimmte Einkommensgruppen durch
eine Wahlmöglichkeit ersetzt wird. Bei der Bürgerversicherung würde
nur noch ein Teil der Beiträge aus Arbeitseinkommen finanziert und
erhöhte Ausgaben der gesetzlichen Krankenversicherung würden nicht
mehr automatisch in voller Höhe den Faktor Arbeit belasten, sondern
anteilig auf alle Einkommensarten der Versicherten umgelegt.

Beim Konzept der Kopfpauschale zahlen alle Versicherungspflichtigen eine einkommensunabhängige Prämie, die sich am durchschnittlichen Krankheitsrisiko der Gesamtheit der Versicherungspflichtigen orientiert. Um adverse Selektionseffekte zu vermeiden, darf auch bei der
Kopfpauschale keiner Personen- oder Berufsgruppe eine Wahlmöglichkeit zwischen gesetzlicher und privater Krankenversicherung gegeben
werden. Im Unterschied zur Bürgerversicherung basiert das Kopfpau-
schalenkonzept auf der Idee, dass in der gesetzlichen Krankenversi-

cherung nur ein Ausgleich geschaffen werden soll zwischen Personen
mit hohem und niedrigem Krankheitsrisiko, nicht aber zwischen Personen mit unterschiedlichen Einkommen. Dieses Prinzip soll nur insofern durchbrochen werden als einkommensschwache Personen, die die
Kopfpauschale nicht in voller Höhe selbst finanzieren können, staatliche
Prämienzuschüsse erhalten, die freilich aus allgemeinen Steuermitteln
zu finanzieren sind. Alle anderen Umverteilungselemente werden beim
Konzept der Kopfpauschale aus der gesetzlichen Krankenversicherung
ausgegliedert und in das allgemeine Steuer- und Transfersystem integriert. Im Unterschied zur Bürgerversicherung würde die Kopfpauschale
nicht nur keine verminderten, sondern gar keine beschäftigungsfeindlichen Effekte auslösen. Sie wäre vielmehr beschäftigungsneutral, weil
sie dem Wesen nach vollkommen einkommens- und damit auch lohnunabhängig erhoben würde. Freilich wäre zu prüfen, welche Beschäftigungseffekte dadurch ausgelöst würden, dass das allgemeine Steuerund Transfersystem jene Umverteilungsaufgaben übernimmt, die bei
der Bürgerversicherung Bestandteil der gesetzlichen Krankenversicherung sind.

Die weiteren diskutierten Reformschritte in der gesetzlichen Krankenversicherung beziehen sich im Wesentlichen auf die erbrachten Leistungen. So sollen das Krankengeld und die oben angesprochenen eher
gesellschaftspolitisch motivierten Leistungen wie Schwangerschafts- und
Mutterschaftsleistungen, Empfängnisverhütung, Schwangerschaftsabbruch und Sterilisation aus dem Leistungskatalog der gesetzlichen
Krankenversicherung ausgegliedert werden. Ferner sollen die Versicherten künftig höhere Zuzahlungen zu Gesundheitsleistungen erbringen –
z.B. höhere selbst zu zahlende Beträge für Arzneimittel und Praxisgebühren für Arztbesuche. Davon verspricht man sich verbesserte Anreize hinsichtlich der individuellen Gesundheitsvorsorge und einen kostenbewussteren Umgang mit Gesundheitsleistungen, sprich eine Verringerung von ex ante und ex post Moral Hazard.

13.3 Arbeitslosenversicherung

13.3.1 Private versus staatliche Arbeitslosenversicherung

Grundsätzlich lässt sich eine staatliche Arbeitslosenversicherung mit
ähnlichen Gründen rechtfertigen wie eine staatliche Renten- oder Krankenversicherung. Allerdings wiegen hier die Gründe für ein staatliches

Engagement noch viel schwerer, weil der Markt in der Bereitstellung eines ausreichenden Versicherungsschutzes gegen Arbeitslosigkeit weit eher versagt als in den anderen beiden Versicherungsbereichen. In der Tat hat es im Unterschied zur Renten- und Krankenversicherung nie eine entwickelte private Organisation mit einem ausreichenden Angebot an Versicherungsleistungen gegen Arbeitslosigkeit gegeben.

Für das Fehlen eines privaten Marktes, auf dem Arbeitslosenversicherungen gehandelt werden, sind wohl besonders Moral Hazard-Probleme verantwortlich. Erstens tritt ex ante Moral Hazard auf, weil die Aussicht auf Arbeitslosenunterstützung den Anreiz unterminiert, ausreichend Sorge dafür zu tragen, nicht arbeitslos zu werden. Zweitens tritt ex post Moral Hazard auf, weil der Empfang von Arbeitslosenunterstützung den Anreiz unterminiert, den Zustand der Arbeitslosigkeit durch die Aufnahme einer neuen Arbeit möglichst schnell wieder zu beenden. Die Moral Hazard-Effekte sind dabei um so stärker, je großzügiger die Arbeitslosenunterstützung ausfällt. Insbesondere für ex post Moral Hazard gibt es eindeutige empirische Belege. So haben Untersuchungen in den USA und in der Schweiz gezeigt, dass die Übergangsraten von der Arbeitslosigkeit in ein neues Beschäftigungsverhältnis am Ende der Dauer des Anspruchs auf Arbeitslosenunterstützung deutlich zunehmen.[5]

Neben Moral Hazard spielt wiederum das Problem der adversen Selektion eine Rolle. Abhängig von Alter und Art und Umfang der Berufsausbildung sind verschiedene Personen ganz unterschiedlich von dem Risiko betroffen, arbeitslos zu werden. Genau genommen handelt es sich hier aber nicht in einem strengen Sinne um ein Problem der adversen Selektion – es liegen nämlich keine asymmetrisch verteilten Informationen vor. Immerhin dürften Versicherungsunternehmen ja sowohl das Alter als auch die Berufsausbildung ihrer Kunden beobachten können. Die Funktionstüchtigkeit einer privatwirtschaftlich organisierten Arbeitslosenversicherung wird aber gleichwohl von dem Vorliegen verschiedener Risikotypen berührt, weil Personen mit alters- oder ausbildungsbedingt hohen Arbeitslosigkeitsrisiken keine, zumindest keine bezahlbare Arbeitslosenversicherung angeboten würde.

Der Staat kann das Problem der adversen Selektion oder, genauer, das Problem des angebotsseitigen Ausschlusses schlechter Risiken von einer Arbeitslosenversicherung durch eine staatliche Zwangsversi-

---

[5] Ein Überblick über die empirischen Befunde zu den Moral Hazard-Effekten der Arbeitslosenversicherung findet sich bei Börsch-Supan (1997).

cherung mit risikounabhängigen Beiträgen beseitigen. Mit den oben angesprochenen Moral Hazard-Problemen ist der Staat aber genauso konfrontiert wie der Markt. Darauf werden wir im nächsten Abschnitt noch einmal zurückkommen.

13.3.2 Die gesetzliche Arbeitslosenversicherung

In der gesetzlichen Arbeitslosenversicherung in Deutschland sind alle Arbeiter und Angestellten pflichtversichert, deren Einkommen oberhalb einer monatlichen Mindestverdienstgrenze liegen. Wie in der gesetzlichen Renten- und Krankenversicherung werden die Beiträge als fester Prozentsatz des monatlichen Bruttoverdiensts der Versicherten erhoben, wobei wiederum die Einkommen bis zu einer oberen Beitragsbemessungsgrenze berücksichtigt werden. Für Personen, deren Bruttoverdienst die Beitragsbemessungsgrenze übersteigt, besteht indes wie in der gesetzlichen Rentenversicherung nicht die Möglichkeit, aus der gesetzlichen Arbeitslosenversicherung auszuscheiden. Der Beitragssatz beträgt im Jahr 2005 6,5% und die Beitragsbemessungsgrenze ist die gleiche wie in der gesetzlichen Rentenversicherung.

Mit den Beiträgen der Versicherten wird das so genannte Arbeitslosengeld finanziert, das seit dem 1. Januar 2005 Arbeitslosengeld I heißt. Darauf hat Anspruch, wer arbeitslos ist, sich beim Arbeitsamt arbeitslos gemeldet hat und die so genannte Anwartschaftszeit erfüllt. Letztere fordert, dass die betreffende Person in den letzten drei Jahren vor der eingetretenen Arbeitslosigkeit mindestens 360 Kalendertage in einem versicherungspflichtigen Beschäftigungsverhältnis gestanden hat. Die Mindestanspruchsdauer auf Arbeitslosengeld I besteht für 180 Kalendertage und sie nimmt mit dem Lebensalter und der Dauer des der Arbeitslosigkeit vorangegangenen versicherungspflichtigen Beschäftigungsverhältnisses zu. Die maximal erreichbare Anspruchsdauer beträgt seit dem 1. Januar 2005 grundsätzlich 12 Monate, während sie früher je nach Dauer der vorangegangenen Beschäftigung bis zu 32 Monate dauern konnte. Indessen gelten noch für eine gewisse Zeit Übergangsregeln, die beinhalten, dass insbesondere ältere Arbeitnehmer bei eintretender Arbeitslosigkeit noch für eine längere Dauer Anspruch auf Arbeitslosengeld I haben. Die Höhe des Arbeitslosengeldes I richtet sich nach dem der Arbeitslosigkeit vorangegangenen Arbeitseinkommen. Anspruchsberechtigte mit unterhaltsberechtigten Kindern erhalten 67% des früheren Nettoverdienst und Anspruchsberechtigte ohne Kinder erhalten 60%.

Arbeitslose, die zwar beim Arbeitsamt gemeldet sind und vor der eingetretenen Arbeitslosigkeit in einem versicherungspflichtigen Beschäftigungsverhältnis standen, die aber gleichwohl keinen Anspruch auf Arbeitslosengeld haben, weil sie entweder die Anwartschaftszeit nicht erfüllen oder die Anspruchsdauer bereits ausgeschöpft haben, stand früher die so genannte Arbeitslosenhilfe zu. Seit dem 1. Januar 2005 erhalten sie stattdessen je nach Bedürftigkeit das so genannte Arbeitslosengeld II, womit wir uns ausführlich im vorangegangenen Kapitel (siehe 12.2) beschäftigt haben.

In der Vergangenheit war die Arbeitslosenunterstützung in Deutschland im internationalen Vergleich sowohl hinsichtlich ihrer Höhe als auch ihrer Dauer – besonders unter Einbezug der Arbeitslosenhilfe – sehr generös. Im vorangegangenen Abschnitt haben wir darauf aufmerksam gemacht, dass mit der Arbeitslosenunterstützung Moral Hazard-Probleme verknüpft sind und dass diese durch höhere Leistungen und längere Anspruchsdauern noch verschärft werden. Angesichts von anhaltend mehr als 4,5 Millionen Arbeitslosen trat daher die Rolle der Arbeitslosenunterstützung für die Höhe der Arbeitslosigkeit mehr und mehr ins Zentrum der politischen Diskussion.[6]

Ergebnis dieser Diskussion ist die Ablösung des bisherigen Arbeitslosengeldes und der bisherigen Arbeitslosenhilfe durch das Arbeitslosengeld I und II zu Beginn des Jahres 2005. Von der Kürzung der Anspruchsdauer des Arbeitslosengeldes und die Integration der Arbeitslosenhilfe in die Sozialhilfe verspricht man sich nicht nur geringere Ausgaben für die Arbeitslosenunterstützung, sondern auch stärkere Anreize für Arbeitslose, möglichst schnell in ein neues Beschäftigungsverhältnis zurückzukehren.

---

[6] Interessanterweise haben sich für Deutschland die im vorangegangenen Abschnitt besprochenen an den Übergangsraten in ein neues Beschäftigungsverhältnis gemessenen Moral Hazard-Effekte der Arbeitslosenversicherung nicht ebenso eindeutig belegen lassen wie etwa für die USA. Das liegt aber nicht daran, dass in der deutschen Arbeitslosenversicherung Moral Hazard bisher kein Problem war. Es hat vielmehr damit zu tun, dass in Deutschland bisher, wer die Anspruchsdauer für Arbeitslosengeld ausgeschöpft hatte, in der Regel unbefristet Arbeitslosenhilfe erhielt, die es etwa in den USA nicht gibt. Ferner war in Deutschland die Dauer des Anspruchs auf Arbeitslosenunterstützung von der Dauer der vorangegangenen Beschäftigungszeit abhängig. Weil aber Personen mit längerer vorangegangener Beschäftigungszeit in der Regel besser ausgebildet sind und mehr Berufserfahrung haben, kehren sie schneller in ein Beschäftigungsverhältnis zurück und dieser Effekt dürfte bisher den Moral Hazard-Effekt der Arbeitslosenunterstützung überlagert haben.

13.4 Übungsaufgaben zu Kapitel 13

Von den angegebenen möglichen Antworten ist immer nur genau eine richtig. Treffen gleichzeitig mehrere Aussagen zu, so sind sie stets in einer Antwortmöglichkeit zusammengefasst, also z.B. in der Antwortmöglichkeit „Aussagen a) und c) sind richtig". Lösungen zu allen Aufgaben finden sich in einem Lösungsteil am Ende des Buches.

1. In der gesetzlichen Krankenversicherung in Deutschland ...
   a) kann Moral Hazard durch staatlichen Versicherungszwang beseitigt werden, da der Anreiz zur Inanspruchnahme kostenintensiver Therapien minimiert wird.
   b) verhindert die Selbstbeteiligung der Versicherten adverse Selektion, da durch die Selbstbeteiligung schlechte von guten Risiken getrennt werden.
   c) tritt adverse Selektion nicht auf, da sich Individuen oberhalb der Beitragsbemessungsgrenze privat versichern müssen.
   d) Alle Aussagen sind falsch.

2. In der gesetzlichen Rentenversicherung in Deutschland ...
   a) werden die einkommensunabhängigen Beiträge der Beitragszahler gesammelt und an die Rentner ausgeschüttet.
   b) hängt die Entwicklung der Renten vom Kapitalmarktzinssatz ab.
   c) ist die staatliche Alterssicherung nach dem Umlageverfahren organisiert.
   d) Alle Aussagen sind richtig.

3. Welche Aussage ist richtig?
   a) Staatlicher Versicherungszwang beseitigt Moral Hazard in der Krankenversicherung.
   b) Die gesetzliche Rentenversicherung in Deutschland umfasst die gesamte Bevölkerung.
   c) Beim Umlageverfahren richten sich die Rentenansprüche gegen nachfolgende Generationen.
   d) Alle Aussagen sind richtig.

4. Wenn die effiziente Therapie zur Behebung einer Krankheit gewählt wird, ...
   a) tritt keine adverse Selektion auf.
   b) tritt kein ex ante Moral Hazard auf.

c) tritt kein ex post Moral Hazard auf.

d) Aussagen a) und b) sind richtig.

5. Welche Aussage ist richtig?
   a) Kennzeichen der Sozialversicherung in Deutschland ist ihre Kapitaldeckung, d.h. es werden Rücklagen gebildet.
   b) Unter dem Begriff Sozialversicherung fasst man die staatlichen Pflichtversicherungen zusammen, die die Risiken von Krankheit, Arbeitslosigkeit, Pflegebedürftigkeit und Alter absichern sollen.
   c) Überproportionale Steigerungen der Ausgaben der gesetzlichen Krankenversicherungen liefern eindeutige Hinweise auf allokative Fehlentwicklungen infolge von Moral Hazard.
   d) Aussagen b) und c) sind richtig.

6. Die private Rentenversicherung ...
   a) sieht eine Ansparphase vor.
   b) impliziert bei zwei Versichertengruppen mit unterschiedlicher Lebenserwartung – bei ansonsten gleichen Voraussetzungen – unterschiedlich hohe monatliche Rentenzahlungen.
   c) baut auf dem Äquivalenzprinzip von Ein- und Auszahlungen auf.
   d) Alle Antworten sind richtig.

7. Der Beitrag zur gesetzlichen Krankenversicherung ...
   a) orientiert sich am Bruttoarbeitseinkommen des Versicherten.
   b) orientiert sich am Krankheitsrisiko des Versicherten.
   c) orientiert sich am Gesamteinkommen des Versicherten.
   d) folgt dem Äquivalenzprinzip.

8. Welche Aussage ist richtig?
   a) Durch die Beschränkung der Bezugsdauer des Arbeitslosengeldes I soll das Moral Hazard-Problem der staatlichen Arbeitslosenversicherung eingeschränkt werden.
   b) Sowohl private als auch staatliche Arbeitslosenversicherungen sehen sich dem Moral Hazard-Problem gegenüber.
   c) Die Arbeitslosenversicherung in Deutschland kennt eine Beitragsbemessungsgrenze.
   d) Alle Aussagen sind richtig.

9. Das Umlageverfahren in der gesetzlichen Rentenversicherung ...

   a) lässt sich konzeptionell als Altersvorsorge durch Ersparnisbildung beschreiben.
   b) entspricht konzeptionell der Altersvorsorge im Familienverbund.
   c) externalisiert die alterssicherungsabhängigen Vorteile von Kindern.
   d) Aussagen b) und c) sind richtig.

10. Die Berechnung der Rentenansprüche in der gesetzlichen Rentenversicherung ...
   a) berücksichtigt die Höhe des im Erwerbsalter erzielten individuellen Einkommens.
   b) ist über den aktuellen Rentenwert an die Lohnentwicklung gekoppelt.
   c) berücksichtigt die Anzahl der Beitragsjahre.
   d) Alle Aussagen sind richtig.

14
Bildung

Neben den Sozialausgaben stellen die Bildungsausgaben den zweiten großen Ausgabenposten des Wohlfahrtsstaates dar. Die beiden wichtigsten Bereiche sind dabei die Ausgaben für die Schul- und die Hochschulbildung. Tabelle 14.1 listet die Ausgaben auf, die in Deutschland in den Jahren 1975 und 2002 absolut und in Prozent des Bruttoinlandsprodukts (BIP) für diese beiden Bereiche von staatlicher Seite aufgewendet wurden. Dabei ist wieder zu beachten, dass sich die Zahlen von 1975 auf Westdeutschland und die Zahlen von 2002 auf Gesamtdeutschland beziehen.

Zwar sind die Ausgaben für die Schul- und Hochschulbildung zwischen 1975 und 2002 absolut sehr deutlich gestiegen. Aber die absoluten Zahlen enthalten wieder neben den realen Ausgabensteigerungen auch die in diesem Zeitraum angefallene Geldentwertung. Interessanter sind deshalb die Bildungsausgaben in Prozent des Bruttoinlandsprodukts und diese sind im Unterschied zu den Ausgaben in der Sozialversicherung nicht nur nicht gestiegen, sondern sogar gesunken. Das bedeutet, dass in Deutschland im Jahr 2002 von staatlicher Seite ein kleinerer Teil der im Inland produzierten Güter und Dienste für die Schul- und Hochschulbildung verwendet wurde als 27 Jahre zuvor. Zwar könnte man für diese Entwicklung wie im Sozialversicherungsbereich den demografischen Wandel – nur mit anderem Vorzeichen – verantwortlich machen. Aufgrund der gesunkenen Geburtenraten ist nämlich die Anzahl der schulpflichtigen Kinder in West- und später auch in Ostdeutschland zurückgegangen. Das betrifft aber nur den Schulbereich; die Anzahl der Hochschüler hat sich dagegen im gleichen Zeitraum annähernd vervierfacht. Außerdem sollte gerade wegen des demografischen Wandels nicht weniger, sondern eher mehr für die Bildung der

nachwachsenden Generationen aufgewendet werden – damit die kleine-
re Anzahl von künftigen Erwerbstätigen mit einer besseren Ausbildung
ausgestattet ist und jene Lasten besser schultern kann, die ihr der demografische Wandel in anderen Bereichen, besonders in der Sozialversicherung, aufbürden wird.

Tabelle 14.1. Staatliche Bildungsausgaben

	1975		2002	
	in Mrd. Euro	in % des BIP	in Mrd. Euro	in % des BIP
Schulen	16,7	3,2	49,2	2,3
Hochschulen	6,9	1,3	18,8	0,9

Quelle: BMBF (2004)

Das geringere Engagement des Staates in der Bildungsfinanzierung
muss natürlich nicht bedeuten, dass der Anteil der Bildungsausgaben
am Bruttoinlandsprodukt insgesamt zurückgegangen ist. Schließlich
gibt es ja neben der staatlichen auch noch die private Bildungsfinanzierung. In der Tat machten die privaten Bildungsausgaben im Jahr
1999 etwa 1,2% des Bruttoinlandsprodukts aus. Die privaten Bildungsausgaben entfallen aber im Wesentlichen auf die betriebliche Aus- und
Weiterbildung sowie auf die private Finanzierung der vorschulischen
Erziehung und spielen im Schul- und Hochschulbereich nach wie vor
eine quantitativ unbedeutende Rolle.[1] Erschwert wird die private Bildungsfinanzierung übrigens gerade im Hochschulbereich dadurch, dass
Studiengebühren an staatlichen Hochschulen in Deutschland zumindest
für das so genannte Erststudium bisher nicht erhoben werden.

Wir beschäftigen uns in diesem Kapitel mit dem Für und Wider
der staatlichen und privaten Finanzierung der Schul- und Hochschulbildung. Zunächst verschaffen wir uns mit Hilfe der ökonomischen Theorie
des Bildungserwerbs ein Bild von den wirtschaftlichen Motiven, die die
Menschen bewegen, nach Bildung zu streben. Vor dem Hintergrund dieser Motive wägen wir dann staatliche und private Finanzierungsformen

---

[1] Zur Bedeutung der privaten Bildungsfinanzierung in Deutschland siehe OECD
(2002).

gegeneinander ab. Im Hochschulbereich werden wir dabei besonders die allokativen Effekte von Studiengebühren berücksichtigen.

Die ökonomische Rolle des Staates im Bildungsbereich beschränkt sich freilich nicht auf die Finanzierung. Der Staat übernimmt nämlich nicht nur den größten Teil der Kosten der Schul- und Hochschulausbildung, er betreibt auch die meisten Bildungseinrichtungen selbst. Das eine hängt aber nicht notwendigerweise mit dem anderen zusammen. Immerhin könnte der Staat ja auch die Ausbildung an privaten Schulen finanzieren.[2] Mit der Frage, ob Bildungseinrichtungen staatlich oder besser privat sein sollten, werden konzeptionell Problemkreise berührt, die mit den spezifischen Anreizstrukturen in staatlichen und privaten Einrichtungen zu tun haben. Grundsätzlich haben wir uns darüber bereits in den Kapiteln 6 und 9 unterhalten und werden deshalb das Thema hier nicht erneut aufgreifen.

14.1 Ökonomische Theorie des Bildungserwerbs

14.1.1 Der Humankapitalansatz

Der Humankapitalansatz behandelt den individuellen Bildungserwerb als eine Investitionsentscheidung. Mit zusätzlicher Bildung investieren die Individuen in ihren eigenen Humankapitalbestand. Der Ertrag der Investition besteht dabei darin, dass ein höherer individueller Humankapitalbestand zu einer höheren Arbeitsproduktivität führt und diese wiederum zu einem höheren zukünftigen Arbeitseinkommen. Dem Investitionsertrag stellen die Individuen den in Geldeinheiten gemessenen Investitionsaufwand gegenüber. Dieser setzt sich aus zwei Komponenten zusammen: den direkten Kosten der Bildung und den so genannten

---

[2] In der Tat übernimmt in Deutschland der Staat auch einen Teil der Ausbildungskosten an privaten Schulen. Die rechtliche Grundlage dafür findet sich in Artikel 7, Abs. 4 des Grundgesetzes. Dort heißt es unter anderem: „Das Recht zur Errichtung von privaten Schulen wird gewährleistet. Private Schulen als Ersatz für öffentliche Schulen bedürfen der Genehmigung des Staates und unterstehen den Landesgesetzen. Die Genehmigung ist zu erteilen, wenn die privaten Schulen in ihren Lehrzielen und Einrichtungen sowie in der wissenschaftlichen Ausbildung ihrer Lehrkräfte nicht hinter den öffentlichen Schulen zurückstehen und eine Sonderung der Schüler nach den Besitzverhältnissen der Eltern nicht gefördert wird." Aus dem Recht auf die Errichtung privater Schulen einerseits und der Auflage, eine Benachteiligung von Kindern allein wegen der Besitzverhältnisse ihrer Eltern auszuschließen andererseits, wird gefolgt, dass sich der Staat an den Ausbildungskosten an privaten Schulen zu beteiligen habe.

Opportunitätskosten. Erstere umfassen z.B. die Kosten für Schul- und Lehrbücher, Studienmaterialien sowie Schulgeld und Studiengebühren. Letztere entstehen im Wesentlichen, weil für den Bildungserwerb Zeit aufgebracht werden muss. Messen lassen sich die Opportunitätskosten durch das Arbeitseinkommen, das den Individuen entgeht, weil sie die im Bildungssystem verbrachte Zeit nicht im Arbeitsmarkt anbieten können.

Dem Humankapitalansatz zufolge fragen die Individuen so viel Bildung nach bzw. investieren so lange in ihren Humankapitalbestand, bis die Differenz zwischen Bildungsertrag und Bildungsaufwand, also gewissermaßen der Bildungsgewinn, ein Maximum annimmt. Der optimale Investitionsumfang lässt sich wiederum mit einer Marginalbedingung beschreiben – jenen ähnlich, die wir in anderen Zusammenhängen bereits in früheren Kapiteln kennen gelernt und angewendet haben. Im Bildungsoptimum investieren die Individuen so lange in ihren Humankapitalbestand, bis der Ertrag der letzten noch nachgefragten Bildungseinheit mit den dafür aufgewendeten Kosten übereinstimmt oder, kürzer, bis der Grenzertrag der Bildung den Grenzkosten der Bildung gleicht. Diese Bedingung garantiert nicht nur einen individuell optimalen Bildungserwerb, sie ist auch gesellschaftlich optimal, wenn die individuellen Grenzerträge und Grenzkosten der Bildung die gesellschaftlichen widerspiegeln. Mit der Marginalbedingung gibt uns der Humankapitalansatz einen Fahrplan an die Hand, mit dem wir uns dem Problem der Effizienz des Bildungserwerbs nähern können. Wir müssen erstens überprüfen, ob die äußeren Rahmenbedingungen so sind, dass die Individuen die Marginalbedingung auch durchsetzen und wir müssen zweitens überprüfen, ob die individuellen Grenzerträge und Grenzkosten der Bildung tatsächlich mit den gesellschaftlichen übereinstimmen.

In seiner ursprünglichen Form berücksichtigt der Humankapitalansatz als Ertrag der Bildung nur höhere Arbeitseinkommen in der Zukunft. Darin mag man eine konzeptionelle Schwäche erkennen, denn der Wert der Bildung dürfte im Allgemeinen mehr sein als die Summe der durch die Bildung in Zukunft erzielten Einkommenssteigerungen. Nicht an das Einkommen gekoppelte Erträge der Bildung lassen sich aber in den Humankapitalansatz integrieren, ohne dass sich dadurch etwas Wesentliches an seiner zentralen Botschaft ändert – nämlich dass die Individuen ihre Bildungsentscheidung nach einem rationalen Muster von Aufwand und Ertrag der Bildung abhängig machen, das in seiner Gestalt einem herkömmlichen Investitionskalkül ähnelt.[3]

14.1.2 Bildung als Signal

Dass mehr Bildung regelmäßig zu höheren Arbeitseinkommen führt, scheint uns geradezu eine Binsenweisheit zu sein, und tatsächlich steht dieser Zusammenhang empirisch außer Frage. Nicht ebenso außer Frage steht freilich, dass mehr Bildung zu höheren Arbeitseinkommen führt, weil es, wie die Humankapitaltheorie behauptet, die individuelle Arbeitsproduktivität steigert. Etwas ganz anderes behauptet nämlich der von dem Nobelpreisträger A. Michael Spence (1973) entwickelte Signalling-Ansatz. Kernidee dieses Ansatzes ist, dass Bildung zwar eine hohe individuelle Arbeitsproduktivität signalisiert, sie aber nicht verursacht. Die individuelle Arbeitsproduktivität ist vielmehr eine angeborene Eigenschaft, die durch Bildung nicht verändert wird. Dass die Individuen gleichwohl Bildung erwerben und dafür Kosten aufwenden, hat mit asymmetrisch verteilten Informationen zu tun. Zwar kennt jedes Individuum seine eigene, ihm angeborene Produktivität, potentielle Arbeitgeber können diese aber nicht beobachten. In dieser Situation haben die Individuen immer noch die Möglichkeit, potentiellen Arbeitgebern mit dem erworbenen Bildungsgrad ein Signal über ihre angeborene

---

[3] Das Unbehagen, das außerhalb der Wirtschaftswissenschaften noch heute durch den Begriff des Humankapitals und des damit verbundenen Investitionsgedankens geweckt wird, war indessen auch Ökonomen nicht immer fremd. Dazu bemerkt der Humankapitaltheoretiker und Nobelpreisträger Theodore W. Schultz (1961) Folgendes: „What economists have not stressed is the simple truth that people invest in themselves and that these investments are very large. Although economists are seldom timid in entering on abstract analysis ... they have not been bold in coming to grips with this form of investment. Whenever they come even close, they proceed gingerly as if they were stepping into deep water. No doubt there are reasons for being wary. Deep-seated moral and philosophical issues are ever present. Free men are first and foremost the end to be served by economic endeavor; they are not property or marketable assets." Und weiterhin: „The mere thought of investment in human beings is offensive to some among us. Our values and beliefs inhibit us from looking upon human beings as capital goods, except in slavery, and this we abhor. ... To treat human beings as wealth that can be augmented by investment runs counter to deeply held values. It seems to reduce man once again to a mere material component, to something akin to property. And for man to look upon himself as a capital good, even if it did not impair his freedom, may seem to debase him." Diesen Bedenken hält Schultz freilich entgegen: „By investing in themselves, people can enlarge the range of choice available to them. It is one way free men can enhance their welfare."

Produktivität zu geben. Dreh- und Angelpunkt ist dabei die Annahme, dass Individuen mit einer höheren angeborenen Produktivität weniger Kosten aufwenden müssen, um einen bestimmten Bildungsgrad zu erwerben, als Individuen mit einer geringeren angeborenen Produktivität. Ein höherer Bildungsgrad ist für Individuen mit höherer angeborener Produktivität also gewissermaßen billiger. Für den höheren Lohnsatz, den die Arbeitgeber produktiveren Individuen zu zahlen bereit sind, erwerben die Individuen mit der höheren angeborenen Produktivität deshalb einen höheren Bildungsgrad, der sich für die weniger produktiven Individuen nicht lohnt, weil sie dafür zu hohe Kosten aufwenden müssten.

Bildung löst im Signalling-Modell zwar keine produktivitätssteigernden Effekte aus, sie ist aber auch nicht völlig nutzlos. Immerhin hat sie ja eine informationsoffenbarende Funktion, deren effizienzverbessernde Wirkung darin besteht, dass sowohl die produktiveren als auch die weniger produktiven Individuen jene Arbeitsplätze erhalten, für die sie sich am besten eignen.

Der Signalling-Ansatz eröffnet eine ganz andere, aber sicher nicht weniger provokative Sicht auf die Rolle des Bildungserwerbs als der Humankapitalansatz – und wie dieser ist auch jener nicht ohne Widerspruch geblieben. Die ausschließliche Informationsfunktion der Bildung scheint eine zu realitätsferne Annahme zu sein. Dort wo Ausbildungen spezifische Kenntnisse und Fertigkeiten vermitteln – etwa die Sprachkenntnisse eines Dolmetschers oder die chirurgischen Fertigkeiten eines Arztes –, liefern sie sicher nicht nur Informationen über die individuelle Produktivität, sondern haben auch einen direkten Einfluss darauf. Andererseits dürften angeborene Fähigkeiten bei fast jeder ausgeübten Tätigkeit mit im Spiel sein – und für die Arbeitgeber bei der Entscheidung über die Einstellung von Arbeitskräften erheblich. Angesichts der fehlenden Beobachtbarkeit von angeborenen Begabungen enthält der Bildungserwerb deshalb wohl auch eine auf dem Arbeitsmarkt wirksame informationsvermittelnde Komponente. In unserem finanzwissenschaftlichen Zusammenhang ist das deshalb von großer Bedeutung, weil das Ausmaß, in dem die Bildung eine bloße Informationsfunktion ausübt, weitreichende Konsequenzen für die Frage der öffentlichen versus privaten Bildungsfinanzierung hat.

14.2 Öffentliche versus private Bildungsfinanzierung

In diesem Abschnitt untersuchen wir, ob und in welchem Umfang sich die öffentliche Bildungsfinanzierung rechtfertigen lässt, wobei wir – solange nichts anderes vermerkt wird – eine effizienzorientierte Perspektive einnehmen. Wir behandeln die Frage zunächst vor dem Hintergrund der Humankapitaltheorie. Anschließend untersuchen wir, welche weiteren Schlussfolgerungen sich durch die Berücksichtigung des Signalling-Ansatzes ergeben. Bei der Abwägung der öffentlichen gegen die private Bildungsfinanzierung muss zwischen der Schul- und der Hochschulbildung unterschieden werden. Die gleichen Argumente, die im Kontext der Schulbildung eine öffentliche Finanzierung rechtfertigen, erweisen sich nämlich im Kontext der Hochschulbildung oft als eher schwach. Wir untersuchen deshalb zunächst die Rolle der öffentlichen Finanzierung im isolierten Kontext der Schulbildung. Anschließend gehen wir auf die Finanzierung der Hochschulbildung ein.

14.2.1 Finanzierung der Schulbildung

Dass der Staat nicht nur die Schulpflicht eingeführt hat, sondern auch die direkten Kosten der Schulbildung weitgehend übernimmt, lässt sich besonders damit begründen, dass bei einer ausschließlich privaten Entscheidung über die Schulbildung weder deren private noch deren gesellschaftliche Erträge auch nur annähernd in vollem Umfang berücksichtigt werden. Bei einer privaten Schulbildungsentscheidung bestimmen typischerweise die Eltern über das Ausmaß der Schulbildung ihrer Kinder. Die Eltern mögen indessen die Vorteile der Schulbildung ihrer Kinder aus zweierlei Gründen nicht ausreichend ins Kalkül ziehen. Erstens unterschätzen sie den quantitativen Effekt der Schulbildung auf die Höhe der künftigen Einkommen ihrer Kinder und zweitens treffen sie die Ausbildungsentscheidung für ihre Kinder nicht notwendigerweise in deren, sondern eher in ihrem eigenen und dabei oft nicht einmal wohlverstandenen Interesse.[4]

Aber selbst wenn die Eltern vollständige Informationen über die privaten Erträge haben, die ihre Kinder aus der Schulbildung ziehen, und diese gänzlich im Interesse ihrer Kinder in Rechnung stellen, ist ihre Schulbildungsentscheidung nicht effizient, weil die privaten Erträge der Schulbildung in der Regel geringer sind als die gesellschaftlichen. Das

---

[4] Beides zeigt sich in Entwicklungsländern ohne ausgereiftes staatliches Schulsystem noch heute. Siehe dazu Dasgupta (1993).

hat damit zu tun, dass die Schulbildung positive externe Effekte auslöst. Mit externen Effekten haben wir uns ja bereits in Kapitel 4 ausführlich beschäftigt. Von der Schulbildung gehen wohl schon deshalb positive externe Effekte aus, weil eine tragfähige und stabile Demokratie ohne eine ausreichende Bildung aller ihrer Mitglieder nicht existieren könnte.

Ein weiterer Grund für die staatliche Finanzierung der Schulbildung besteht darin, dass bei einer privaten Finanzierung die Kinder aus einkommensschwachen Familien oft nur einen erschwerten oder gar keinen Zugang zur Schulbildung haben. Das widerspricht nicht nur dem Postulat der Chancengerechtigkeit, sondern ist auch ineffizient, weil die Grenzerträge der Schulbildung bei Kindern, die keinen Zugang zur Schulbildung erhalten, die Grenzkosten sicher übersteigen dürften.

14.2.2 Finanzierung der Hochschulbildung

Positive externe Effekte werden gelegentlich auch angeführt, um die staatliche Finanzierung der Hochschulbildung zu rechtfertigen. Inwiefern diese tatsächlich durch die Hochschulbildung ausgelöst werden, ist allerdings ungewiss. Zwar erweisen Hochschulabsolventen der Gesellschaft sicherlich wertvolle Dienste. Darin manifestiert sich aber noch kein positiver externer Effekt. Hochschulabsolventen beziehen nämlich auch vergleichsweise hohe Einkommen und in dem Ausmaß, in dem diese Einkommen die Leistungen der Hochschulabsolventen internalisieren, sind sie nicht mehr extern. Aber selbst wenn einzelne Hochschuldisziplinen positive externe Effekte auslösen, lässt sich damit nicht die staatliche Finanzierung der Hochschulbildung für alle Studenten rechtfertigen, sondern eher ein nach Studiengängen und Tätigkeiten der Hochschulabsolventen differenzierendes Finanzierungsschema.

Auch das Argument, dass Angehörige aus einkommensschwachen Familien bei privater Finanzierung benachteiligt sind, spielt im Hochschulkontext eine Rolle. Dieses Argument setzt aber voraus, dass nicht nur die Eltern ein Studium ihrer Kinder nicht finanzieren, sondern auch keine privaten Kreditmärkte existieren, auf denen Bildungsdarlehen aufgenommen werden können. Aber selbst wenn solche Kreditmärkte tatsächlich nicht existieren sollten, spricht das Argument eher für staatlich bereitgestellte Bildungsdarlehen als für eine staatliche Übernahme der Bildungskosten.

Ein drittes Argument für die staatliche Finanzierung der Hochschulbildung basiert auf der Überlegung, dass die Hochschulbildung eine riskante Investition ist – weder kann ein Individuum mit Sicherheit annehmen, die Hochschulausbildung überhaupt erfolgreich abzuschließen, noch hat es bei erfolgreichem Abschluss Gewissheit über den späteren Ausbildungsertrag – und dass keine Versicherungsmöglichkeiten gegen dieses Risiko existieren. In der Tat werden auf privaten Märkten keine Versicherungen gegen Ausbildungsrisiken gehandelt und die Möglichkeit, das Ausbildungsrisiko dadurch zu reduzieren, dass man nicht nur in das eigene Humankapital investiert, sondern auch in das Humankapital anderer, scheint es auch nicht zu geben. Wegen des nicht versicherbaren Ausbildungsrisikos werden aber viele Individuen vor einer umfassen Bildungsinvestition zurückschrecken. Bedenkt man, dass etwa die direkten Kosten eines Medizinstudiums mehr als 100.000 Euro betragen, dann dürfte klar sein, dass Risikoüberlegungen bei einer privaten Finanzierung in der Tat keine geringe Rolle spielen. Aber auch das Risikoargument spricht bei näherer Betrachtung nicht für eine staatliche Finanzierung der Hochschulbildung, sondern eher für eine staatliche Versicherung gegen das Ausbildungsrisiko. Diese könnte dadurch ins Werk gesetzt werden, dass alle Studenten zu Beginn ihres Studiums ein Bildungsdarlehen erhalten, mit dem sie ihr Hochschulstudium finanzieren und das sie im Anschluss an ihr Studium erfolgsabhängig zurückzahlen. Die erfolgsabhängige Zurückzahlung kann dabei z.B. in Form eines Aufschlags auf die Einkommensteuer erfolgen. Dem Konzept nach wurde mit dem „Higher Education Contribution Scheme" bereits im Jahr 1989 eine solche Finanzierung in Australien eingeführt. Die Versicherungslösung sollte aber keine volle Versicherung gegen das Ausbildungsrisiko bieten. Vielmehr sollte eine gewisse Beteiligung der Studenten an ihrem Ausbildungsrisiko dafür sorgen, dass diese einen Anreiz haben, erfolgreich zu studieren und die erworbene Ausbildung im Anschluss an das Studium erfolgreich zu nutzen. Ferner sollten kostenintensivere Studiengänge eine höhere Selbstbeteiligung beinhalten, damit diese nur von jenen Individuen gewählt werden, die sich aufgrund ihrer Begabung besonders dafür eignen.[5]

Nicht nur kein Argument für, sondern ein klares Argument gegen die staatliche Finanzierung der Hochschulbildung gewinnt man im Signalling-Modell. Dort hat die Bildung, wie wir gesehen haben, nur ei-

---

[5] Die Versicherungslösung sollte also sowohl ex ante und ex post Moral Hazard als auch adverse Selektion in Rechnung stellen – alles Probleme, die wir bereits in den Kapiteln 5 und 13 in anderen Zusammenhängen kennen gelernt haben. Ein detailliertes Versicherungsmodell gegen Ausbildungsrisiken findet sich bei Wigger und von Weizsäcker (2001).

ne informationsvermittelnde Funktion, die damit zusammenhängt, dass
Individuen mit einer höheren angeborenen Produktivität einen höheren
Bildungsgrad erwerben als Individuen mit einer geringeren angeborenen Produktivität, weil erstere dafür weniger Kosten aufwenden müssen
als letztere. Übernimmt nun der Staat die Kosten der Ausbildung, dann
erwerben auch weniger produktive Individuen höhere Bildungsgrade,
wodurch die informationsvermittelnde Funktion der Bildung verloren
geht. Weil im Signalling-Modell der Bildungserwerb außer der Informationsübermittlung keine weitere Funktion hat, macht die staatliche
Übernahme der Kosten die Bildung wirklich nutzlos. Sicher hat der
Bildungserwerb in der Realität nicht nur eine informationsvermittelnde
Funktion – in dem Ausmaß, in dem er sie hat, wird seine Wirkung aber
durch die staatliche Bildungsfinanzierung wenn nicht zerstört, so doch
erheblich eingeschränkt. In einem staatlich finanzierten Hochschulsystem müssen die Individuen dann auf andere Signale ausweichen, um
potentielle Arbeitgeber über ihre angeborene Produktivität zu informieren – z.B. einen privat finanzierten Bildungsgrad im Ausland erwerben.[6]

Positive externe Effekte der Hochschulbildung sowie fehlende Märkte für Bildungsdarlehen und Bildungsversicherungen verweisen zwar
auf eine effizienzorientierte Rolle des Staates in der Bildungsfinanzierung. Sie rechtfertigen aber keine umfassende staatliche Übernahme
der direkten Kosten der Hochschulbildung. Sie legen vielmehr alle in
der einen oder anderen Weise eine Beteiligung der Studenten an den
Kosten ihrer Hochschulausbildung, sprich Studiengebühren, nahe. Das
Signalling-Argument fordert sogar regelrecht Studiengebühren, weil die
Hochschulbildung sonst nutzlos wird. Gegen Studiengebühren werden
aber in der öffentlichen bildungspolitischen Debatte regelmäßig Gerechtigkeitsargumente vorgetragen. Jenen Argumenten zufolge trägt
die öffentliche Finanzierung der Hochschulbildung zu mehr Umverteilungsgerechtigkeit bei. In scharfem Kontrast zu den öffentlich angeführten Gerechtigkeitsargumenten steht freilich, dass die staatliche
Finanzierung eher von ärmeren an reichere Haushalte umverteilt als
umgekehrt. Sie begünstigt exklusiv jene Personen, die vergleichsweise

---

[6] Vielleicht lässt sich so ja auch die Neigung vieler Studenten erklären, in der vorlesungsfreien Zeit stets irgendein Praktikum zu machen, anstatt die Zeit für die Nachbereitung der Vorlesungen zu nutzen. Wenn ein Student nämlich sein Studium innerhalb der Mindeststudienzeit abschließt und nachweislich während der vorlesungsfreien Zeit nie etwas für sein Studium getan hat, dann mag das ein Signal für seine hohe angeborene Produktivität sein.

hohe Lebenseinkommen erwarten, nämlich die Hochschulabsolventen. Weiterhin begünstigt sie Angehörige aus oberen Einkommensschichten besonders intensiv. Letztere sind nämlich an den Hochschulen nicht nur überrepräsentiert, sie drängen auch stärker in die teureren Studiengänge.[7]

Zusammenfassend dürfen wir feststellen, dass weder effizienz- noch umverteilungsorientierte Argumente eine überzeugende Rechtfertigung für eine mehr oder weniger vollständige staatliche Finanzierung der Hochschulbildung, wie wir sie in Deutschland und anderen Ländern beobachten, rechtfertigen. Mit der Einführung von Studiengebühren ließe sich neben einer angemessenen Finanzierung der Hochschulen nicht nur eine Effizienzverbesserung, sondern auch mehr Umverteilungsgerechtigkeit erreichen. Gleichwohl beschloss der Bundestag am 25. April 2002 als Bestandteil der 6. Novelle des Hochschulrahmengesetzes ein Studiengebührenverbot, das am 15. August 2002 in Kraft trat. Indessen hat das Bundesverfassungsgericht Ende Januar 2005 das generelle Verbot von Studiengebühren für nichtig erklärt. Zwar behandelt das Urteil des Gerichts nicht grundsätzlich die Frage, inwieweit das Hochschulstudium gebührenfrei zu sein hat oder nicht; es liefert vielmehr eine Präzisierung der hochschulpolitischen Zuständigkeiten von Bund und Ländern. Gleichwohl hat das Urteil erhebliche Konsequenzen für das ohnehin seit geraumer Zeit öffentlich diskutierte Problem, ob Hochschüler weiterhin zum Nulltarif studieren dürfen oder künftig eine Gebühr dafür zu entrichten haben. So kündigten die Vertreter einiger Bundesländer bereits unmittelbar nach dem Wegfall des Gebots der Gebührenfreiheit an, demnächst Studiengebühren einführen zu wollen.

14.3 Übungsaufgaben zu Kapitel 14

Von den angegebenen möglichen Antworten ist immer nur genau eine richtig. Treffen gleichzeitig mehrere Aussagen zu, so sind sie stets in einer Antwortmöglichkeit zusammengefasst, also z.B. in der Antwortmöglichkeit „Aussagen a) und c) sind richtig". Lösungen zu allen Aufgaben finden sich in einem Lösungsteil am Ende des Buches.

1. Welche Aussage ist richtig?

---

[7] Zu den Verteilungseffekten der öffentlichen Hochschulfinanzierung siehe Hansen und Weisbrod (1969) für die USA und Grüske (1994) für Deutschland sowie Kupferschmidt und Wigger (2005) für eine international vergleichende Übersicht.

a) Eine Verringerung der Studienanforderungen bedeutet im Signalling-Modell eine verringerte Signalfunktion der Hochschulbildung.

b) Einkommensunterschiede zwischen Personen mit und Personen ohne Hochschulbildung sind ein Nachweis für positive externe Effekte der Hochschulbildung und rechtfertigen daher eine öffentliche Finanzierung der Hochschulbildung.

c) Die öffentliche Finanzierung der Hochschulbildung verstärkt deren Signalfunktion.

d) Alle Aussagen sind richtig.

2. Die öffentliche Hochschulfinanzierung ist im Signalling-Modell ...

a) effizient, da hoch- und niedrigproduktive Individuen zu gleichen Kosten Bildung erwerben können.

b) ineffizient, da das Signal über die individuelle Produktivität verschüttet wird.

c) effizient, da die Kosten der Bildung andernfalls ineffizient hoch wären.

d) ineffizient, da die Produktivitätsunterschiede von Individuen ausgeglichen werden.

3. Welche Aussage ist richtig?

a) Die negativen externen Effekte der Hochschulbildung können durch Eigentumsrechte der Studenten an ihrer Universität internalisiert werden.

b) Bei der Ausbildung des am wenigsten begabten Studenten entstehen negative externe Effekte, da für dessen Ausbildung zusätzliche Kosten auf Seiten der ausbildenden Universität entstehen.

c) Der Einkommensvorsprung von Personen mit Hochschulbildung gegenüber Personen ohne Hochschulbildung zeigt ein Marktversagen an.

d) Alle Aussagen sind falsch.

4. Im Humankapitalansatz ...

a) signalisieren hohe Investitionen in die Bildung einem potenziellen Arbeitgeber geringes Kostenbewusstsein.

b) zählen sowohl direkte Kosten wie z.B. Studiengebühren als auch Opportunitätskosten in Form entgangener Einkommen zu den Kosten der Bildung.

c) investieren Individuen so lange in die Bildung bis ihre Grenzkosten den Opportunitätskosten in Form entgangener Einkommen
entsprechen.

d) Alle Aussagen sind falsch.

5. Im Signalling-Ansatz ...
   a) ist Bildung nutzlos, da Bildung nicht die Produktivität erhöht.
   b) hat Bildung eine informationsoffenbarende Funktion.
   c) steht Bildung in einem Zielkonflikt mit dem Konkurrenzgleich-
      gewicht.
   d) Alle Aussagen sind falsch.

6. Bildung stellt eine riskante Investition dar, ...
   a) seitdem die Gewalt an Schulen und Hochschulen zunimmt.
   b) da eine abgeschlossene Ausbildung nicht mit Sicherheit zu einem
      entsprechend entlohnten Arbeitsplatz führt.
   c) so dass der Markt systematisch private Versicherungen gegen
      das Ausbildungsrisiko anbietet.
   d) Alle Aussagen sind falsch.

7. Der Humankapitalansatz ...
   a) betont die effizienzverbessernde Wirkung der öffentlichen Finan-
      zierung der Bildung.
   b) basiert darauf, dass Individuen ihre Bildungsentscheidung ratio-
      nal treffen.
   c) beinhaltet, dass unter bestimmten Voraussetzungen individuell
      optimale Bildungsentscheidungen auch gesellschaftlich optimal
      sind.
   d) Aussagen b) und c) sind richtig.

8. Opportunitätskosten der Bildung ...
   a) entstehen den Hochschulen, wenn sie keine Gelegenheit zur Aus-
      wahl geeigneter Studenten haben.
   b) entstehen Akademikern, wenn sie sich während ihrer Ausbil-
      dungszeit zu viel Freizeit nehmen.
   c) lassen sich durch die Ausgaben des Staates für die Hochschulbil-
      dung messsen.
   d) lassen sich durch entgangene Arbeitseinkommen messen, weil
      Individuen ihre in einer Ausbildung aufgewandte Zeit nicht am
      Arbeitsmarkt anbieten können.

9. Im Signalling-Ansatz ...
   a) signalisieren hoch- und niedrigproduktive Individuen ihre Begabungen durch die Wahl entsprechender Ausbildungsgänge.
   b) steigern Arbeitgeber die Produktivität von Arbeitnehmern durch berufliche Weiterbildung.
   c) ist die Produktivität der Arbeitnehmer vom Arbeitgeber beobachtbar.
   d) Alle Aussagen sind falsch.

10. Externe Effekte der Hochschulbildung ...
   a) rechtfertigen die private Finanzierung der Hochschulen, da Marktversagen vorliegt.
   b) werden möglicherweise zumindest teilweise durch die höheren Einkommen von Akademikern internalisiert.
   c) manifestieren sich darin, dass Hochschulabsolventen wertvolle Dienste für die Gesellschaft leisten.
   d) führen zur öffentlichen Unterinvestition in Bildung.

Lösungen zu den Übungsaufgaben

Kapitelnummer	richtige Antworten
1	1.b), 2.b), 3.d), 4.a), 5.c), 6.a), 7.c), 8.a), 9.d), 10.a)
2	1.d), 2.b), 3.d), 4.c), 5.c), 6.b), 7.d), 8.b), 9.b), 10.b)
3	1.b), 2.d), 3.a), 4.c), 5.d), 6.a), 7.d), 8.c), 9.d), 10.a)
4	1.a), 2.d), 3.c), 4.b), 5.b), 6.a), 7.c), 8.b), 9.d), 10.d)
5	1.a), 2.d), 3.b), 4.c), 5.d), 6.b), 7.d), 8.c), 9.b), 10.d)
6	1.a), 2.b), 3.d), 4.b), 5.d), 6.b), 7.d), 8.b), 9.c), 10.a)
7	1.d), 2.c), 3.b), 4.a), 5.d), 6.c), 7.d), 8.c), 9.b), 10.c)
8	1.b), 2.d), 3.c), 4.d), 5.b), 6.c), 7.d), 8.b), 9.d), 10.a)
9	1.b), 2.d), 3.c), 4.c), 5.c), 6.b), 7.a), 8.d), 9.d), 10.c)
10	1.c), 2.c), 3.a), 4.b), 5.d), 6.d), 7.c), 8.d), 9.d), 10.c)
11	1.c), 2.a), 3.a), 4.d), 5.d), 6.a), 7.d), 8.b), 9.b), 10.a)
12	1.d), 2.d), 3.a), 4.a), 5.d), 6.d), 7.b), 8.d), 9.b), 10.d)
13	1.d), 2.c), 3.c), 4.c), 5.b), 6.d), 7.a), 8.d), 9.d), 10.d)
14	1.a), 2.b), 3.d), 4.b), 5.b), 6.b), 7.d), 8.d), 9.a), 10.b)

Literaturverzeichnis

Aaron, H.J. (1966), The Social Insurance Paradox, Canadian Journal of Economics and Political Science 32, 371-376.

Abel, A.B., N.G. Mankiw, L.H. Summers und R.J. Zeckhauser (1989), Assessing Dynamic Inefficiency: Theory and Evidence, Review of Economic Studies 56, 1-20.

Arrow, K.J. (1951), An Extension of the Basic Theorem of Classical Welfare Economics, Second Berkeley Symposium on Mathematical Statistics and Probability, Berkeley.

Arrow, K.J. (1953), Social Choice and Individual Values, New Haven.

Atkinson, A.B. und J.E. Stiglitz (1980), Lectures on Public Economics, London usw.

Baumol, W.J. (1967), Macroeconomics of Unbalanced Growth: The Anatomy of Urban Crisis, American Economic Review 57, 416-426.

Barro, R.J. (1974), Are Government Bonds Net Wealth? Journal of Political Economy 82, 1095-1117.

Becker, G. (1983), A Theory of Competition Among Pressure Groups for Political Influence, Quarterly Journal of Economics 98, 371-400.

Bentham, J. (1789), An Introduction to the Principles of Morals and Legislation, London.

Black, D. (1948a), On the Rationale of Group Decision Making, Journal of Political Economy 56, 23-34.

Black, D. (1948b), The Decisions of a Committee Using a Special Majority, Econometrica 16, 245-261.

BMBF (Bundesministerium für Bildung und Forschung) (2004), Grund- und Strukturdaten 2003/2004, Berlin.

BMF (Bundesministerium der Finanzen), Finanzbericht, verschiedene Jahrgänge, Berlin.

BMGS (Bundesministerium für Gesundheit und Soziale Sicherung) (2004), Materialband zum Sozialbudget 2004, Berlin.

Boiteux, M.P. (1956), Sur la gestion des monopoles publics astreints à l'equilibre budgétaire, Econometrica 24, 22-30.

Börsch-Supan, A. (1997), Sozialpolitik, in: von Hagen, J., P.J.J. Welfens und A. Börsch-Supan (Hrsg.), Springers Handbuch der Volkswirtschaftslehre, Band 2, Berlin usw.

Brecht, A. (1927), Internationaler Vergleich der öffentlichen Ausgaben, Grundfragen der internationalen Politik 2, Leipzig.

Buchanan, J.M. und G. Tullock (1962), The Calculus of Consent, Ann Arbor.

Buchanan, J.M. und R.E. Wagner (1977), Democracy in Deficit, New York.

Buhmann, B., L. Rainwater, G. Schmaus und T. Smeeding (1988), Equivalence Scales, Well-Being, Inequality, and Poverty: Sensitivity Estimates Across Ten Countries Using the Luxembourg Income Study (LIS) Database, Review of Income and Wealth 34, 115-142.

Clarke, E.H. (1971), Multipart Pricing of Public Goods, Public Choice 11, 17-33.

Coase, R. (1960), The Problem of Social Costs, Journal of Law and Economics 3, 1-44.

Condorcet, M. de (1785), Essai sur l'application de l'analyse à la probabilité des vois, Paris.

Dasgupta, P. (1993), An Inquiry into Well-Being and Destitution, Oxford.

Deaton, A. (1979), Optimally Uniform Commodity Taxes, Economics Letters 2, 357-361.

Debreu, G. (1959), Theory of Value, New York.

Domar, E.D. (1944), The 'Burden of Debt' and National Income, American Economic Review 34, 798827.

Downs, A. (1957), An Economic Theory of Democracy, New York.

Feldman, A.M. (1980), Welfare Economics and Social Choice Theory, Boston.

Feldstein, M. (1974), Social Security, Induced Retirement, and Aggregate Capital Accumulation, Journal of Political Economy 82, 1029-1059.

Gossen, H.H. (1854), Entwicklung der Gesetze menschlichen Verhaltens und der daraus fließenden Regeln für menschliches Verhalten, Braunschweig.

Gravelle, H. und R. Rees (1992), Microeconomics, 2. Auflage, London.

Groves, T. (1973), Incentives in Teams, Econometrica 41, 617-631.

Grüske, K.-D. (1994), Verteilungseffekte der öffentlichen Hochschulfinanzierung in der Bundesrepublik Deutschland – Personale Inzidenz im Querschnitt und Längsschnitt, in: Lüdecke, R. (Hrsg.), Bildung, Bildungsfinanzierung und Einkommensverteilung II, Berlin.

Hansen, W. und B. Weisbrod (1969), Benefits, Costs and Finance of Higher Education, Chicago.

Harberger, A.C. (1974), Taxation and Welfare, Boston.

Harsanyi, J.C. (1955), Cardinal Welfare, Individualistic Ethics and Interpersonal Comparisons of Utility, Journal of Political Economy 63, 309-321.

Homburg, S. (2005), Allgemeine Steuerlehre, 4. Auflage, München.

Hotelling, H. (1929), Stability in Competition, Economic Journal 239, 41-57.

Inman, R.P. (1987), Markets, Government, and the "New" Political Economy, in: Auerbach, A.J. und M. Feldstein (Hrsg.), Handbook of Public Economics, Band II, Amsterdam usw.

Keynes, J.M. (1936), The General Theory of Employment, Interest and Money, London.

Kupferschmidt, F. und B.U. Wigger, Öffentliche versus private Finanzierung der Hochschulbildung: Effizienz- und Verteilungsaspekte, Perspektiven der Wirtschaftspolitik, erscheint demnächst.

Laffer, A.B. (1979), Statement Prepared for the Joint Economic Committee, May 20, in: Laffer, A.B. und J.P. Seymour (Hrsg.), The Economics of the Tax Revolt: A Reader, New York.

Lindahl, E. (1919), Die Gerechtigkeit der Besteuerung, Lund.

Marshall, A. (1890), Principles of Economics, London.

Mas-Colell, A., M. Whinston und J. Green (1995), Microeconomic Theory, Oxford.

Myles, G.D. (1995), Public Economics, Cambridge.

Mirrlees, J.A. (1971), An Exploration in the Theory of Optimum Income Taxation, Review of Economic Studies 38, 175-208.

Musgrave, R. (1959), The Theory of Public Finance, New York.

Mill, J.St. (1848), Principles of Political Economy with some of their Applications to Social Philosophy, London.

Mueller, D.C. (2003), Public Choice III, Cambridge.

Niskanen, W.A. (1971), Bureaucracy and Representative Government, Chicago.

Nozick, R. (1974), Anarchy, State, and Utopia, Oxford.

Olson, M. (1965), The Logic of Collective Action, Cambridge (MA).

Pareto, V. (1917), Traité de sociologie générale, Paris.

OECD (Organisation for Economic Cooperation and Development), Economic Outlook, verschiedene Jahrgänge, Paris.

OECD (Organisation for Economic Cooperation and Development) (2002), Education at a Glance, Paris.

Pigou, A.C. (1928), A Study in Public Finance, London.

Ramsey, F. (1927), A Contribution to the Theory of Taxation, Economic Journal 37, 47-61.

Rawls, J. (1971), A Theory of Justic, Cambridge (MA).

Ricardo, D. (1817), On the Principles of Political Economy, and Taxation, London.

Rothschild, M. und J.E. Stiglitz (1976), Equilibrium in Competitive Insurance Markets: An Essay on the Economics of Imperfect Information, Quarterly Journal of Economics 90, 629-649.

Sachverständigenrat zur Begutachtung der gesamtwirtschaftlichen Entwicklung (2005), Erfolge im Ausland – Herausforderungen im Inland, Jahresgutachten 2004/05, Wiesbaden.

Samuelson, P.A. (1954), The Pure Theory of Public Expenditure, Review of Economics and Statistics 36, 387-389.

Scheffler, W. (2004), Besteuerung von Unternehmen – Band I: Ertrag-, Substanz- und Verkehrsteuern, 7. Auflage, Stuttgart.

Seater, J.J. (1993), Ricardian Equivalence, Journal of Economic Literature 31, 142-190.

Schultz, T.W. (1961), Investment in Human Capital, American Economic Review 51, 1-17.

Smith, A. (1776), An Inquiry into the Nature and Causes of the Wealth of Nations, London.

Spence, A. M. (1973), Job Market Signalling, Quarterly Journal of Economics 87, 355-374.

Tullock, G. (1959), Some Problems of Majority Voting, Journal of Political Economy 67, 571-579.

Wagner, A. (1883), Finanzwissenschaft, 3. Auflage, 1. Theil, Leipzig.

Weber, M. (1922), Wirtschaft und Gesellschaft, Tübingen.

Wicksell, K. (1896), Finanztheoretische Untersuchungen nebst Darstellung und Kritik des Steuerwesens Schwedens, Jena.

Wigger, B.U. (2005), Wer profitiert von einer weiteren Erhöhung der Tabaksteuer?, Wirtschaftdienst, 85, 518-521.

Wigger, B.U. und R.K. von Weizsäcker (2001), Risk, Resources and Education – Public Versus Private Financing of Higher Education, IMF Staff Papers 48, 547-560.

Autoren- und Sachverzeichnis

Aaron, H.J., 224
Aaron-Bedingung, 224
Aaronsches Sozialversicherungsparadoxon, 224
absolute Armut, 204
absolute Mehrheit, 119, 120, 124
Ad-Valorem-Steuer, 157
adverse Selektion, 75, 80, 81, 220, 221, 230–232, 234, 235, 237, 251
Agenturprobleme, 142, 143, 145
Akerlof, G.A., 73, 75
aktueller Rentenwert, 227–229
Altersarmut, 11, 219, 220
Alterseinkommensprofil, 202, 203
Altershilfe für Landwirte, 201
Altersquotient, 228
altruistische Externalität, 230, 232
Annuität, 220, 221
Anwartschaftszeit, 238, 239
Äquivalenzeinkommen, 206
Äquivalenzskala, 206, 207
Arbeitsamt, 238, 239
Arbeitsangebotselastizität, 162
Arbeitsangebotsrente, 161, 162
Arbeitsförderungsmaßnahmen, 201
Arbeitslosengeld, 202, 238, 239
Arbeitslosengeld I, 202, 238, 239
Arbeitslosengeld II, 202, 211, 212, 239
Arbeitslosenhilfe, 239
Arbeitslosenversicherung, 201, 209, 236
Arbeitslosigkeit, 237
Armutsgrenze, 204, 205, 209
Armutslücke, 205

Armutsmaß, 206
Armutsvermeidung, 201, 202
Arrow, K.J., 30, 122
Arrows Unmöglichkeitstheorem, 122, 124
asymmetrische Information, 33, 74, 93, 107, 142, 165, 220, 237, 247
Atkinson, A.B., 155, 166
Ausbildungsrisiko, 251

Barro, R.J., 185
Baumol, W., 10
Baumol-Effekt, 10
Beamtenpension, 201
Becker, G., 148
Bedarfsdeckungsprinzip, 209
Beitragsbemessungsgrenze, 225, 226, 233, 235, 238
beitragsfreie Zeiten, 227
Beitragssatz, 225, 229, 233, 238
Beitragszeiten, 227
Bentham, J., 102
Biersteuer, 159, 169
Bildungsausgaben, 201, 243, 244
Bildungsdarlehen, 250–252
Bildungsfinanzierung, 73, 244, 248, 249, 252
Black, D., 126, 127
Börsch-Supan, A., 237
Brecht, A., 10
Brechtsches Gesetz, 10
Bruttoinlandsprodukt, 8, 180, 188, 217, 224, 243, 244
Bruttosozialprodukt, 9

Bruttowertschöpfung, 87
Buchanan, J.M., 3, 117, 183
Buhmann, B., 207
Bund, 5
Bundesbank, 6
Bundesländer, 5, 228
Bundesrat, 227
Bundesregierung, 227
Bundessozialhilfegesetz, 209, 210
Bundestag, 253
Bundesverfassungsgericht, 195, 253
Bundeswirtschaftsministerium, 94
Bundeszuschuss, 226
Bürgerversicherung, 235, 236

Chancengerechtigkeit, 250
Charity-Krankenhäuser, 230
Clarke, E.H., 49
Clarke-Steuer, 49–51
Coase, R., 64, 67
Coase-Theorem, 67
Condorcet, M. de, 121
Condorcet-Paradoxon, 121
cream-skimming, 81

Dasgupta, P., 249
dead weight loss, 158
Deaton, A., 167
Debreu, G., 30
deficit spending, 183
demografischer Wandel, 11, 218, 229,
    234, 243, 244
Demokratie-Prinzip, 122, 124
Demokratisierung, 10
Depression, 4
Deutsche Bahn, 6, 94
Deutsche Bahn Netz, 94
Deutsche Post, 94
Deutsche Telekom, 92, 94
direkte Demokratie, 115, 116
Domar, E.D., 187
Domar-Modell, 187, 188, 191, 193
dominante Strategie, 45
Downs, A., 132
Dreiecksformel, 159
Durchschnittskosten, 88, 89, 91, 93
dynastischer Altruismus, 185

Eckrentner, 228, 229

Eigentumsrechte, 4, 64, 65, 67, 68
Eindimensionalität des Alternativen-
    raums, 128
Einführungsgewinn, 224, 225
Eingipfligkeit, 124, 128, 134
einkommenskompensierte Preiselasti-
    zität, 160
Einkommensteuern, 160
Einkommensverteilung, 131
Einstimmigkeitsregel, 117
Emissionshandelssystem, 69
Emissionsrecht, 69
Entfernungspauschale, 163
Entgeltfortzahlung, 201
Entgeltpunkte, 227, 228
Entscheidungskosten, 117
erster Hauptsatz der Wohlfahrtsöko-
    mik, 30
Erziehungsgeld, 201
Euklid, 188
Europäische Kommission, 87, 204
Europäische Union, 5, 8, 87, 94
ex ante Moral Hazard, 78, 79, 233, 236,
    237, 251
ex post Moral Hazard, 78, 80, 233, 236,
    237, 251
excess burden, 158
externe Kosten, 117
externer Effekt, 4, 33, 57, 58, 148, 250,
    252

Feldman, A.M., 18
Feldstein, M., 223
Fenstersteuer, 159
Festpreisvertrag, 143
fiskalische Illusion, 10
Forschungsförderung, 201
Frühverrentung, 226

Gebietskörperschaften, 5
Geburtenraten, 228, 243
Gefangenendilemma, 45, 46
Gemeinden, 5
Gemeinwohl, 2
Generationenvertrag, 221
Gentest, 231
geometrische Summenformel, 188
gesamtwirtschaftliches Gleichgewicht,
    194, 195

gesetzliche Arbeitslosenversicherung, 217–219, 238
gesetzliche Krankenversicherung, 11, 82, 201, 217–219, 233–236
gesetzliche Pflegeversicherung, 201, 217
gesetzliche Rentenversicherung, 11, 201, 202, 209, 217–219, 225, 226, 228, 233, 238
gesetzliche Steuerinzidenz, 167, 169–173
gesetzliche Unfallversicherung, 201, 217
gesetzliches Rentenalter, 230
gespaltener Tarif, 92, 93
Gossen, H.H., 3
Gravelle, H., 18
Green, J., 18
Grenzkosten, 23, 39–41, 43, 44, 59–61, 64, 66, 88–90, 92, 129, 147, 156, 164, 168, 170, 246, 250
Groves, T., 49
Grundgesetz, 148, 194, 195, 245
Grüske, K.-D., 253
gute Risiken, 77, 220

Hansen, W., 253
Harberger, A.C., 159
Harbergersche Formel, 159, 160, 166
Harsanyi, J.C., 103
Haushaltstheorie, 19
Hilfe in besonderen Lebenslagen, 210
Hilfe zum Lebensunterhalt, 210
Hochschulbildung, 243, 244, 249–253
Hochschulrahmengesetz, 253
Homburg, S., 155
Hotelling, H., 132
Humankapital, 245–249, 251

indirekte Demokratie, 115
Individualismus, 4
Informationsökonomik, 5, 73
Interessengruppen, 141, 148
intergenerationelle Lastverschiebung, 10
intergenerationelle Transfers, 221
Internalisierungsstrategie, 57, 62, 68
internationale Besteuerung, 155
interpersoneller Nutzenvergleich, 100, 102
Inverse-Elastizitäten-Regel, 166, 167

Jugendhilfe, 201

Kameralismus, 2
Kapitalbildung, 182, 184, 185, 193, 222, 223
Kapitaldeckungsverfahren, 221–225
Kapitaleinkommensteuern, 160
Keynes, J.M., 4, 182
Kindergeld, 201
Klassiker, 2
kollektive Entscheidungen, 7, 115–118, 122–124, 129, 132
kollektive Präferenzen, 8, 115, 120, 122
kollektive Willensbildung, 115
Kommunalpolitik, 135
Konjunkturverlauf, 4
Konkurrenzgleichgewicht, 24, 28
Konsumentenrente, 21, 59, 63, 65, 147, 148, 157, 158, 162
Kontrahierungszwang, 81
Konvergenzkriterien, 187
Kopfmaß, 205
Kopfpauschale, 235, 236
Kosten-Plus-Vertrag, 144
Krankengeld, 236
Krankenversicherung, 77, 230
Kreditanstalt für Wiederaufbau, 94
Kreditaufnahmequote, 188–190, 193
Kriegsopferversorgung, 201
Kuhhandel, 135
Kupferschmidt, F., 253
Kyoto-Protokoll, 69

Laffer-Kurve, 163
Lebenseinkommen, 183, 253
Lindahl, E., 4
log-rolling, 135
Lohnabstandsgebot, 210
Lohnindexierung, 226
Lohnsteuern, 160
Lohnsumme, 222–224

Maastricht-Vertrag, 187, 189
Makroökonomik, 5
marginal costs of public funds, 156
Marginalbedingung, 3, 19, 21, 23, 24, 39, 61, 79, 80, 106, 130, 161, 164, 246
marginale Zahlungsbereitschaft, 19
market for lemmons, 75
Marktversagen, 33, 73, 80, 141, 183

Marshall, A., 3
Mas-Colell, A., 18
Medianeinkommen, 207
Medianwählertheorem, 127, 130
Mehrwertsteuer, 6
Mengenalgebra, 18
Mengensteuer, 169, 173
methodologischer Individualismus, 3, 4
Mikroökonomik, 19, 65
Mill, J.S., 3, 102
Mineralölsteuer, 64, 169
minimaler Staat, 104
Mirrlees, J., 5, 73
Mischgut, 38
Modus, 134
Moral Hazard, 78, 80, 82, 232, 233,
　　236–239, 251
Mueller, D.C., 129
Musgrave, R., 4
Myles, G.D., 155, 166

Nachhaltigkeitsfaktor, 229
natürliches Monopol, 4, 33, 73, 87, 88,
　　90, 91, 93
Neoklassiker, 3
Nettoexporte, 184
Nettokreditaufnahme, 179, 186–188,
　　190–193
Nettoneuverschuldung, 179, 182, 187,
　　190, 193–195
Nettorentenniveau, 229
Nichtausschließbarkeit, 38
Nichtrivalität, 38, 43, 47, 69
Niskanen, W., 146
normative Theorie, 4
Nozick, R., 104

öffentliche Kreditaufnahme, 128, 179,
　　182, 194, 195, 225
öffentliche Produktion, 91
öffentliches Gut, 4, 33, 37, 38, 47, 73,
　　116, 129, 141, 148
öffentliches Unternehmen, 4, 87
ökonomische Steuerinzidenz, 167, 170,
　　171
ökonomische Theorie der Verfassung, 3
Olson, M., 148
Opportunitätskosten, 246
optimale Besteuerung, 5, 156, 164, 165

optimale Stimmenzahl, 116, 118
optimaler Anreizvertrag, 144
optimales Quorum, 117, 118

Parafiskus, 5
Pareto, V., 25
Pareto-Effizienz, 24, 25, 89, 99, 115,
　　129, 157, 165, 223
Pareto-Grenze, 26, 107
Pareto-Kriterium, 100
Pareto-Prinzip, 122, 124
Pareto-Verbesserung, 25, 101, 224, 225
Parteiensystem, 132, 142
Parteienwettbewerb, 132
Pauschalsteuer, 164, 165
pay-as-you-use-principle, 194
pekuniärer externer Effekt, 57
Pigou, A.C., 4, 62
Pigou-Steuer, 62, 63, 68
positive Analyse, 3
poverty line, 204
Präferenzaufdeckungsmechanismus, 49
Praxisgebühren, 236
Preiselastizität der Nachfrage, 159, 160,
　　166, 173
Preiselastizität des Angebots, 166, 173
Preisnehmer, 18
Preisniveaustabilität, 195
Prinzipal-Agenten-Verhältnis, 74, 76,
　　142
private Altersvorsorge, 221
private Schulen, 245
Probabilistic Voting, 129
Prozessgerechtigkeit, 104, 105

Quorum, 116

Ramsey, F., 5, 166
Ramsey-Regel, 166
Rationalität, 123, 124
Rawls, J., 103
Rawlssche Wohlfahrtsfunktion, 103
Rees, R., 18
Regulierungsbehörde für Telekommuni-
　　kation und Post, 94
relative Armut, 204, 207, 210
Rentenartfaktor, 227, 228
Rentenformel, 226–228
Rentenversicherung, 219

Rentenversicherungs-
  Nachhaltigkeitsgesetz, 229
Rentenversicherungsbeitrag, 221
repräsentative Demokratie, 132
Ressourcenallokation, 17
ricardianische Äquivalenz, 185
Ricardo, D., 3, 185
Risikoprämie, 144, 145
Rothschild, M., 5
Rundfunkgebühren, 6

Sachverständigenrat, 229
Samariterdilemma, 230
Samuelson, P.A., 41
Samuelson-Bedingung, 41, 129
Schattenwirtschaft, 163
Scheffler, W., 155
schlechte Risiken, 77, 220
Schleier der Ungewissheit, 103
Schulbildung, 243, 244, 249, 250
Schuldenstandsquote, 180, 181, 187,
  189–191
Schulpflicht, 249
Schultz, T.W., 247
Schwarzarbeit, 163
Seater, J.J., 186
Signalling, 247–249, 251, 252
Smith, A., 2, 30
Solidargemeinschaft, 233–235
Sozialausgaben, 201
soziale Grenzkosten, 60
soziale Sicherung, 108
soziale Wohlfahrtsfunktion, 100–105,
  165
Sozialhilfe, 201, 202, 209–212, 239
Sozialversicherung, 2, 73, 201, 217–219,
  243, 244
soziokulturelles Existenzminimum, 209
Spence, A.M., 73, 247
spezifische Steuerinzidenz, 167
staatliche Bürokratie, 145
Staatsausgaben, 9
Staatsausgabenwachstum, 9, 10, 219
Staatsquote, 8, 9
Staatsversagen, 73, 141
Staatsverschuldung, 179–182, 194, 225
Stabilisierung, 4, 5
Stabilitäts- und Wachstumsgesetz, 195
Statistikmodell, 210

Steuerbemessungsgrundlage, 160, 163
Steuerinzidenz, 167
Steuerlastverteilung, 3
Steuerschuldner, 167
Steuertariflehre, 155
Stiglitz, J.E., 5, 73, 155, 166
Stimmentausch, 135, 136, 141
strategische Unterversicherung, 220, 230
Studiengebühren, 7, 244, 245, 252, 253
Subsidiarität, 209
Summenoperator, 188, 205
superiores Gut, 9, 218
supranationale Organisation, 5

Tabaksteuer, 64, 163, 169
technischer Fortschritt, 10
Theorie der optimalen Besteuerung,
  103, 108
Theorie des Zweitbesten, 92
Topologie, 18
Transaktionskosten, 67, 68
transitive Rangordnung, 121
Trittbrettfahrer, 42, 44, 46, 52, 69, 149
Tullock, G., 3, 117, 135

Überfüllungskosten, 38
Übergangslast, 224, 225
Überschussangebot, 18
Überschussnachfrage, 18
Überwälzungsmechanismus, 168
Umlageverfahren, 221–226
Umweltökonomik, 59
Unabhängigkeit von irrelevanten
  Alternativen, 122, 124
unbeschränkter Definitionsbereich, 122,
  124, 125
Ungleichheitsaversion, 101
Unterbeschäftigung, 183
Unternehmensbesteuerung, 155
unvollständige Informationen, 73, 74
unvollständiger Vertrag, 143
Urbanisierung, 10
Utilitaristen, 102, 105
utilitaristische Wohlfahrtsfunktion, 102,
  103

Verbrauchsteuer, 6, 169
Vererbungsmotiv, 183, 185
Verfassung, 7

Verschmutzungslizenz, 68
Verschmutzungsrecht, 68, 69
Versicherung, 5
Versicherungsmarkt, 77
Versicherungspflichtgrenze, 233, 234
Versicherungszwang, 81
versicherungsäquivalente Prämie, 77
Verteidigungsbudget, 128
Verteidigungsministerium, 143
Vickrey, W., 73
vollständige Induktion, 188
vollständige Konkurrenz, 17, 18
vorlesungsfreie Zeit, 252

Wagner, A., 9
Wagner, R.E., 183
Wagnersches Gesetz, 8
Waisenrente, 227
Weber, M., 145

Weisbrod, B., 253
Weizsäcker, R.K. von, 251
Wertsteuer, 157, 173
Whinston, M., 18
Wicksell, K., 3, 116
Wigger, B.U., 64, 251, 253
Witwenrente, 227
Wohlfahrtsstaat, 2, 201, 243
Wohlfahrtsökonomik, 17, 18
Wohngeld, 201

Zugangsfaktor, 227, 228
Zusatzlast, 158–160, 162, 164–166
Zustandsgerechtigkeit, 104, 105
Zwang, 7
Zwangsversicherung, 221, 225, 238
zweiter Hauptsatz der Wohlfahrtsöko-
    nomik, 32, 105
zyklische Mehrheiten, 120, 121

The manufacturer's authorised representative in the EU is Springer
Nature Customer Service Centre GmbH, Europaplatz 3, 69115 Heidelberg,
Germany. If you have any concerns regarding our products, please
contact ProductSafety@springernature.com

Printed and bound by CPI Group (UK) Ltd, Croydon, CR0 4YY
27/04/2026
02097657-0002